"十二五"职业教育国家规划教材
经全国职业教育教材审定委员会审定

新编21世纪
高等职业教育精品教材
经贸类通用系列

U0873821

管理学

（第六版）

王凤彬 郭长伟 李 东 李 彬 编著

GUANLIXUE

中国人民大学出版社
·北京·

图书在版编目（CIP）数据

管理学 / 王凤彬等编著. --6 版. -- 北京 : 中国人民大学出版社，2023.3
新编 21 世纪高等职业教育精品教材. 经贸类通用系列
ISBN 978-7-300-31442-6

Ⅰ. ①管… Ⅱ. ①王… Ⅲ. ①管理学－高等职业教育－教材 Ⅳ. ① C93

中国国家版本馆 CIP 数据核字（2023）第 020555 号

"十二五"职业教育国家规划教材
经全国职业教育教材审定委员会审定
新编 21 世纪高等职业教育精品教材 · 经贸类通用系列
管理学（第六版）
王凤彬　郭长伟　李　东　李　彬　编著
Guanlixue

出版发行	中国人民大学出版社		
社　　址	北京中关村大街 31 号	邮政编码	100080
电　　话	010－62511242（总编室）		010－62511770（质管部）
	010－82501766（邮购部）		010－62514148（门市部）
	010－62515195（发行公司）		010－62515275（盗版举报）
网　　址	http://www.crup.com.cn		
经　　销	新华书店		
印　　刷	山东百润本色印刷有限公司	版　　次	2000 年 9 月第 1 版
规　　格	185 mm × 260 mm　16 开本		2023 年 3 月第 6 版
印　　张	12	印　　次	2025 年 9 月第 5 次印刷
字　　数	270 000	定　　价	38.00 元

PREFACE 前言

作为高等职业教育精品教材，本书一直定位于面向来自各种不同背景的管理学初学者，帮助初学者运用管理学的基本原理和方法去思考、分析和解释各种与管理工作活动相关的问题、现象与实践。本书自 2017 年修订第五版后，承蒙各界关爱，销售量持续增加，是国内众多版本的管理学教材中具有自身鲜明特色的一本教材。

管理学是一门紧跟时代步伐、具有时代特色并且以不断更新的管理实践作为基础的应用性极强的学科。党的二十大报告指出，实践没有止境，理论创新也没有止境。新时代下中国企业优秀管理实践不断涌现，由此，新的管理实践需要进行总结与分析，管理学的理论需要不断进行更新和完善。

基于上述背景和目的，在使用者和出版社给出的大量有益的反馈信息的基础上，本书编者经过深入讨论和多次磋商后，分工执笔对各章内容进行了修订，并增加了管理学前沿理论和知识，同时增补了较多当今国内外优秀企业的参考案例和案例思考题。

本次修订的主要内容涉及如下几个方面：

一是增补了管理学的前沿理论和知识。例如，增加了第六章“管理思想与前沿实践”，除了将上一版的“管理思想的演变”和“管理的伦理道德与企业社会责任”部分纳入外，还增补了“变革型管理”“学习型组织”“创新管理”等内容。

二是更新了反映新时代特色、经济发展新特征、有行业代表性的本土优秀管理实践案例。例如“海思的自主创新之路”“字节跳动的企业社会责任”“步步高的大数据舞弊风控平台”“韩都衣舍的‘本草文化’”等。

三是增补了每章的学习目标和素养目标，更加明确管理学原理中蕴含的伦理思想与道德规范，从管理实务中进行管理哲学、管理与社会关系、中国特色管理思想等教育。

四是调整了相关的内容结构，对部分繁杂的内容进行精简整合，并增补了思维导图，使全书的内容更加精练、易读。

此次修订工作，新增了一名编者——来自中国人民大学商学院的博士生郭长伟。他在本次修订中对结构优化、案例更新和内容增补等工作做出了贡献。

感谢中国人民大学出版社的各位编辑对本次修订工作给予的大力支持，感谢教材使用者对本书长期以来的支持与关注。我们将继续保持高质量、高水平、高要求，期待能得到更多的使用者的青睐。

本书尽管已经修订到第六版，但由于编者团队能力所限，仍会存在一些不尽如人意之处，恳请使用者多多提出宝贵意见和建议。

编　者

CONTENTS | 目 录

第一章

管理者与管理工作

学习目标

1. 了解管理的概念、意义和目标。
2. 了解管理者的类型、职责和技能要求。
3. 掌握管理的各项职能和适用范围。
4. 熟悉管理工作所面对的内外部环境。

素养目标

引导学生结合时代背景理解管理的基本内涵和管理者的角色要求，依据唯物辩证法的思想正确认识管理工作所伴随的责任与权力的统一，并从权变视角理解管理工作的适用范围与情境。

导入案例

不知所“错”的张力

一个星期四的上午，在某制造分公司经理林洁和财务主管张力之间发生下面的对话。

林洁：谢谢你提供这些数据，张力，这正是我们需要的。但你为什么没能在总部要求的星期一就准备好呢？

张力：6个月以前我这儿走了两个人，你不让我找人接替他们，说我们已经超编了。我们就按你说的办，而这意味着我不得不更加努力地工作。马利和刘有顺的初稿看上去很好，但用处不大，所以我不得不再做一遍。为了这些数据，我已经竭尽全力了！这个星期我每天晚上的时间都花在收集整理这些数据上了。为了核对数据，今天凌晨2点我才上床睡觉。你知道，实际工作的人对这里的了解不是很多；为了提供总部想要的数据，我们不得不放下每一件事情，全力以赴。去问这儿的任何一个人，我绝对是在工作的时候连耳朵都在忙着，你找不出一个比我更努力工作的人了。

林洁：我知道你工作努力。但你知道总部要这些数据已经有两个多星期了，你说过，在星期一准备好并为我送到总部没有任何问题。

张力：这个星期一，总部并不是真正需要这些数据，也没有为这些数据来找过我们，不对吗？

林洁：话不能这么说！总部要求星期二把这些数据送到悉尼！你曾经说过在星期一上午准备好，接着又告诉我星期三能准备好，而实际上我是在星期三以后才拿到的。为什么你不能按时交上来？

张力：（重复各种解释，诸如他不能再更加努力了，以及他的妻子老是抱怨他把时间花在办公室里，等等。）

林洁：张力，我不是指责你工作得不够努力，只是你在这上面花的时间已经太多了！

张力（火气十足地）：那你为什么还这样批评我？我是这儿最努力的人，我真不知道你想要我做什么！

从以上案例来看，很明显，制造分公司经理林洁和财务主管张力之间发生了冲突。他们冲突的根源是什么呢？应该怎样做才能防止这类冲突再次发生？

他们发生冲突是因为张力没有按时完成任务。从表面上看，张力认为林洁是要他加倍努力工作，以准时完成任务。但从管理者的角度来分析，问题实际上不在于张力工作得还不够努力，而恰恰是因为他自己过分忙于做具体工作，而不懂得作为一位管理人员他应该设法通过他人来把事情做好。如果张力还是按老思路设法使自己加倍努力地“做”工作，那么他所领导的部门很可能还会继续出现类似的问题，他自己也永远无法成为一名有效的管理者。解决问题的办法是，林洁积极帮助张力从这次拖延交数据的事件中吸取教训，使之明白管理者的职责是什么，应该如何开展管理工作。

第一节　管理的概念、意义和目标

一、为什么需要管理

人类社会自从开始群居群猎时起，就知道“合群”抵御危险、征服自然，这种“合群”是为了集结个人的力量，以发挥集体的作用。“合群”实际上是人类社会中普遍存在的“组织”现象。所谓组织，是由两个或两个以上的个人为了实现共同的目标组合而成的有机整体。组织是一群人的集合，但是组织的成员必须按照一定的方式相互合作。这样，组织才能够形成一种整体的力量，以完成个人力量的简单加总所不能完成的各项活动，实现不同于个人目标的组织总体目标。

组织需要合作、协作或协调，这样管理就应运而生了。管理是伴随着组织的出现而产生的，是协作劳动的必然产物。只要人们需要通过集体的努力去实现个人无法达到的目标，管理就有必要。

人类对于管理的需要是随着社会经济的发展和组织规模的不断壮大而日益凸显的。如果说简单的组织只需要简单的管理，因而管理的重要性还不是十分突出，那么时至今日，社会和经济已获得高度发展，组织的规模越来越大，组织面临的环境越来越不确定，作业活动越来越现代化，管理就越来越成为影响组织生死存亡和社会经济发展的关键因素。

组织中的活动包括作业活动和管理活动两大部分，它们之间的关系如图 1－1 所示。组织是直接通过作业活动来达成组织目标的，但组织为了确保这一基本过程（对企业来说，该基本过程就表现为生产经营过程）顺利而有效地进行，还需要开展另一项活动——管理。管理是促进作业活动、实现组织目标的手段和保证。

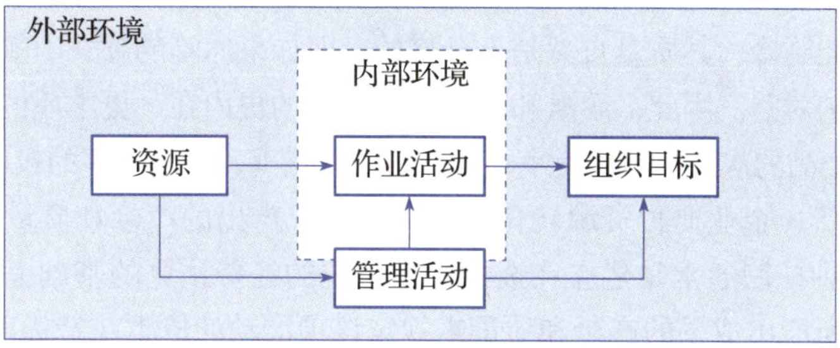

图 1－1 组织中的作业活动与管理活动

二、什么是管理

所谓管理，就是在特定的环境下，对组织所拥有的资源进行有效的计划、组织、领导和控制，以便达成既定的组织目标的过程。这个定义包含以下四层含义：

（1）管理是为实现组织目标服务的，是一个有意识、有目的地进行的过程。

（2）管理工作要通过综合运用组织中的各种资源来实现组织的目标。

（3）管理工作的过程是由一系列相互关联、连续进行的活动构成的。这些活动包括计划、组织、领导、控制等，它们成为管理的基本职能。

（4）管理工作是在一定环境条件下进行的，有效的管理必须充分考虑组织内外的特定条件。

三、管理的目标

严格地说，管理并不存在自己独立的目的或目标。管理不过是组织中的一个“器官”，是为服务于组织而存在的。因此，管理的目标是与组织的目标联结在一起的。概括地说，管理就是要促使组织有效地利用资源而达成组织的目标。具体可从以下三个角度来概括。

（一）组织的产出目标

一个组织要开展活动，必须拥有人、财、物和信息资源。组织所获得的这些人力资源、财务资源、物质资源和信息资源，就构成了组织的投入。对资源或投入的运用就可以产生组织的成果。成果是组织活动过程的最终结果，通常称为组织的“产出”。其具体表现可以是医院治愈的病人、学校培养出来的人才、制造企业生产的产品以及服务企业提供的各项服务等。不同类型的组织，其成果的具体表现形式可能各不相同，但从一般的规范角度看，任何成果都可以从如下几个方面加以考察和衡量。

（1）产量与期限。产量是指组织生产了多少产品或者提供了多少服务项目。生产的产品数量可以是实物指标（如制造了多少吨钢材、生产出多少台机床等），也可以是货币指标（如产值、销售额等）。提供的服务数量表现为承接了多少维修任务，接待了多少客户，答复了多少个电话等。另外，任何产出都必须在规定的时间里完成才有意义。交货有最后期限的要求，对组织中各部门及个人也必须规定每天、每星期、每个月或每年需要完成多少数量的任务。

（2）品种与质量。无论是产品还是服务项目，都必须按照顾客需求的类别和特性来提供。如果冰箱不能制冷，其质量自然是不合格的，而如果冰箱的款式、颜色不符合顾客的预期，就难以适销对路。因此，质量和品种是对产出的更内在、更本质的规定。对质量的测定，可以通过产品的次品率、退货率，服务中的差错率，以及顾客的投诉等来反映。

（3）成本花费。企业要将资源转化为成果，要求产出的产量和质量控制在既定的成本花费之内。这种控制通常是建立在拨给一个单位的经费预算的基础上的。典型的经费预算是直接依据所产出成果的产量和质量来规定该项活动的成本花费标准。

以上是从产出目标角度对组织将资源转化为成果的活动过程水平的一种衡量。其总的要求是，管理工作要确保组织在活动过程中能按质、按量、按期、低成本地提供适销对路的产品或服务。

（二）组织的绩效目标

组织的绩效目标是对组织所取得的成果与所运用的资源之间转化关系的一种更全面的衡量。组织的绩效表现在效率和效果两大方面。

效率是指投入与产出的比值。例如，设备利用率、工时利用率、劳动生产率、资金周转率以及单位产品成本等，这些是对组织效率的具体衡量。对于给定的资源投入，如果组织能获得更多的成果产出，就有了较高的效率。类似地，对于较少的资源投入，如果能够获得同样的甚至更多的成果产出，便也有高效率。

效果的具体衡量指标有销售收入、利润额、销售利润率、产值利润率、成本利润率、资金利润率等。利润就是销售收入与所销售产品或服务的总成本的差值。利润是经市场检验的衡量效果的一项客观的指标。

效率和效果是两个有联系但并不相同的概念。效率涉及的只是活动的方式，它与资源的利用相关，因而只有高低之分而无好坏之别。效果则涉及活动的目标和结果，不仅具有高低之分，而且可以在好和坏两个方向上表现出明显的差距。如果说高效率是追求“正确地做事”，好效果就是保证“做正确的事”。在效果为好的情况下，高效率无疑会使组织的绩效更好。

（三）组织的终极目标

根据组织的性质不同，组织的终极目标可以有不同的表现形式。有一些组织以追求利润为主要终极目标，这样的组织被称为营利性组织；另一些组织则以满足社会利益和履行社会责任为主要终极目标，因此被称为非营利组织。但不论组织所要实现的终极目标有何差别，管理工作的使命任务基本上都是一样的，即要使组织以尽量少的资源尽可能多地完成预期目标。

四、管理工作的科学性与艺术性

管理不仅具有科学性，也具有艺术性，作为科学的管理工作和作为艺术的管理工作是应当而且可能得到统一的。

管理工作的科学性表现在，经过一个多世纪的研究、探索和总结，已经逐渐形成了一套比较完整的、反映管理过程客观规律的理论知识体系，为指导管理实践提供了根本的原理、原则和方法。这种指导管理实践的科学称为管理学。管理学之于管理人员就犹如医学之于医生。没有系统化的医学知识的指导，医生将难以履行其职责；同样，缺乏系统化的管理学知识的指导，管理人员也难以成为有效的管理者。管理科学可以给具有不同能力的管理者提供一视同仁的帮助和指导。

但是，就像阅读了有关游泳的书籍并不意味着你就一定会游泳一样，掌握了大量的管理理论、原理或知识并不能表明你就是一个出色的管理人员，并不能保证你的管理活动就是有效的、成功的。理论并不是万能的，如果管理者只凭书本知识来开展管理，无视实践经验的积累，无视对理论知识灵活运用能力的培养，那么其管理工作注定要失败。从这种意义上说，管理不仅是一种知识，更是一种实践；不仅是一门科学，更是一门艺术。管理工作就像其他各种技艺一样，要根据实际情况创造性地、灵活地运用经过整理的基本知识，才能取得预期的成效。总而言之，管理工作应该是科学性与艺术性的有机统一体。

第二节 管理者的类型、职责和技能要求

一、管理者的类型与职责

管理者是组织的心脏，其工作绩效的好坏直接关系着组织的兴衰成败。管理者对组织的生存发展起着至关重要的作用。

管理者所处的具体组织层次不一样，他们的头衔也各式各样，但他们的工作具有一个共同的特征，即都是与他人一起并通过他人使组织活动得以更有效地完成，因此，管理者是指通过协调他人的活动，与他人一道或通过他人实现组织目标的人。

我们可以从组织的纵切面和横切面来分辨各种类型的管理者。就纵切面上的组织层次划分来看，组织的工作人员可分为四类，其中后三类为管理者。

（1）作业人员，指组织中直接从事具体实施和操作工作的人。例如，汽车装配线上安装防护板的装配工人、麦当劳快餐店中烹制汉堡包的厨师、企业销售现场的推销员、政府机动车管理办公室中负责办理驾驶执照更换业务的办事员、医院中为病人看病的医生等。这些人处于组织的最底层（称为作业层），不具有监督他人工作的职责。

（2）基层管理者，亦称第一线管理者，他们处于作业人员之上的组织层次，负责管理作业人员及其工作。在制造工厂中，基层管理者可能被称为领班、工头或者工段长；在运动队中，则指教练等。

（3）中层管理者，他们是直接负责或者协助管理基层管理者及其工作的人，通常拥有部门或办事处主任、科室主管、项目经理、地区经理、产品事业部经理或分公司经理等头衔。这些人主要负责日常管理工作，在组织中起承上启下的作用。

（4）高层管理者，他们处于组织的最高层，主要负责组织的战略管理，并在对外交往中以代表组织的“官方”身份出现。高层管理者包括公司董事会主席、首席执行官、总裁或总经理及其他高级资深经理人员，以及高校的校长、副校长和其他处在或接近组织最高层位置的管理者等。

作为管理者，不论他在组织哪一层次上承担管理职责，其工作的性质和内容基本上都是一样的，包括计划、组织、领导和控制几个方面。不同层次管理者工作上的差别并不在于职能本身不同，而在于各项管理职能履行的程度和重点不同。如图 1－2 所示，高层管理者花在计划、组织和控制职能上的时间要比基层管理者的多，而基层管理者花在领导职能上的时间要比高层管理者的多。即使对同一管理职能来说，不同层次管理者所从事的具体管理工作也并不完全相同。例如，就计划工作而言，高层管理者关心的是组织整体的、长期的战略规划，中层管理者偏重的是中期、内部的管理性计划，基层管理者则更侧重于短期的业务和作业计划。

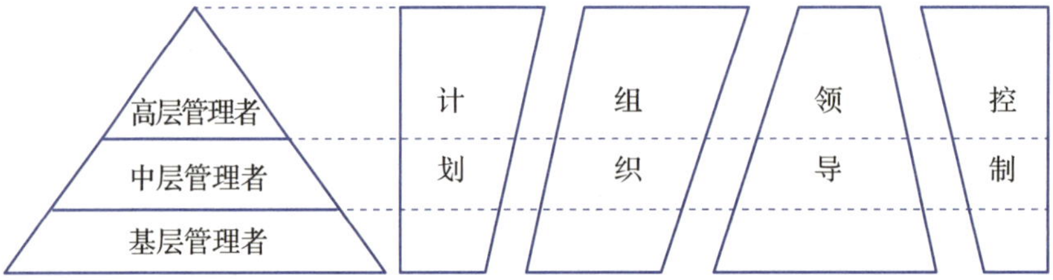

图 1－2　管理者的层次与管理职能

参考案例

将才和帅才

在早期军队中，管理者大都是一身二职，既是制定决策的“帅才”，又是英勇善战的“将才”，有时甚至和战士一样，在前线冲锋陷阵。只是到了后来，军队的规模越来越大，一个军事首领不可能一身二职了。于是，掌握最高决策权的领导者和英勇善战的将军被区分开来。“帅才”掌握决策大权，“将才”主要是带兵打仗。《史记·淮阴侯列传》中记载了刘邦和韩信的一次精彩的“论将”：

刘邦问韩信：“像我这样的人，能领兵多少？”

韩信说：“陛下能领兵十万。”

刘邦：“那你呢？”

韩信：“我是多多益善啊！”

刘邦："多多益善，那你为何被我所擒？"

韩信："那是因为陛下虽不能领兵，却善将将（'用将'之意）。"

在上面的案例中，韩信提出了一个十分重要的军事人才分类原则，即所谓"能领兵者，谓之将也"；"能将将者，谓之帅也"。由此可见，"将才"和"帅才"是活动在不同的管理层次中的领导人物，他们的管理职能有所不同。"将才"可以过问十分具体、十分详细的事情，而"帅才"则不能这样做，他必须把精力放在与全局密切相关的总体决策上。

无数成功的管理经验告诉我们，高层管理者（即"帅才"）需要做一件必须做而又很难做的事，那就是不去管"将才"的工作，给他们充分的自由。古罗马法典曾经规定行政长官不宜过问琐事。科学管理运动的发起者泰勒提出例外管理原则，提倡高层管理者将一般的日常事务授权给下级去处理，自己只保留对例外事项的决定权和监督权。基于这种思想，美国通用汽车公司和杜邦公司先后在20世纪20年代初推行了事业部制组织形式，将日常事务管理的全面协调权责下放给事业部（或分部）经理，这样就在中间管理层次上形成了综合管理者。

从横切面上看，组织的管理者可以划分为综合管理者和专业管理者，如图1-3所示。

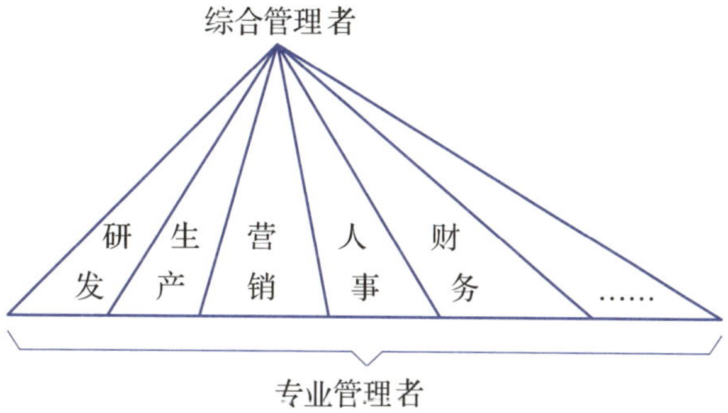

图1-3 管理者的领域分类

综合管理者指的是负责管理整个组织或组织中某个分部的全部活动的管理者。小型组织（如一个小工厂）可能只有一个综合管理者，那就是总经理，他要统管该组织中包括生产、营销、人事、财务等在内的全部活动。而大型组织（如跨国公司）可能会按产品类别设立几个产品分部，或按地区设立若干地区分部，此时，该公司的综合管理者就包括公司总经理和每个产品或地区分部的总经理。每个分部总经理都要统管该分部包括生产、营销、人事、财务等在内的全部活动，因此也是综合管理者。

组织中还常常存在专业管理者，也就是仅仅负责管理组织中某一类活动或业务的管理者。根据这些管理者所管理的专业领域性质的不同，可以具体划分为生产部门管理者、营销部门管理者、人事部门管理者、财务部门管理者以及研发部门管理者等。这些部门管理者可以泛称为生产经理、营销经理、人事经理、财务经理和研发经理等。

二、管理者的技能要求

每位管理者都在自己的组织中从事某一方面的管理工作，并力争使自己主管的工作达到一定的标准和要求。管理是否有效，在很大程度上取决于管理者是否真正具备了作为一个管理者应该具备的管理技能。这些管理技能包括以下几个方面的内容。

（一）技术技能

所谓技术技能，就是指从事自己管理范围内的工作所需的技术和方法。如果是生产车间主任，就要熟悉各种机械的性能、使用方法、操作程序，各种材料的用途、加工工序，各种成品或半成品的指标要求等。如果是办公室管理人员，就要熟悉组织中有关的规章、制度及相关法规，公文收发程序、公文种类及写作要求等。如果是财务科科长，就要熟悉相应的财务制度、记账方法、预算和决算的编制方法等。

（二）人际技能

人际技能就是与组织中上下左右的人打交道的能力，包括联络、处理和协调组织内外人际关系的能力，激发组织内工作人员的积极性和创造性的能力，与组织成员共同开展工作的能力。

（三）概念技能

概念技能是指对事物的洞察、分析、判断、抽象和概括的能力。管理者应看到组织的全貌和整体，了解组织与外部环境是怎样互动的，了解组织内部各部分是怎样相互作用的，能预见组织在社区中所起的社会的、政治的和经济的作用，知道自己所管部门或科室在组织中的地位和作用。

上述三种管理技能是各层次管理者都需要掌握的，区别仅在于各层次管理者所需掌握的三种管理技能的比例有所不同，如图 1－4 所示。

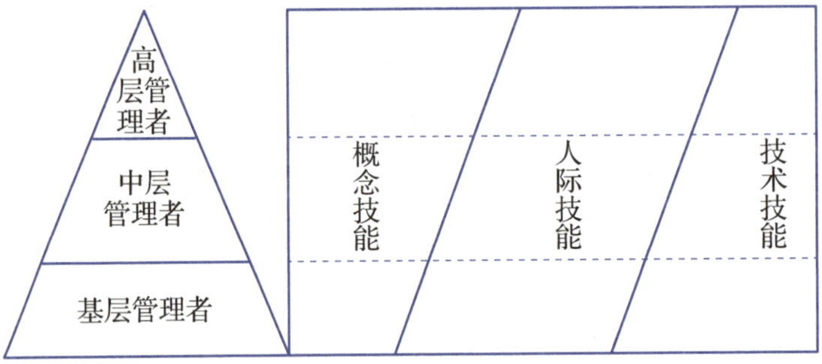

图 1－4 管理层次与管理技能要求

第三节 管理的职能和适用范围

一、管理的过程和职能

所谓管理过程，是指一组进行中的决策和工作活动，在这个过程中，管理者从事着各项管理工作活动。从具体管理工作的开展来说，按大致的阶段归类，管理可划分为如下四个基本职能：

（1）计划。组织的存在是为了实现某种特定的目的（这个目的一般以一个或一组目标来表示），因此需要有人来规定组织要实现的目标和实现目标的行动方案，这就是管理的计划职能。

（2）组织。管理的组织职能决定组织要开展的活动是什么，这些活动如何分类组合，由哪些职位和部门来承担这些工作，谁向谁汇报工作，以及各种决策应放在哪一层次上制定，等等。组织职能或组织工作的结果是形成各种正式组织文件，如职务说明书、组织图等。

（3）领导。每一个组织都是由人力资源与其他资源有机结合而成的，人是组织活动中唯一具有能动性的因素。管理的领导职能包括激励下属、指导和指挥他们的活动、选择最有效的沟通渠道，以及营造良好的组织气氛等。

（4）控制。为了确保组织目标实现及为此制定的行动方案顺利实施，管理者必须自始至终地根据计划目标派生出来的控制标准，对组织各项活动的进展情况进行检查，发现或预见到偏差后及时采取措施予以纠正，这是管理工作中狭义的控制职能。广义的控制职能还包括根据组织内外环境的变化，对计划目标和控制标准进行修改或重新制定。

以上各项管理的职能构成了管理者要发挥作用的四项基本工作。从理论上说，这些工作或职能是按一定的顺序发生的。对管理者来说，合乎常理的第一步工作是制订计划，然后是建立组织结构、配备人员，接着是指导和指挥员工们付诸行动，最后是控制整个局面，使之朝着既定目标前进。这四个步骤构成了管理工作的不断反复进行的循环过程，如图 1－5 中的三角框所示。此外，管理的各阶段工作或各项职能并不是相互割裂的，而是有机关联的。我们把以连续的方式进行的管理活动称为管理过程。就一个全新的管理过程来说，人们通常认为管理过程始于计划，但是就已经进行的管理过程而言，控制工作如果导致计划目标的修改，就标志着新一轮的管理过程由此开始。我们不能机械地理解管理过程的阶段划分。

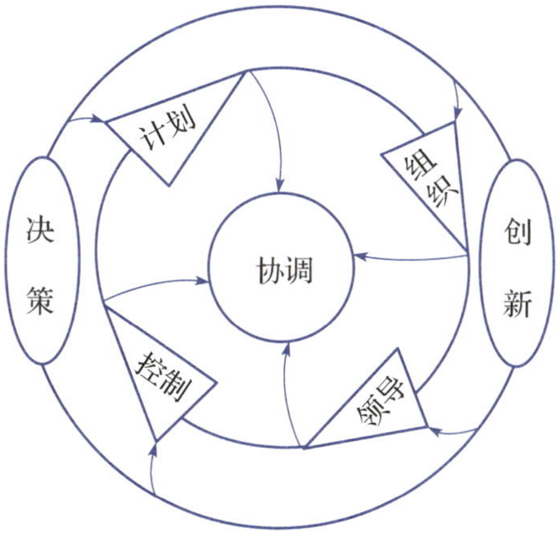

图 1－5　管理职能关系示意

计划、组织、领导和控制只是对管理过程的一个最基本的阶段划分。除了这四个基本职能外，管理过程还包括其他一些相关的职能。如图 1－5 外圈所示，贯穿管理全过程的还有决策和创新。这两项职能严格地说并不是独立的管理职能，而是从原有四个基本管理职能中分离出来的，是对原有四个职能的某些方面共同内容的专门强调。

所谓创新，通俗地说，就是使组织的作业工作和管理工作都不断地有所革新、有所变化。创新是组织活力的源泉，创新关系到组织的兴衰成败。创新不仅包括作业领域中的产品、技术（工艺）和市场的创新，也贯穿于现代管理的一切职能和一切活动之中。

另外，组织的管理者无论是从事广泛意义上的决策和创新活动，还是开展计划、组织、领导和控制各项基本职能活动，都是为了更好地取得协调。所谓协调，就是指组织的一切要素、工作或活动都要相互配合，以便于组织整体目标得到顺利实现。协调是管理活动的根本。管理者的任务说到底就是协调组织的各个部分以及组织与环境的关系，以便更好地实现组织的目标。协调包括组织内部各方面的协调、组织与外部环境的协调以及现时需要与未来需要之间的协调等。

二、管理的对象和适用范围

（一）管理的对象

以企业为例，管理的对象实际上包含了如下三个方面：

（1）对工人和作业工作进行管理。管理最初就是产生于对工人及其工作的管理。但随着组织规模的扩大，这类管理工作逐渐交给了基层管理者去完成，高层管理者则主要按例外原则介入对工人及其工作的管理。

（2）对管理者及其工作进行管理。负责管理他人的管理者本身也应该受到某种程度和某种方式的管理，即管理者同时也应是被管理者。因此，管理工作的第二项任务便是管理管理者及其工作。无论是基层、中层还是高层管理者，都必须被置于某种力量的管理之下，否则，他们的行为就有可能出现偏差。

（3）对整个企业进行管理。这就是对一个企业的生产经营活动进行全面的管理。对于非企业的组织来说，与将对整个企业的管理称为企业管理相似的是，我们将对于整个组织的管理称为组织管理，即针对一般组织而进行的管理。

（二）管理的适用范围与权变管理原则

任何组织都有其特定的组织目标和特定的资源调配利用问题，因此，也就都有管理问题。管理普遍适用于各种类型的组织，包括各类营利性组织和非营利组织。

从营利性组织来看，不管其规模、结构类型、行业性质是多么的不同，都需要对它们进行有针对性的有效管理，所以，客观上存在着国际性企业（跨国公司）的管理、小型企业（如个体企业）的管理、工业企业（如汽车厂、纺织厂等）的管理、商业企业（如零售商店、外贸公司等）的管理，交通运输企业（如航空公司、出租汽车公司等）的管理，以及商业银行和保险公司、通信广播公司、财务公司、咨询公司和其他各种服务性单位（如餐馆、洗衣店）的管理。再从非营利组织来看，不仅政府、军队、公安等组织需要管理，学校、医院需要管理，各种基金会、联合会、俱乐部，以及党派、学术团体和宗教组织等也都需要管理。

现实中的管理并不存在普遍适用的某种固定的模式或方式，不能将某一场合下成功的管理模式简单地照搬到另一种场合下。而能否识别管理工作所面临的特定情境并开发或选用合适的管理模式，是权变管理原则的客观要求，也是衡量管理者在分析和处理问题过程中的灵活性和创造性的重要方面。

权变管理原则告诫管理者，有效地解决管理问题不仅需要掌握多种管理模式或管理方法，还必须清楚各种模式和方法究竟要在什么样的条件下使用才会取得最好的效果。任何管理模式和方法都不可能是普遍最佳的，而只可能是某种情境中最合适、最适用的。适合的才会是有效的。因此，管理者不但要注重学习和开发管理的新模式、新方法，还应该通过实践和自身的体会领悟各种模式或方法适用的场合，以便将管理的学问变成其卓越的管理业绩。

第四节 管理工作所面对的环境

一、外部环境

任何组织都不是独立存在、自我封闭的。组织的管理工作是在一个开放系统里展开的，管理者必须时刻明智地对周围环境的变化做出反应。从组织外部的角度来观察，环境中究竟有哪些因素对管理者的行为产生影响？我们将这些因素划分为如下两大类：

（1）一般环境，亦称宏观环境或社会大环境，是指对某一特定社会中所有组织都产生影响的环境因素，包括经济和技术、政治和法律、社会和文化、自然环境等各方面要素。在大多数情况下，一般环境是特定组织的管理者所无法影响和控制的，因此，适应和利用是更常用的应对策略。

（2）具体环境，亦称微观环境或任务环境，是指与特定组织直接发生联系的那些环境要素，包括竞争对手、顾客、资源供应者、政府管理部门、工会、新闻传播媒介和其他利益代表团体（如消费者协会、妇联）等。与一般环境相比，具体环境对特定组织的影响更明显，也更容易被组织管理者识别、影响和控制。

二、内部环境

任何组织（企业也不例外）都是独特的资源和能力的结合体，这一结合体形成了管理工作的基础。下面以企业这一特定的组织为例，从资源和能力方面对其内部环境条件进行分析。

（1）资源，是指企业生产经营过程的投入。企业中有些资源是有形的、显性的，如现金、有价证券等财务资源，土地的位置、厂房设备的先进性及原材料的紧缺程度等所反映出的实物资源，专利、商标和专有技术所有权等技术资源，以及从数量和成本上反映出的劳动力状况等；另一些资源则是无形的、隐性的，如员工的知识和智慧，相互间的信任和协同工作的方法，企业在社会上的声誉及对外联系的特有方式等。

（2）能力，是指一组资源的有机组合。就像胶水把物质黏合在一起形成高强度的材料一样，企业通过各种有形资源与无形资源的不断融合形成与众不同的能力。其中，能为企业带来相对于竞争对手的有持久优势的资源和能力被称为核心竞争力，亦称核心能力。

小结

1. 管理伴随着组织的产生而产生，并随着组织规模的扩大而日益凸显重要性。

2. 所谓组织，是由两个或两个以上的个人为了实现共同的目标组合而成的有机整体。为了使组织更好地达成既定的目标，需要开展有效的管理工作。

3. 管理就是在特定的环境下，对组织所拥有的资源进行有效的计划、组织、领导和控制，以便达成既定的组织目标的过程。管理工作是在组织中开展的，是相对区别于作业工作又为作业工作提供服务的活动。管理工作在本质上不同于作业工作。称职的管理者不能事必躬亲，使自己陷入作业工作中，而要设法通过他人并与他人一道实现组织的目标。

4. 组织中从事管理工作的人，可以按层次划分为基层管理者、中层管理者和高层管理者，按所管辖领域范围分为综合管理者和具体领域的专业管理者。

5. 管理者的基本职能包括计划、组织、领导和控制。不同层次的管理者在工作上的差别不在于职能本身有明显不同，而主要是各项管理职能履行的程度和重点有所不同。

6. 管理者需具备的技能包括三大方面，即技术技能、人际技能和概念技能。这三种管理技能是各层次管理者共同需要的，区别在于各层次管理者所需掌握的各种管理技能的比例有所不同。高层管理者更需要概念技能，基层管理者对技术技能的要求更高，但不论哪个层次的管理者，都需要有人际技能。

7. 管理工作适用于各类组织，包括各种营利性组织和非营利组织。因此，管理的适用范围是广泛的。但管理又是在特定的环境下，对特定的组织进行的。管理者在开展实际管理工作中，必须处理好普遍性、共通性与特殊性、权变性的关系。世界上不存在普遍适用的某种固定的管理模式，有效的管理者必须能在管理理论、原理和方法的指导下，结合具体情况因地制宜、灵活应变地开展管理工作。

思维导图

- 管理者与管理工作
  - 管理的概念、意义和目标
    - 管理是在特定的环境下，对组织所拥有的资源进行有效的计划、组织、领导和控制，以便达成既定的组织目标的过程。
    - 管理的目标包括产量与期限、品种与质量以及成本花费等产出目标，也包括效率和效果等绩效目标，还包括利润和社会责任等终极目标。
  - 管理者的类型、职责和技能要求
    - 管理者是组织中从事管理工作的人。按所管辖领域范围可分为综合管理者、专业管理者，按层次可划分为高层管理者、中层管理者、基层管理者。
    - 胜任的、有效的管理者必须具有技术、人际和概念三大方面技能。
  - 管理的职能和适用范围
    - 管理职能是从职能类别方面对管理者所开展工作的归纳和概括。管理者的基本职能包括计划、组织、领导和控制。
    - 例外管理原则：上级管理者将一般的日常事务授权给下级去处理，自己只保留对例外事项的决定权和监督权。
    - 权变管理原则：根据具体情况不同而因地制宜、灵活应变地开展管理工作。
  - 管理工作所面对的环境
    - 外部环境包括经济和技术、政治和法律、社会和文化、自然环境等一般环境，也包括各类利益相关者的具体环境。
    - 内部环境包括财务资源、实物资源、技术资源等，以及将各种有形资源与无形资源加以融合的能力。

课后习题

一、单项选择题

1. 下列关于效率和效果的表述中，哪项不正确？(　　)

A. 效率和效果是两个有联系但并不相同的概念

B. 效率与资源的利用相关，只有好坏之分

C. 效果涉及活动的目标和结果，不仅有高低之分，也有好坏之别

D. 高效率是追求“正确地做事”，好效果则是保证“做正确的事”

2. 下面哪项属于中层管理者的工作？（　　）
A. 负责管理作业人员及其工作
B. 直接从事具体实施和操作工作
C. 直接负责或者协助管理基层管理者及其工作
D. 负责组织的战略管理

3. 企业在销售产品时，需要预估货款回收的可能性。为此，信用审核部门力图以一种低成本的方式处理有关客户资信的材料，但因为过程速度太慢，许多客户另觅他处购货。该项信用审核工作可以说是（　　）。
A. 重效率、轻效果　　B. 效率和效果都重视
C. 重效果、轻效率　　D. 效率和效果都不重视

4. 山川旅行公司刘总经理在总体市场不景气的情况下，以独特的眼光发现了惊险性旅游项目与 40 ~ 45 岁男性消费者之间的相关性。在此基础上，他设计了具有针对性的旅游路线和项目，并进行了前期宣传。因为涉及与交通管理、保险、环保等部门的协调，新项目得到正式批准的时间比预期的晚了整整一年，因此丧失了大量的市场机会。下列说法中，最能概括刘总经理管理技能状况的是（　　）。
A. 技术技能、人际技能、概念技能都弱
B. 技术技能、人际技能、概念技能都强
C. 技术技能和人际技能强但概念技能弱
D. 技术技能和概念技能强但人际技能弱

5. 组织的存在是为了实现某种特定的目的（这个目的一般以一个或一组目标来表示），因此需要有人来规定组织要实现的目标和实现目标的行动方案，这就是管理的（　　）职能。
A. 组织　　B. 控制　　C. 领导　　D. 计划

6. 管理的（　　）职能决定组织要开展的活动是什么，这些活动如何分类组合，由哪些职位和部门来承担这些工作，谁向谁汇报工作，以及各种决策应放在哪一层级上制定，等等。
A. 组织　　B. 控制　　C. 领导　　D. 计划

7. 美国管理大师彼得·德鲁克说过，如果你理解管理理论，但不具备管理技术和管理工具的运用能力，你还不是一个有效的管理者；反过来，如果你具备管理技巧和能力，而不掌握管理理论，那么充其量你只是一个技术员。这句话说明（　　）。
A. 有效的管理者应该既掌握管理理论，又具备管理技巧与管理工具的运用能力
B. 是否掌握管理理论对管理者工作的有效性来说无足轻重
C. 如果理解管理理论，就能成为一名有效的管理者
D. 有效的管理者应该注重管理技术与工具的运用能力，而不必注意管理理论

二、简答题

1. 简述管理的定义及内涵。

2. 以企业为例，管理的对象包括哪三个方面？
3. 简述权变管理原则。

三、案例思考题

案例 1 节约后的致歉

如果有人能给公司节约 1 000 万美元，大多数的管理人员会对此给予赞赏，除非这意味着要砍掉一个他们所喜爱的项目。但是，一位刚走出校门的年轻人却从此举中得到了深刻的教训。

从表面上看，情况似乎一清二楚。一家拥有 700 个床位的美国中西部医院门前有一个停车场，在高峰期常常拥挤不堪，给病人及其家属带来了诸多的不便。从财务方面考虑，鉴于最近越来越多的患者另寻他处就医，从而给医院带来了很大的损失，医院的院长助理查尔斯必须想办法解决问题。

查尔斯吩咐刚从大学拿到工商管理硕士学位的莫里对这种情况进行调查，并提出改进意见。他解释说，如果问题尚不严重，医院可能会设法腾出楼前的一块地方做停车用。如果问题非常严重，就要考虑建一个新的多层停车场，为此得投资 1 000 万美元。查尔斯在对莫里做了这次交代以后，便到外地休假 3 个星期。

希望自己能一显身手的这位年轻人在接受任务后进行了两周的调查，分析了停车场的印有停车时间的票据，最后发现一个不曾预料到的事实：停车场之所以拥挤，完全是因为医院的职工不顾院规将车停放在这里，而不是停在靠近高速公路的一个较不方便的宽敞的停车场。医院并不需要投资 1 000 万美元，它需要的只是强化已颁布的职工停车条例。

因为院长助理仍在休假中，这位年轻人便在一次大型的会议上将他的发现直接报告给了医院高层管理人员。听到这条令人振奋的消息后，这些高层管理人员对莫里说了一番鼓励和感谢的话，然后要求他的部门做进一步的研究。

在院长助理返回前，一切都进展顺利。可是，查尔斯回来了，听说他提议的 1 000 万美元的投资项目被取消了，他觉得自己很无能。更令他难受的是，在医院职工中很少得到遵守的停车条例，现在得到了三令五申。不幸的莫里，在上司责备下，不得不向院长助理道歉，并且又承担了寻找落实医院停车条例最有效的方式的任务。

在思考了各种方案后，莫里最后向一个副总裁和几位部门负责人提议，下午 5 点钟在门前停车场会合，准备当场逮住那些违规停车的职工，并要求他们缴纳停车时间内的所有停车费。如此进行了连续两天的行动后，院门前的这块停车场在高峰期也有一半是空的。

至于那位年轻的毕业生莫里，不久后他就离开医院，在一家私人公司找到了新的工作。他离开时对朋友们说，自己得到了一次深刻的教训，现在明白了过度坦诚与精明为人之间有何区别。

思考题

1. 如果你是这家医院的院长，你需要留住莫里这样的年轻人吗？为什么？
2. 这家医院若想留下莫里，作为院长，你可以采取哪些措施？

3. 莫里在沟通方面有什么可以改进的吗？

案例 2　塑料制品的挑战

A 公司是一家小型工业公司，专门从事金属零件的加工。公司规模虽然不大，但在这里工作的人都为自己公司是一家大型汽车制造公司的主要供应商而自豪。

有一天，这家公司的销售部李经理走进生产部经理兼总工程师马克的办公室，把一个零件丢在他的桌子上。

李经理问："这个零件怎么样？"

马克说："我不太清楚，但它看上去和我们的产品一模一样，这是我们做的吗？"

李经理说："不，是一家日本公司制造的。"

马克问："他们开什么价？"

李经理说："每个比我们少 2 元，而那家汽车制造公司告诉我，它在质量上完全符合他们的要求！"

马克问："可它是在日本制造的，还要运到这里！他们怎么能开这个价？"

李经理说："谁知道呢？如果我们不干点什么的话，今后就甭想吃好饭了。"

两个月以后，马克打了个电话给李经理，请她来自己的办公室。他说："我想给你看点东西。"李经理来了，马克递给她一个塑料制品，与那个金属零件一模一样。

马克问："你认为它怎么样？"

李经理说："嘿，它轻多了！"

马克说："它的造价也低多了。"

李经理说："不过，它的功能与那个金属零件一样吗？"

马克说："那是当然的啦，我们已做了各项测试，你看它销得出手吗？"

李经理说："我敢打赌，眼下那家汽车制造公司就在找这种重量轻的零件！"

第二天，在这家公司的管理人员碰头会上，有人要求金工车间王主任估计一下，制造这种塑料制品会遇到什么问题。他说："问题？那真是太多了，我们还没有制造这种产品的机器，也不知道制造的工艺。我们可以弄到这些机器设备和制造方法，可这得花钱、花时间，还要培训工人。"

思考题

你认为该事件中有关的管理者对外部环境采取了什么样的态度？在面对"塑料制品的挑战"中，他们是组织环境的适应者还是管理者？为什么？

第二章

计　　划

学习目标

1. 了解计划的含义、意义和类型。
2. 掌握计划工作的程序和制订计划的技术方法。
3. 掌握目标管理法。
4. 掌握管理决策的含义、类型与方法。

素养目标

引导学生认识到工作的计划性和战略性，在学习和工作中树立“凡事预则立，不预则废”的计划意识，着眼长远，把握大势。正确运用目标管理法和科学的决策方法实现个体成长和人生理想。

导入案例

青岛港的战略预算管理难题

青岛港位于中国环渤海港口群及长江三角洲港口群的中心地带，占有东北亚港口圈的中心位置，是西太平洋重要的国际贸易枢纽，目前是世界最大综合性港口之一。港口行业属于周期性行业，与宏观经济发展关系密切。我国规模以上港口货物吞吐量的平均增速正在放缓，低速增长成为我国港口吞吐量未来变化的长期趋势。面对经济行情与同业恶性竞争的双重压力，青岛港（集团）有限公司意识到转型升级才有出路。要实现战略转型，需要合理布局，让公司有限的资源发挥出最大的效益。2013 年，董事长在公司开始推行全面预算管理这一系统工程。预算是公司战略执行的有效工具，是资源合理配置的手段，是指导业务流程的行为规范，是企业绩效管理的依据。

但是，公司在全面预算管理的实施过程中却遇到重重问题：每年的预算协调会上各业务板块为争夺资金吵得不可开交，场面难以控制。码头板块负责人说：“装卸主业是公司的根本，预算资金只能增不能减！”物流板块负责人认为：“多式联运物流毛利高、创收多，必须多配置些资金快速发展！”安技部负责人生气地质问财务部门：“为什么压缩维修费预算，耽误了生产、完不成任务谁负责？”……还有一件让董事长头疼的事是，各业务部门编制业务预算时总是考虑不周全，导致预算执行时发生大量预算外审批和调整事项。下一年度的预算工作又快要启动了，该如何解决遇到的这些问题？如何才能让预算管理这个工具在青岛港发挥出应有的“魔力”？董事长一边翻看过去几年的预算报告，一边思索着问题所在。

资料来源：孙燕芳，张淑惠，刘敏．战略预算管理如何支撑青岛港转型升级．中国管理案例共享中心案例库，2019.

战略规划是企业在市场经济条件下，根据内外部环境及可获得资源的情况，为求得企业生存和长期稳定发展，达成目标的途径和手段的总体谋划。如何使企业的战略规划既有效率又有效果地开展呢？这就涉及组织的计划工作。

第一节　计划的含义、意义和类型

一、计划的含义

计划是关于组织未来的蓝图，是对组织在未来一段时间内的目标及其实现途径的策划与安排。

一般而言，人们在两种意义上使用“计划”一词：（1）作为动词，“计划”是指一种特定的行为，即对各种组织目标的分析、制定和调整，以及对组织实现这些目标的各种可行方案的设计这一系列相关联的活动或行动；（2）作为名词，“计划”是指上述计划行动的成果，这些成果包括各种明确的书面化的使命和目标说明，以及战略、政策、预算书等。管理者的计划工作就是把计划作为一种特定的管理行为，其内容包括规定组织在未来一段时间内所要实现的目标以及实现这些目标的途径即计划方案。

二、计划的意义

组织活动需要在计划的指导下有条不紊地进行。没有计划，活动就经常会出现混乱和低效率。因此，计划是一项重要的、不可或缺的管理职能。计划有以下四个方面的意义：

第一，计划明确了组织成员行动的方向和方式，从而成为协调组织各方面行动的有力工具。计划过程使人们就组织的目标、现状以及由现实过渡到目标状态的途径做出事先的安排，由此使各方面的行动获得明确的指示和指导。

第二，计划工作的开展迫使各级主管人员花时间和精力去思考未来的各种情况，从而促发了沟通、思考、预测等行为。而如果环境的变化能在思考和预测中被事先估计到，人们就能事先做出应变准备，至少是思想上的准备，这样，计划工作就会有助于提高组织的应变能力，由此降低风险。

第三，计划能促使人们改善组织运行的效率。当人们为实现某一目标而拟订各种行动方案时，必然考虑组织现行的各种活动的合理性，由此挖掘潜力、减少各种浪费和不合理性。

第四，计划还为组织各层管理人员的日常考核和控制工作提供最基本的依据。计划是控制的基础。计划的编制为及时地对照标准检查实际活动情况提供了客观的依据，从而为及时发现和纠正偏差提供了可靠的保证。

三、计划的类型

由于目标及实现目标的方案有不同的类型，因此计划也有不同的种类。表 2－1 列出了计划的类型。

表 2－1　计划的类型

划分的依据	计划的类型
表现形式	正式计划与非正式计划
内容差异	具体性计划与指向性计划
作用性质	战略计划与战术计划
时间长短	短期计划与长期计划

对计划类型的划分有利于人们更深入地理解计划的实质，也有利于具体地分析和掌握有关计划工作的规律和方法。以下我们对表 2－1 所列的几种计划形式及工作做简要说明。

（一）正式计划与非正式计划

正式计划是一个包括了环境分析、目标确定、方案选择及计划文件编制这一系列工作步骤的完整过程。该过程的结果往往会形成组织的一套计划书。计划书要详细、明确并明文规定组织的目标是什么，实现这些目标需要什么样的全局战略，并开发出一个全面的分阶段和分层次的计划体系，以综合与协调不同时期和不同部门的活动。组织通过正式而精细地制订计划，会促使所形成的决策落到实处，使之既具体可操作，又相互支持、彼此协调。

非正式计划则没有被表述为书面文件，但这并不意味着当事人就一定没有制定出行动的目标和方案。没有正式计划并不简单等同于无计划。非正式计划的确定往往欠周密，也很不正规，通常是对某一问题做出了决定就算有了计划。非正式计划不容易在组织中进行交流和扩散，计划的内容也往往比较粗略且缺乏连续性。所以，在规模比较大、管理工作较规范的组织中，就经常需要编制正式计划。

（二）具体性计划与指向性计划

从计划内容的详尽程度看，具体性计划有明确的目标和实现目标的方案，不存在模棱两可和容易引起误解之处。然而，具体性计划也不是没有缺陷的，因为它要求的明确性和可预见性条件在现实中并不一定都能够满足。当组织面临的环境的不确定性很高，由此要求保持适当的灵活性以防意料之外的变化时，制订对行动提供较宽松指导的指向性计划就显得更有效。

与具体性计划不同，指向性计划只规定一些一般性的方向。它指出行动的重点，但并不限定在具体的目标上，也不规定特定的行动方案。例如，一个旨在增加利润的具体性计划可能会明确规定，在未来的 6 个月中，成本要降低 4%，销售额要增加 6%；而指向性计划也许只提出，未来的 6 个月中使利润增加 5% ～ 10%。显然，指向性计划具有内在灵活性的优点，但须将这一优点与其不具有具体性计划的明确性的缺点进行权衡比较。

在不同的情境中，企业所编制的计划在内容详尽程度上应该是各不相同的。并不是在任何时候编制出的具体性计划，都会对企业未来的发展产生助益。

（三）战略计划与战术计划

根据计划对企业经营影响范围和影响程度的不同，可将计划区分为战略计划和战术计划。战略计划是关于企业活动总体目标和战略方案的计划。战略计划要确定组织的发展方向、总体发展思路、资源配置策略，以使组织达到或维持在其环境中的某种地位。

战略计划的基本特点可以归纳为：计划的时间跨度长，涉及范围宽广；计划内容抽象、概括，不要求直接的可操作性；不具有既定的目标框架作为计划的着眼点和依据，因而设立目标本身成为计划工作的一项主要任务；计划方案往往是一次性或单一用途的，很少能在将来得到再次或重复的使用；计划的前提大多是不确定的，计划执行结果也往往带有高度的不确定性，因此，战略计划的制订者必须有较高的风险意识，能在不确定中选定企业未来的经营方向和行动目标。

战术计划是有关组织活动具体如何运作的计划，对企业来说，就是指各项业务活动开展的作业计划。战术计划主要用来规定实现企业经营目标的具体方案和细节。战术计划的主要特点是：计划的时间跨度比较短，覆盖的范围也较窄；计划内容具体、明确，并通常要求具有可操作性；计划的任务主要是规定如何在已知条件下实现根据企业总体目标提出的具体行动目标，这样计划制订的依据就比较明确；另外，战术计划的风险程度也远比战略计划低。

（四）短期计划与长期计划

计划的时间长短是区别计划的一个重要标志。一般而言，我们说的短期是指一年以内，而长期则为五年以上。按照远粗近细的思维逻辑，短期计划一般都规定了较明确、具体和量化的目标以及实现这些目标的具体措施，因此通常要求具备可操作性，而长期计划则相对比较概略、总括。

长期计划的制订是企业提高战略管理水平的一种手段。建立起正常的长期计划制度后，企业可以根据长远发展的需要收集战略信息，发现将来的机会和威胁，以便在现在就为今后的长远项目做好准备。长期计划制度的作用表现在两个方面：一是有利于发现正确的战略问题，改进企业的战略决策，使其从直觉型转变为分析型；二是综合各项经营决策，使企业的资源分配更加合理。换句话说，按照长期计划，企业能把多个项目综合起来考虑，并以最有效的方式分配有限的资源。

第二节　计划工作的开展

一、计划工作的程序

在实际工作中，计划与决策工作往往相互渗透、紧密联系，有时两者甚至不可分割地交织在一起。比如，在计划工作中往往会碰到以下问题：组织的长期目标是什么？什么战略能够最好地实现这些目标？组织的短期目标是什么？目标的难度有多大？这些计划工作中的问题都是一个个大小不等的决策。鉴于计划与决策之间的这种关联性，要严格地区分何者是决策过程、何者是计划过程并不容易，也没有必要。本节主要从计划编制过程的逻辑步骤出发，将决策作为计划工作的一个主要环节。在这种框架下，计划与决策的关系就表现为：决策为计划的任务安排提供了依据，而计划则为决策所选择的活动和活动方案的落实提供了实施保证。

（一）收集资料，确定计划的基本前提

计划是决策制定及具体落实的过程，因此，了解决策者的选择，理解有关决策执行所面临的外部环境特点以及组织内部所需具备的资源和能力条件，就构成了计划的前提。

关于计划的前提的类型和性质，可以从不同角度进行划分：

（1）外部前提和内部前提。外部前提是指组织所面临的环境条件，尤其是产品市场条件和要素市场条件。内部前提包括投在厂房和设备方面的资金、企业经营的方针和政策、已经拟订的主要规划、已经做出和批准的销售预测、相对稳定的企业既定的组织机构等。

（2）定量前提和定性前提。定量前提是指可用数字表示的对计划工作具有影响的因素，定性前提则是指那些难以用数字来表示的因素，例如产品声誉、社会稳定性和税收政策等。

（3）可控前提和不可控前提。在计划的前提中，有些因素是企业无法控制的，如人口增长、未来价格水平、税收和财政政策等；有些因素是企业可以在一定程度上加以控制的，如企业的市场占有率水平、企业员工思想的稳定性等；还有一些因素则是企业可

以完全控制的，如企业的市场开拓政策、对风险性产品的研发工作的投资、产品投放市场的时机与方式等。

有效地确定计划的前提，需要注意以下几点：

（1）合理选择关键性的前提。对于可能影响计划顺利实施的所有内外环境因素，管理者不可能也没有必要在制订计划之前就全部予以鉴定；相反，管理者需把精力集中于研究那些具有战略意义的关键性前提。

（2）提供多套备选的前提。这是指为应付未来突发的偶然事件，事先准备好若干套前提，并根据设定的多套前提拟订相应的计划。

（3）保证前提的协调一致。为使各部分计划能按照统一的前提来制订，企业必须在每套计划方案制订中贯彻相一致的前提。这要求在公司总部的组织下，对各分公司或各部门、各单位的前提进行分析研究、综合概括，保证它们之间彼此协调一致，以确保全公司的计划都按照同样的基调来进行制订。

（二）确定组织目标和实现目标的总体行动计划

这一阶段计划工作的实质就是决策。它大致包括如下工作步骤：

（1）根据前述对计划的前提的认识，估计组织发展的机会，确定组织的目标。

（2）进一步调查研究，明确计划的具体前提。比如，对本企业所经营业务的市场需求前景进行预测，确定未来一段时间内各细分市场产品销售可望达到的水平，这样可以更准确地把握组织发展的有利与不利因素及机会或威胁潜藏的地方。

（3）提出多种可供选择的方案，经过比较分析，确定最优或最满意方案。任何计划方案都必须在比较中产生，这是计划工作以决策为中心的主要表现。

最终选定的方案，一方面必须符合计划目标的要求，另一方面要与所设定的那一套前提相一致。这是计划方案选择的基本原则。另外，为了使计划能适应现实情况的变化，具有较强的应变能力，可以考虑针对可能出现的几种情况，也就是计划中所测定的几套前提，分别拟订不同的计划方案作为备用。当然，对于各套备用计划，必须明确规定其各自选用的前提。

（三）分解目标，形成合理的目标结构

组织目标的分解可以沿空间和时间两个方向进行，即将决策确定的组织总体目标分解落实到各个部门、各个活动环节乃至各个人，同时也将长期目标分解为各个时段的分目标。通过目标的层层分解、落实，就可以确定组织的各部分在未来各个时期具体的任务以及完成这些任务应达到的具体要求。对企业来说，制定分部门及分时段的目标具有以下作用：

（1）促使组织通过目标的分解把活动任务分配到各个责任点上，以保证组织内部各方面行动和目标的一致性。

（2）为动员组织的各种资源和分配资源提供依据。

（3）在组织中形成一种共通的思想状态或组织气氛，如促成一种井井有条的工作秩序。

（4）为组织内成员指明工作努力方向。

（5）在组织中形成一种能够对各方面活动的成本、时间和成效等参数加以确定和控

制的详细指标体系。

参考案例

山田本一分解马拉松赛程

1984 年，在东京国际马拉松邀请赛中，名不见经传的日本选手山田本一出人意料地夺得了世界冠军。当记者问他凭什么取得如此惊人的成绩时，他说了这么一句话：凭智慧战胜对手。

当时许多人认为这个偶然跑到前面的矮个子选手是在故弄玄虚。因为马拉松比赛是考验体力和耐力的运动，只有身体素质好又有耐力才有望夺冠，爆发力和速度都在其次，说用智慧取胜确实有点勉强。

两年后，意大利国际马拉松邀请赛在米兰举行，山田本一代表日本参加比赛。这一次，他再次获得了世界冠军，记者又请他谈经验。山田本一性格木讷，不善言谈，回答的仍是上次那句话：凭智慧战胜对手。这回记者在报纸上没再挖苦他，但对他所谓的智慧迷惑不解。

10 年后，这个谜终于被解开了。山田本一在他的自传中是这么说的：每次比赛之前，我都要乘车把比赛的线路仔细地看一遍，并把沿途比较醒目的标志画下来。比如第一个标志是银行；第二个标志是一棵大树；第三个标志是一座红房子……这样一直画到赛程的终点。比赛开始后，我就奋力向第一个目标冲去，等到达第一个目标后，我又以同样的速度向第二个目标冲去。40 多千米的赛程，就被我分解成这么几个小目标，就能轻松地跑完。起初，我不懂这样做的道理，把我的目标定在 40 多千米外终点线上的那面旗帜上，结果跑到十几千米时就疲惫不堪了，我被前面那段遥远的路程给吓倒了。

资料来源：秦志华 . 管理学 . 大连：东北财经大学出版社，2011：146－147.

（四）综合平衡

综合平衡首先是任务之间的平衡，包括任务的时间平衡和空间平衡。时间平衡是要分析组织在各时段的任务是否有机地衔接起来，从而确保组织的长远目标在各个时期的任务逐步完成中就自然而然地得到顺利实现；空间平衡则要研究组织的各个部分的任务是否保持相应的比例关系，从而保证组织的整体活动协调地进行。在平衡过程中，如果发现较低层次的某个具体任务不能完成，则应考虑能否采取有关的补救措施；如果不能，就应调整较高层次的目标要求，而此时可能就会导致整个组织的决策做出修订。

其次，综合平衡还要研究组织活动的进行与资源供应的关系，分析组织能否在适当的时间筹集到适当品种、数量和质量的资源，从而保证组织活动连续地、稳定地进行。

最后，综合平衡还要分析任务与能力之间是否平衡，即研究组织的各个部分能否保证在任何时间都有足够的能力去完成规定的任务。组织的内外环境和活动条件经常发生变化，可能导致任务需要调整，因此在任务与能力平衡的同时，还要留有一定的余地，以保证这种调整在必要时有可能进行。

（五）编制具体行动计划并下达执行

在综合平衡的基础上，组织就可为各个部门（如生产、销售、人事、财务、供应）编制各个时段（长期、年度、季度、月份等）的行动计划，并下达执行。由各部门以至各个人负责执行的行动计划，应该是围绕总体行动方案而制订的派生计划。这种“派生”的身份决定了各种执行计划必须支持和保证总体计划方案的顺利实施。

二、计划方案的制订

计划方案的制订本质上是对组织所确定的目标的落实过程。下面以企业为对象来介绍各种战略计划和战术计划的构成、关系及制订的逻辑。

（一）各计划方案间的关系

人们在行动之前要对所采取的行动方案做出系统化的计划和安排，企业组织也不例外。如图 2-1 所示，对企业经营活动的系统化的、有计划的安排主要涉及组织宗旨、远景目标和战略方案以及支持它们的具体目标和战术方案等。

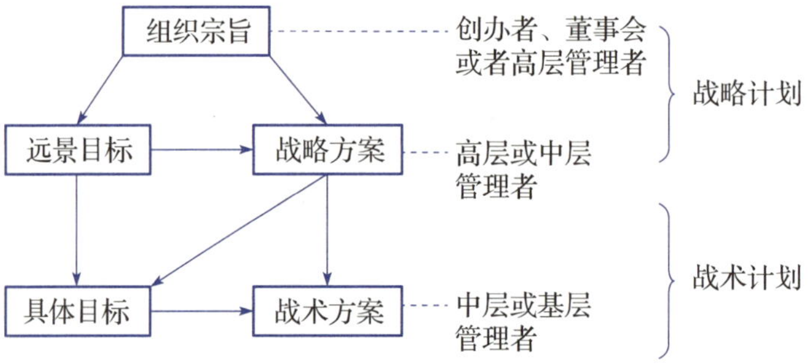

图 2-1　战略计划与战术计划的关系

1. 组织宗旨

任何组织都有其特定的宗旨。宗旨规定了组织生存的目的和使命，这种目的和使命反映社会对该组织的基本要求。对于旨在为社会提供有经济价值的产品或服务的企业组织来说，宗旨包括经营理念和使命或经营范围。经营理念为企业将要经营其业务的方式做出价值观、信念和指导原则上的规定。使命或经营范围规定了这家企业究竟从事的是什么事业、经营业务的范围有多大。

使命是组织的自我认知，思考“我是谁”的问题，涉及的是企业的基本定位，反映了一个组织存在的理由，决定了一个组织做什么、不做什么。组织成长的过程就是不断认识自我进而实现自我的过程。下面是一些著名公司的使命表述。

华为——把数字世界带入每个人、每个家庭、每个组织，构建万物互联的智能世界。

万科——为最广大的利益相关方创造更长远的真实价值。

腾讯——用户为本，科技向善。

谷歌——整合全球信息，使人人皆可访问并从中受益。

2. 组织的远景目标和战略方案

远景目标指明企业的经营方向，是企业活动要达到的目的。远景目标应该描述一个企业及其经营活动的主要方面在未来较长一段时间（通常为五年或更长时间）内所要达到的状态。好的远景目标至少应经受住两种检验：一是适用性检验，二是可行性检验。适用性是指所提出的目标能满足企业的主要支持者，包括顾客、股东、员工及其他利益相关者的需要。可行性则指所提出的目标是该企业有能力实现的，或者说在合理的战略方案下能够实现的。因此，企业需要在提出远景目标的同时制定出实现该目标的战略。

所谓战略，是指企业为实现其宗旨和目标而确定的组织行动方向和资源配置纲要。合理的战略应能够使组织获得最有利的竞争优势，并使这种优势长期地保持下去。战略方案的制定通常需要包括如下内容：企业拟进入或发展、撤出或后退以及维持现状的产品市场领域各有哪些；存在于这些经营领域间的协同作用主要在哪里，以及企业的核心竞争力是什么；各经营领域具有什么样的竞争优势，需采用什么样的策略来竞争；为形成和保持所设定的竞争地位，企业应该如何妥善配置有限的资源，使其发挥出最大的潜力；等等。总之，战略决策是对所有可能影响组织总体和长期发展方向的有关事项的决策。它需要用一系列有益于决策者进行综合分析和归纳提炼的方法来制定。

3. 组织的具体目标和战术方案

具体目标是对组织目标的更精确的甚至量化的描述。具体目标需要根据组织的总目标和战略方案来制定。

战术方案往往是局部、短期的安排。企业必须在战略指导下围绕所要实现的目标制订出指导各方面行动的切实可行的、具体明确的战术计划。比如，企业的新产品战略需要通过产品研发或改进的计划以及市场导入计划来实现；改进产品质量的战略可以转化为技术改造、员工培训等行动计划；一个要发展特殊领域技能的战略可能涉及企业兼并、合并或联合，以及重金聘请所需人才等多方面行动方案的策划。

战术应该是对战略方案的支持和体现。因此，战术的制定必须服从和服务于战略实施的需要。战术方案的这种工具性或手段性特征决定了任何战术都不可能脱离战略来制定。

（二）战略计划的构成

在规模较大的组织中，由于存在着不同的管理层次，战略又分为公司层战略、事业层战略和职能层战略三类。

1. 公司层战略

公司层战略是指导公司中长期发展的主要依据。公司层战略致力于回答这样的问题：我们应当拥有什么样的公司层事业结构，尤其是主业结构？每一种主业在公司发展中的地位如何？事业或主业结构调整的依据是什么？

2. 事业层战略

事业层战略主要解决这样的问题：在我们的每一项事业领域里应当如何进行竞争？事业层战略规定从事某一事业的经营单位提供的产品或服务类型，以及目标市场在哪里？等等。

根据事业单位所特有的竞争优势及产品覆盖的市场面宽窄，可以将事业层战略区分为以下三种类型：

一是以低成本优势在广大市场中竞争的成本领先战略。成本领先战略要求企业严格控制生产成本和间接费用，从而通过不断降低产品总成本来形成规模经济。成本领先并不意味着价格最低，而是在一个具有竞争力的较低价格区间内仍然能够盈利，以维持企业的竞争优势。

二是以在质量、品牌、品种或交货期限等方面别具一格的优势在广大市场中竞争的差异化战略。差异化战略瞄准大规模市场，提供从整个产业来看都比较独特的产品和服务，形成一些在全产业范围中具有独特性的管理模式。实现差异化战略可以有许多方式：产品设计或品牌形象、技术特点、客户服务、经销网络及其他方面的独特性。差异化战略并不意味着公司可以忽略成本，但此时成本不是公司的首要战略目标。

三是聚焦某个细分市场的集中化战略。集中化战略通过从顾客的人口特征、产品要素特征、地理区域范围三个维度来划分目标市场。选择某个特定的目标市场提供产品与服务。

3. 职能层战略

职能层战略要解决这样的问题：我们以何种策略来支撑事业层战略？职能部门（如研究与开发、制造、市场营销、人力资源和财务部门等）的工作目标和行动策略应当与事业层战略保持一致。

（三）战术计划的主要表现形式

战术计划可以区分为常用计划和单一用途计划两大类，如图 2－2 所示。

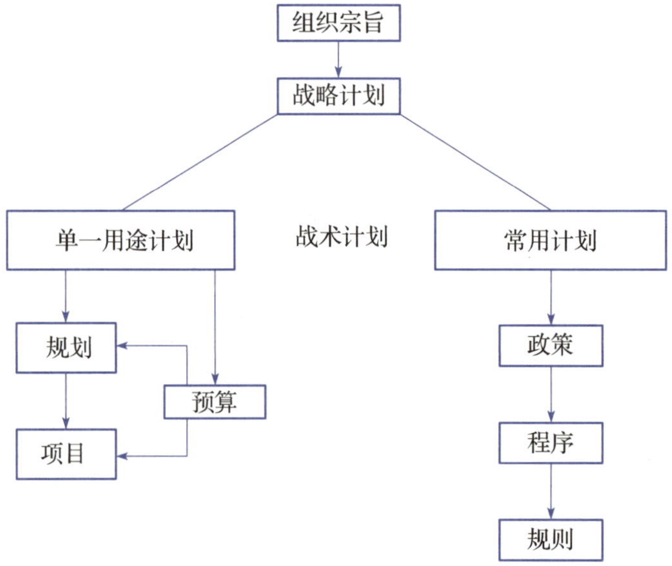

图 2－2 战术计划的主要表现形式

1. 常用计划

顾名思义，常用计划就是可以在多次行动中得到重复使用的计划。它由政策、程序、规则等构成。

政策是对组织成员做出决策或处理问题所应遵循的行动方针的一般规定。政策不要求采取行动，而是用来指导决策和行动。政策与战略虽经常混同使用，但两者是有明显区别的：战略给出了组织决策和行动的方向目标和资源分配方案，政策则指导组织成员如何决策和行动。如某企业制定的一项人事方面的战略是“在五年内大幅提高员工的素质”，相应的一项人事政策是“在今后五年中仅招收学有专长的员工”。政策要规定范围或界限，但制定政策本身的目的不是约束有关人员的行为，而是鼓励有关人员在规定范围内自由地处理问题。作为明文规定的政策，通常被列入计划之中，成为人们思考和行动的指南。政策具有稳定性，一经制定，就要持续到新的政策出台为止。

程序是处理未来活动的一种必需的标准操作方法。程序也是一种计划，它规定了一个具体问题应该按照怎样的步骤和顺序来进行处理。与政策的不同之处在于，程序是行动指南，而不是思想指南。因此，程序必须详细列出完成某类活动的切实的方式与过程。程序对各项必须开展的活动按时间顺序进行了排列，因此，程序实际上就是用来指导行动的一系列工作步骤。

规则是执行程序中所规定的每一步骤工作时应当遵循的原则和规章。规则是对具体场合和具体情况下，允许或不允许采取某种特定行动的规定。“厂内禁止吸烟”就是一条规则。规则与政策的区别在于，前者不留有任何的灵活处理空间，后者则有一定的自由度。所以，规则对人的行为具有最强大的约束力。

制定政策、程序、规则后，要责令有关人员遵照执行，以保持其应有的严肃性。但现实情况又是不断变化的，任何规定在执行中都有可能出现过时或不适应新情况的问题，所以，适时的修正又是必需的。因此，组织在制订常用计划时，必须规定这些计划所适用的范围及需要提出修正的具体条件，以妥善处理计划的灵活性与稳定性的关系。

2. 单一用途计划

单一用途计划是指那些只能用来指导未来的某一次行动的具体性计划。虽然这类计划有时可能也套用某种既定的格式，但只要计划的内容仅用来指导一次性行动，就称为单一用途计划。单一用途计划的主要表现形式包括规划、项目和预算。

规划（programme），有时亦称为规划方案或工作计划，它是针对某一特定行动而制订的综合性计划，指明了组织如何利用一定资源，通过一定的工作活动来实现特定的目标。工作计划必须明确行动的具体步骤，各步骤的任务和执行的方法，完成这些任务的先后顺序、时间进度和资源安排等。有时，规划可能很大，如一个国家的科学技术发展规划、一个城市的城市规划等。有时，规划也可能很小。例如，企业中技术创新小组负责人所制定的活动规划就是对某项新产品开发工作的规划；新产品销售中的人员招聘和培训也需要制定规划；一家发动机制造厂中的一位基层管理者为了提高零件制造部门工人的士气所制订的工作计划也是一种规划。

项目（project），亦称项目计划，是指针对组织特定课题而制订的一种专用性更强的计划。项目计划通常是规划方案的一个组成部分。比如，某公司想把新开发的一种新型气缸打入市场。显然，这一行动规划涉及市场调查、生产制造、推销、产品定价、包装和广告等必要的活动步骤。公司可以根据这些工作活动给下属各有关部门部署任务和分配资源。而各部门要根据自己的任务和所允许的时间长度，提出完成自己任务的方案或设想，如制造部门可能围绕形成新产品的生产能力而计划建立一条新的生产线，或建造新工厂。这里，生产线的安装、新工厂的建造就需要通过项目计划来加以安排。

预算（budget）作为一种计划，是一种用数字表示预期结果的报告书。预算是一种特殊的计划形式，也可称为“数字化的计划”。预算可以用财务术语来表示，或者用人数、工时、产品单位、机器小时或任何其他数字计量术语来表示。其中，财务预算可能涉及业务活动的开支，称为费用预算；预算也可能反映资本支出，称为投资预算；或者表示现金流量，称为现金预算。借助预算，可以对工作计划或项目计划的内容加以数量化、精确化的规定，从而帮助企业（或其他类型组织）的各级管理人员精确、全面、细致地了解企业经营活动的规模、资源条件、开支项目、工作重点和各个阶段的预期成果。

三、制订计划的技术方法

为了正确制订各种类型的计划，管理人员应了解和掌握有关的技术方法。下面简要介绍几种有助于提高计划水平的技术和方法。

（一）环境扫描

无论是小企业还是大企业的管理者都需要关注环境，以确定计划的基本前提。环境扫描是一种系统地确定计划前提的方法，它通过浏览大量的信息以识别环境中正在出现的趋势。广泛的环境扫描有可能发现许多问题及其之间的联系，这些问题和联系可能影响组织当前的或拟订中的计划。

目前，在环境扫描方面运用较多的是竞争者分析，常用技术是五力模型。该模型由美国学者波特提出，认为一个行业内部的竞争状态取决于五种基本竞争作用力，企业在环境扫描中需要对这五种力量进行深入、系统的分析，从而使企业在行业内进行恰当定位，最有效地抗击五种竞争作用力并使它们朝着有利于自己的方向变化。这五种力量包括现有企业间的竞争、潜在进入者的威胁、替代品生产商的威胁、供应商的讨价还价能力和顾客的讨价还价能力。

（二）预测技术

所谓预测，是指对未来环境进行推测、估计、预见。预测不是凭空的臆测，而是根据事物的过去和现在来推测它的未来，是由已知来预见未知。预测技术可以划分为定量预测技术和定性预测技术两种类型。定量预测运用一个或一组数学模型来预测某些重要变量的未来状况，如市场需求量、价格水平、储蓄规模等。定性预测则是以个人的知识、经验为基础进行推理和判断，由此得出一些趋势性的结论。如某地在某期间的旅游业是趋于兴旺还是萎缩，在某种政策刺激下居民投资意愿是增强还是减弱，等等。

在当前预测技术中，大数据预测技术是最为前沿的技术。大数据是指海量、全量数据，具有 5V 特性，包括容量（volume）：数据的大小决定所考虑的数据的价值和潜在的信息；种类（variety）：数据类型的多样性；速度（velocity）：指获得数据的速度；真实性（veracity）：数据的质量；价值（value）：合理运用大数据，以低成本创造高价值。利用大规模并行处理数据库、数据挖掘电网、分布式文件系统、分布式数据库、云计算平台、互联网和可扩展的存储平台等可对大数据进行处理，分析事件间的相关关系，从而进行预测。

（三）滚动计划法

滚动计划法是在计划执行过程中根据情况变化定期修订未来计划的方法。这种方法综合考虑了计划的执行情况、外界环境的改变情况以及组织的方针政策的变化，采用远粗、近细的方式对实施中的计划进行定期的修订，并逐期向前推移，从而使短期计划、中期计划和长期计划有机地结合起来，不断地随时间推移而更新。

如图 2－3 所示，一个以五年为期的长期计划，不是每隔五年编制一次计划，而是在计划执行中每过一年就重新编制后推了一年的五年计划。这个新的五年计划，是在原有计划框架下，根据这一年来计划执行中的偏差以及预计的环境和组织方针的变化而进行的修订。不管初始计划滚动了多少次，即执行了多长时间，新修订的计划都保持原来的计划期限长度，这样在每次修订中，一方面保持了长期计划应有的远瞻未来的特色，另一方面还将短期计划对近期行动的规范作用以及计划执行中的过程控制等成分糅合到定期滚动的计划中。

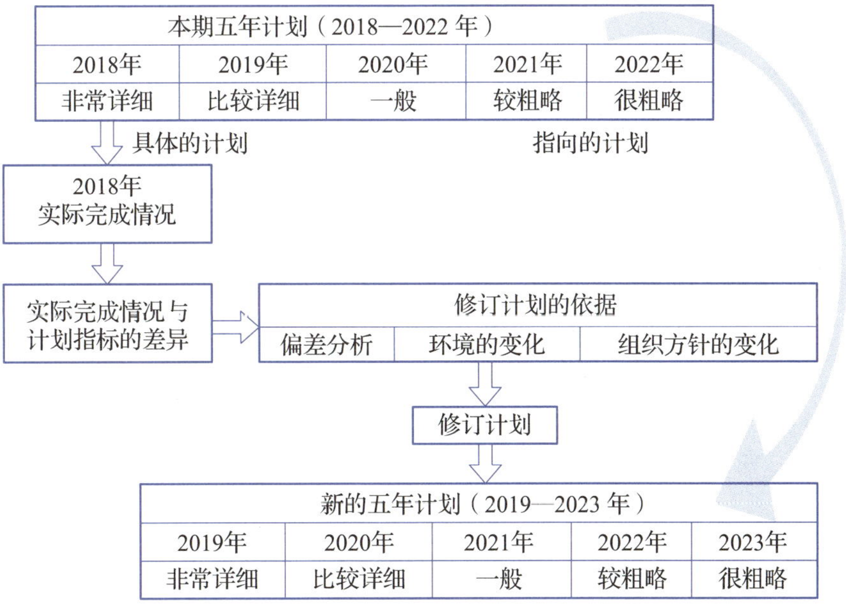

图 2－3　滚动计划法示例

滚动计划法有利于企业在战略计划制订中把近期计划内容的具体明确性与远期计划内容的方向指导性结合起来，从而避免以往五年计划中存在的计划与执行相脱节以及前后两个五年计划在内容上的“巨变”问题。

（四）作业计划方法

1. 甘特图法

甘特图是在 20 世纪初由亨利 · 甘特开发的。它是一种线条图，横轴表示时间，纵轴表示要安排的活动及其进度。甘特图可直观地表明任务计划定在什么时候进行和完成，并可对实际进展与计划要求做对比检查。这种方法虽然简单，却是一种重要的作业计划与管理工具。它能使管理者很容易弄清一项任务或项目还剩下哪些工作要做，并评估某项工作是提前了还是拖后了或者按计划进行着。甘特图见图 2－4。

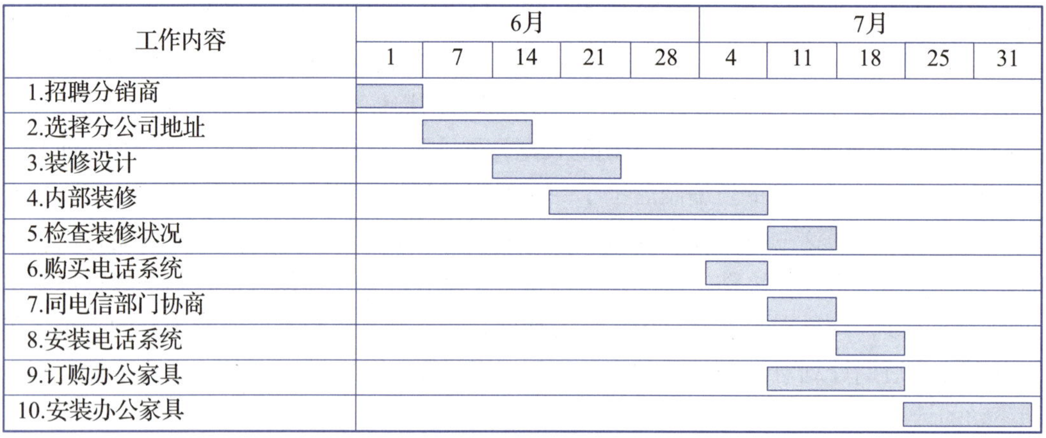

图 2－4　甘特图

2. 线性规划法

线性规划法所解决的问题是，如何在有限的资源条件下，对实现目标的多种可行方案进行选择，以使某项既定的目标达到最优。不过，这种计划方法要求有关变量间必须具有线性关系，否则，在非线性关系的情况之下，就需要借助非线性规划来解决相应问题。我们来看一个典型的线性规划问题：

假设 A 公司在三个地点（P_1、P_2、P_3）组装某型号的家用空调机供应 M_1、M_2、M_3 这三个市场，从各产地到各市场之间的运输可采用不同的运输方式，如空运、水运、铁路运输、公路运输等，每种运输方式的费用不同。如果产地的产量和市场的需求量已知，则线性规划问题就是在尽可能保证产销平衡的前提（又称约束条件）下，求得一组调运方案，以使总运输费用最少，也就是使成本目标最优化。

第三节　目标管理

一、目标的含义与作用

目标指明了组织期望的未来达到的一种理想状态，是个人、部门或组织整体付出了努力之后想得到的成果。因此，目标可用于校验人们的业绩水平，更是制定各种行动方案的前提和依据。

（一）目标的构成要素

管理者在制定组织的目标时，需要对如下几方面的目标构成要素做出明确规定：

（1）主体，指负责完成目标的机构或人员；

（2）客体，指受目标主体工作行为影响的机构或人员；

（3）事项（或维度），即对目标主体应当做什么和不能做什么的规定，它们构成了考核目标达成情况的标尺；

（4）指标（标尺或尺度），指衡量目标主体的目标任务完成情况的标准，它们反映目标主体达成各事项目标的程度。

举例来说，对订单交货工作，可以规定这样的目标：交货期——3 周，运货成本——每个订单 75 元，顾客抱怨——每周不超过 1 次。很明显，该目标是针对负责订单交货工作的业务部门或人员制定的，他们是目标主体，而下订单的顾客是目标客体。“交货期——3 周”等是用以衡量目标完成情况的标尺（交货期）及尺度（3 周）。

（二）目标的作用

组织目标的作用具体表现在：

（1）指明方向。目标的订立为管理者提供了协调集体行动的方向，从而有助于引导组织成员采取统一的行动。所以，有人把目标的这一作用比喻为“北斗星”。

（2）激励作用。目标是一种激励组织成员的力量源泉。只有在员工明确了行动目标后，才能使其发挥潜力，尽力而为，创造最佳成绩。员工也只有在达到了目标后，才会产生成就感和满足感。有学者研究了目标对打字员、司机、电脑数据录入员、装卸工人及某些服务人员的激励效果，结果显示，明确的工作目标可使工作绩效提高 11% ～ 17%。

（3）凝聚作用。凝聚力是使组织成为一个多成员的联合体，而不是一盘散沙的重要因素。当组织目标充分体现了组织成员的共同利益，并与组织成员的个人目标保持和谐一致时，它能够极大地激发组织成员的工作热情、献身精神和创造性。

（4）作为决策标准和考核依据。目标不仅是管理人员决策的出发点，而且是考核管理决策和执行工作好坏的依据。组织制定了明确的目标，有关人员的思考和行动才有客观的准绳，而不至于凭主观意志做决定，凭主观印象做考核。

目标的重要性是不容置疑的，为此，就必须了解关于组织目标的一些重要性质以及目标制定的基本原则和基本方法。

二、目标的性质

（一）目标的多重性

就组织的总体目标来说，由于组织要满足各方面利益相关团体的要求，所以，多重性成为组织目标的一个基本特质。对某个特定的组织而言，其目标的多重性表现在：一方面，组织所要实现的目标往往是多项的、多样的，而不是单一的；另一方面，这些目标之间可能存在某种要求不尽一致甚至相冲突的关系。管理者在制定目标时，需要合理安排各目标的数量关系、作用范围、时间顺序、优先权限等，在保持目标间统筹平衡的基础上，使目标经过筛选、综合而凝练。只有这样，组织才可能在提出实现目标的行动方案时，将多目标问题的处理纳入与计划工作有关的决策议程中。

（二）目标的层次性

通常，一个运行正常的组织都存在着一个与组织层次相关联的目标网络或目标体系、目标树。这棵目标树的顶端是组织的使命，由使命派生出组织的战略目标，战略目标又派生出各支持性目标（具体目标）。举例如下：

凯灿公司是一家生产各种灯泡、灯管等电光源产品的企业，该公司在 21 世纪前 20 年的使命是为各种交通工具、公路加油站、隧道等提供照明服务，希望通过自己的产品为在黑暗中旅行的人提供舒适和安全。该公司具有如下的目标树（如图 2－5 所示）。

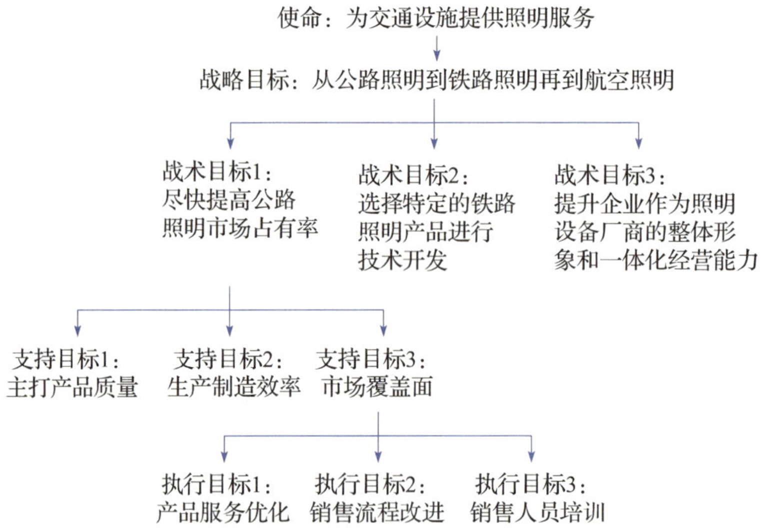

图 2－5　凯灿公司的目标树

以目标树的形式来表示不同层次目标之间的关系，可以清晰地展现下层目标与上层目标之间所构成的“手段－目的”链条。即对于某一层次的目标来说，它的实现依赖于低一层次目标的实现，因此低一层次的目标就成为实现上一层次目标的“手段”，而上一层次的目标就是“目的”。以此类推，这一层次的目标又可视为其所力图服务的更高层次目标的“手段”，而更高层次的目标是“目的”。以这种体现“手段－目的”链条关系的目标树来反映组织各层次目标间的联结，可使组织成员对自己的工作将对组织整体做出什么样的贡献有明确的认识，以避免出现局部目标与整体目标相脱节的现象。

（三）目标的挑战性与可达性

目标是关于组织想要达到的状态的描述，它反映了人们的一种向往，但这种向往要想成为指导人们行动的准则，所制定的目标就要既具有挑战性，又具备可达性，是二者合理的平衡。现实中，我们不时听到有人表扬某厂工人在 3 年时间内完成了 10 年或者

20 年的工作定额。这一赞词后面透露的是该厂定额标准过低，目标可能缺乏挑战性的管理问题。

当然，强调目标的挑战性并不意味着企业可以脱离客观实际而盲目冒进。目标的可达性就反映了企业在制定目标过程中对内部资源和能力条件相适应的要求。不过，有进取心的管理者应该同时认识到，适应环境是一种被动的反应；积极地改造环境条件，使具有一定挑战性的目标具备实现的可能性，则是一种主动的管理行为。

三、目标的制定原则

组织目标的制定要遵循 SMART 原则，该原则由美国管理学家德鲁克在《管理实践》中提出。SMART 包含五项具体原则：具体的、可度量的、可达的、相关的、有时间限定的。

（1）具体的（specific）。组织目标必须是明确、具体的，用清晰的语言说明要达成的行为标准。

（2）可度量的（measurable）。目标是可数量化或行为化的，以便评估目标的完成情况。

（3）可达的（achievable）。组织目标在付出努力的情况下是可以实现的，避免设立过高或过低的目标。

（4）相关的（relevant）。组织目标与其他目标具有一定的相关性，特别是要与组织当前的战略方向保持一致。

（5）有时间限定的（time-bound）。组织目标必须具有明确的截止期限，以便适时判断目标进展。

参考案例

设计良好的目标的特征

假定你的公司设定的一个目标是生产高质量的产品，那么，高质量的确切含义是什么？这样的目标表述是很不清晰的，因为存在着很多种定义质量的方式。目标应该被陈述得很具体，以使之可度量。这意味着即使对于那些难以定量化的领域，你也应当尽力找到衡量目标是否实现的具体标准。对于定量化的度量来说，一个设计良好的目标还应该具有清楚的时间和期限。虽然看起来没有时间约束的目标可能更具有灵活性，但事实恰恰相反，没有时间约束的目标实际上使组织更缺乏灵活性，因为你永远也不能确定什么时候达到目标。

四、目标管理法

在许多组织的传统实践中，目标通常由组织的最高管理者设定，然后分解成子目标落实到组织的各个层次上。在这个自上而下的目标层层分解落实过程中，目标的执行者不过是被动的目标接受者，下达目标的人通常都不必亲自去实现这些目标。这就容易出现下属对目标不够负责、应付上级等方面的问题。

为弥补传统的自上而下目标分解法的不足，管理研究者和实践者根据具体的组织情景开发了许许多多的管理方法。其中，美国管理学家德鲁克在总结日本企业实践的基础上于20世纪50年代提出的目标管理法（management by objectives，MBO），迄今仍然是东西方组织普遍采用的一种现代管理方法。

在目标管理法实施过程中，可以遵循以下程序或步骤：

（1）制定组织的全局目标和战略；

（2）在事业部之间或职能部门之间分解目标；

（3）部门管理者与其下属单位的管理者共同设定具体目标；

（4）单位管理者与该单位全体成员共同设定每个人的具体目标；

（5）管理者与员工之间就如何实现目标的具体行动计划达成协议，实施行动计划；

（6）定期检查实现目标的进展情况，并提供反馈；

（7）确保目标的成功实现能得到基于绩效的奖励与强化。

目标管理法不像传统的目标设定方法那样完全由上级设定目标并分派给下级，而是采用参与的方式来决定目标，即上级和下级共同参与目标的选择并对如何实现目标达成一致意见。

具体做法是在企业制定出一定时期内期望达到的目标后，由各部门和全体员工根据企业总目标的要求，采取自上而下与自下而上相结合以及横向各职能部门相互配合的方式来协商确定各自的分目标，并将这种目标商定做法贯穿到组织的各单位、各个人，形成以企业总目标为中心的上下左右紧密衔接和协调一致的目标体系。

目标管理法提出了一种新的目标设定逻辑，使组织内目标制定过程从单纯的自下而上转变为上下结合，并形成一个协商性的目标层级结构。在此结构中，某一层的目标与下一层的目标连接在一起，而且为每一位员工都提供了具体的个人绩效目标。这样，目标管理法就不仅保证了各层管理人员的"承诺意识"，而且使得目标设定真正成为提高工作绩效的动力。目标管理法被认为是一种科学合理的现代管理方法，而不仅仅是计划或目标的设定方法。

第四节　管理决策

在计划过程中，无论是战略制定还是目标选择，本质上都是决策问题。决策贯穿于计划工作和目标管理的各个环节，同样也影响管理的其他职能。

一、决策的含义与过程

（一）决策的含义与地位

在日常生活和工作中，人人都可能是决策者。决策就是人们在行动之前对行动目标与手段的探索、判断和选择。例如在双休日，人们要决定是继续工作和学习还是休息。一旦决定休息，那么是在家看电视，到电影院看电影，还是到郊外去旅游？这些都需要做出决策。决策是普遍存在的，而且是至关重要的。无论是个人还是组织，几乎每时每刻都在做出决策。但现实中并不是所有的决策都是有效的，因“一着不慎”而“满盘皆输”的事件，古今中外屡见不鲜。

从管理者的角度来说，决策是其管理工作的核心的、基本的要素。决策如此重要，那么究竟什么是决策？决策在管理中处于什么样的地位？管理者如何做好决策？美国卡内基梅隆大学教授、1978 年诺贝尔经济学奖获得者西蒙提出：“管理就是决策。”这一论断反映了决策在管理中的地位。然而，如果对这句话简单地从字面上加以理解，就容易导致“管理”与“决策”两个概念的混淆。

西蒙之所以说“管理就是决策”，显然是为了强调决策是管理的核心内容，决策贯穿于管理过程的始终。确实，无论是进行计划、组织还是领导和控制，都离不开决策，决策是管理工作的基本要素。比如，确定组织的使命和目标，制订各种战略计划和战术计划等，都需要在两个以上可供选择的方案中决定选取哪一个，这便是计划工作中的决策问题；组织机构的设置、部门化方式的选择、职责和权限的分配以及各职位人员的选配等，是组织工作中的决策问题；而人员配备以后如何加以使用和激励，属于领导职能，也同样有一系列的决策要做；至于控制职能中，绩效标准的制定、实际成绩与绩效标准之间偏差容许范围的确定以及纠正偏差措施的选择等方面，也都需要进行决策。

管理实际上是由一连串的决策组成的，决策贯穿于管理工作的每一个环节，决策质量好坏对于管理各项职能工作的效率和效果都有着不容忽视的影响。正是为了突出决策的地位和作用，我们才通常说，决策是管理的中心任务，管理就是决策。

（二）决策的基本步骤

决策是个全过程的概念，决策过程通常可划分为如下几个基本步骤。

1. 发现并界定问题

一切决策都是从问题开始的。所谓问题，就是理想或应有状况与实际状况之间的差距。决策者要在全面调查研究、系统收集环境信息的基础上发现差距，确认问题，并抓住问题的关键。

2. 确定目标

发现了麻烦或者察觉了机会等之后，是否要采取行动及采取何种行动，取决于目标的确定。目标既是方案评价和选择所依据的标准，又是衡量决定要实施的行动是否取得预期结果的尺度。目标不正确或不明确，往往会导致决策错误或者决策时犹豫不决。

3. 拟订备选方案

为解决某一问题而设计出的多个供决策者抉择的可行方案，称为备择方案或备选方案。备选方案需要两个或两个以上，这样决策者才可能从中进行比较，然后选出最理想的方案。

4. 选择方案

决策的合理性或准确性标准要求作为最后选定的方案，首先必须能在较大程度上实现预定的目标。一项决策行动的结果越接近预定的目标，就表明决策的合理性越高。

其次，选择方案时还必须考虑方案实施所需付出的代价与可能带来的效果的比值，即费用效果比或成本收益比。决策的效果反映了所选方案实施后可以得到的价值。决策的费用是指决策实施过程中、实施后不得不付出的代价或失去的价值。对决策效果和费用的衡量应该包括有形的和无形的、货币化的和非货币化的等方面。

再次，合理的决策要妥善处理好正面效果与负面效果。方案在带来实现预定目标所希望的正面效果的同时，也可能引起所不希望的各种负面效果。因此，对于一项方案是否合理，需要从正反两方面做全面的衡量和评价，这样才能避免产生决策的不良后果。

最后，合理的决策还要处理好效果（收益）与风险之间的关系。在绝大多数情况下，企业经营中的高收益往往与高风险相伴随。对待风险，决策者是采取“君子不立于危墙之下”的躲避风险的态度，还是“不入虎穴，焉得虎子”的敢冒风险的态度，会影响到他对方案的选择。

5. 执行方案

方案选定以后，就要付诸实施。即使有了高质量的方案，也未必能够取得成功，因为方案的成功还取决于有效地执行。人们常说“雷声大，雨点小”“光打雷，不下雨”，这些都是对“只决不行”情形的形象描述。所以，使方案生效和得以实施是决策过程的一个重要环节，任何不生效的方案都是没有实际意义的。

6. 检查评价和反馈处理

这是决策过程的最后一个步骤。通过追踪、检查与评价，可以发现执行过程中出现的偏差，以便采取相应的处理措施进行决策控制。具体措施有三类：一是保持现状；二是纠正偏差；三是修正原决策。到底选择哪一种办法，取决于许多条件。具体地讲，如果出现的偏差较小，不至于影响决策的全局效果，或者纠正偏差需要付出较大的代价或已超出现有的条件，那么往往会允许偏差的存在，继续观察。如果对实施结果及偏差原因做出分析后，认为原决策在现有条件下仍然是正确的，或者客观条件的变化还不足以表明有修正决策的必要，而已经出现的偏差又会影响决策的效果，那么应采取措施纠正偏差，以保证原目标的顺利实现。

参考案例

怎样对待酗酒的迪福

1. 发现并界定问题。星期一上午，×× 公司技术最纯熟的切割工之一乔·迪福又没来上班。这已经是迪福连续六次在星期一旷工了。公司政策禁止无故旷工，迪福因为最近三次的严重旷工行为，已经受到了警告。解雇的最后通牒准备好了，但如果他保证改正，可能暂不给他这个通牒。

2. 确定目标。迪福应该按规定上班，并达到他有能力达到的产量和质量水平。解决这一问题的时限是两周。

3. 拟订备选方案。经过与迪福同事的慎重讨论，加上从迪福本人那里收集的信息来看，可以认定他存在酗酒问题。显然，他是要利用星期一从周末的狂饮中缓过劲来。与公司其他知情人的交谈证实了这一点：迪福是一个积重难返的酒鬼。

基于对该问题的诊断，公司提出了如下方案：

（1）解雇迪福。

（2）发出解雇的最后通牒，不加任何说明。

（3）发出最后通牒，并谴责迪福过度饮酒，让他意识到公司完全知道他的酗酒问题。

（4）与迪福交谈，看他是否愿意提及自己的酗酒问题。如果他承认自己有酗酒问题，就推迟发出最后通牒，并建议他参加公司新近推出的员工援助活动，这项活动旨在帮助员工克服个人问题，包括酗酒。如果他不承认自己有酗酒问题，就告诉他不可再次旷工，否则将失去这份工作。

4. 选择方案。培训一名接替者的成本，在每个方案中都是要发生的。方案（1）忽略了对成本费用和其他绩效标准的考虑。方案（2）和方案（3）不符合公司的政策，公司的政策规定应当适时地对员工提出劝告。方案（4）的第一种假设考虑了迪福和公司双方的利益。如果迪福愿意寻求帮助，公司将获得一名优秀的员工。方案（4）的第二种假设主要考虑了公司方的利益。最后通牒在某种程度上可促使迪福承认自己的酗酒问题。如果他承认并改正，就可免于被解雇，但旷工将不再得到容忍。

实际情况是：迪福不承认自己有酗酒问题，所以，选择方案（4）的第二种假设。

5. 执行方案。把情况记录下来，并发出最后通牒。

6. 检查评价和反馈处理。评价采取了“发出最后通牒”这一措施后是否达到了预期目标。

当然，以上说明的决策步骤只是对决策过程的一个粗略的阶段划分，不能教条地予以理解和对待。就实际中的情形来说，不仅可能存在各阶段相互交叉的情况，而且在不同的决策中，省略某个阶段也是允许的。此外，不同的学者对决策过程各阶段的划分也不尽相同。如西蒙就将决策过程划分为情报活动（信息收集与整理）、设计活动（拟订备选方案）、抉择活动（从备选方案中选定一个方案）和审查活动（对选定方案的执行进行检查评价）四个阶段。另一些人则认为，应该在方案的选定与执行之间加进“方案审批”这个环节，再加上前述方案设计前的“确定目标”这个步骤，这样就形成了如图 2－6 所示的决策过程。

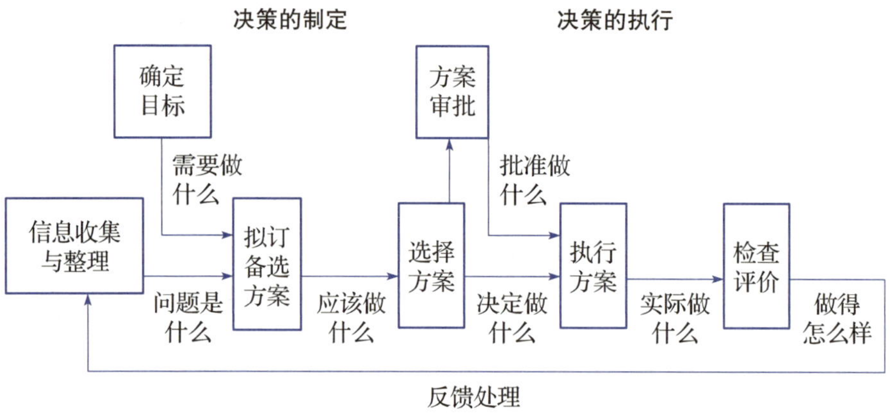

图 2－6　决策的基本过程

二、决策的要素与类型

决策活动形形色色，但不论哪一种决策，都有几项共同的构成要素。根据这些构成要素的性质和表现不同，我们相应地将决策区分为不同的类型。下面围绕决策的各构成要素来逐一介绍决策类型。

（一）按决策主体划分

按决策主体划分为个体决策与群体决策。

组织中的决策制定者可能是单独的个人（个体），也可能是组成群体的机构（如委员会）。个体决策与群体决策各有优缺点。

群体通常能比个体做出质量更高的决策，原因主要是：由群体来制定决策有利于提供更完整的信息，能产生更多的备选方案，并从更广泛的角度对方案进行评价和论证。

群体决策的第二个优点是，以群体方式做出决策有利于增加有关人员对决策方案的接受度。如果让受到决策影响或负责实施决策的人参与决策制定，他们将更可能接受所做出的决策，并更可能鼓励他人接受。当然，群体决策的效果如何也受到群体大小、成员从众现象等的影响。

相对来说，个体决策的效率要高于群体决策方式，但效果一般比群体决策差。因此，对于复杂、重要和需有关人员广泛接受的决策问题，组织最好采取群体方式来制定决策。反之，简单、次要和无须体现共同意志的决策，采取个体决策方式可能更适宜。

（二）按决策目标划分

按决策目标划分为理性决策与非理性决策。

决策目标是指决策行动所期望获得的成果和价值。根据决策是否围绕特定的目标来进行，决策是否力图实现某种预期的结果，我们可以将决策分为理性决策和非理性决策两大类。所谓理性决策，就是完全着眼于组织所要实现的目标而进行的决策。

所谓非理性决策，就是随意的、无目的的决策，它不考虑决策会给组织带来什么样的影响，完全凭决策者自己个人的喜好或一时的喜怒哀乐来行事。毫无疑问，这种决策行为不符合组织生活的需要，因而是不应该在组织中实施的。但现实中有不少管理人员的决策行为就表现出这种非理性的特征。对这些人，必须强化组织目标对其行为的约束力。

在西蒙提出“有限理性”决策模式以前，绝大多数管理者都倾向于认为自己是完全理性的决策者，许多专家学者也极力主张管理者在进行决策时尽可能找到最优方案。但是，以最优化作为决策准则的“完全理性”决策模式，对决策者做了许多不切实际的假设。归纳起来，传统“完全理性观”假定决策者：（1）对于所面对的问题具有完全的信息；（2）有能力找出实现目标的所有途径或方案；（3）能够对这些方案进行正确的评价，即事实判断；（4）具有清晰且合理的决策目标，即价值判断。西蒙提出“管理人”的主张，认为现实中的决策者不过是“意图上理性，但实际上有限理性”。正是从“有限理性”的立场出发，西蒙提出了更具有现实指导意义的满意化决策准则。

（三）按决策准则划分

按决策准则划分为最优化决策与满意化决策。

所谓决策准则，是指决策者选择方案所依据的原则和方针。一般而言，决策有最优化和满意化两种准则。采用最优化决策准则，意味着决策者必须在给定的约束条件下选出一个能产生最优后果（如利润最大化、成本最小化或其他目标）的行动方案，以求一次性地从根本上解决问题。

但最优化是一种理想化的要求，在现实中用得上这种最优化决策准则的情况很少。而在大多数情况下，通常只能采用满意化决策准则，即只要求将既定目标实现到足够好的、令人满意的程度。以“较优”而不是“最优”，以“满意化”而不是“最优化”，作为评判某决策方案是否可取的准则，在客观上会促使复杂问题的决策得到简化、时效化的处理。

（四）按问题的重复程度和有无先例可循划分

按问题的重复程度和有无先例可循划分为程序性决策与非程序性决策。

所谓程序性决策，是指那些例行的、按照一定的频率或间隔重复出现的决策。例如，何时更新办公室的复印机；何时报销管理人员的差旅费；某个求职者是否有胜任流水线工作的资格；等等。对于这些结构明确的问题，管理者可通过深入的思考和认真细致的分析，开发出结构化、体系化的程序，用以规范将来可能重复出现的此类问题的决策。

所谓非程序性决策，是指那些非例行的、很少重复出现的决策。通常，当组织遇到以前从未出现过的问题且不知如何应对时，就面临着非程序性决策情形。这时，因为并没有明确的决策标准，备选方案也模糊不清，所采用的决策方案能否解决问题也不确定，所以需要开发理性过程之外的其他可行的决策过程来指导决策工作。

由于经营环境日益复杂多变，当今的管理者及组织面临着越来越多的非程序性决策问题。但正如西蒙所言，程序性决策与非程序性决策并不是截然不同的两类决策，而是像光谱一样连续的统一体：其一端为高度程序化的决策，而另一端为高度非程序化的决策。我们沿着这个光谱式连续统一体可以找到程序性程度不同的各种决策，而“程序性”和“非程序性”这两个词只不过是光谱的不同频段的标志而已。

（五）按决策备选方案、自然状态及后果划分

按决策备选方案、自然状态及后果划分为确定型决策、风险型决策和非确定型决策。

这里，决策备选方案指的是可供决策者选择的各种可行方案，决策自然状态则是指决策时所面临的不以决策者的主观意志为转移的客观情况和条件，决策后果是指采取所决定的行动的后果、结果或引起的变化。决策后果、自然状态和备选方案之间实际上是相互关联的。做决策的理想状态是，无论这一决策下的备选方案有多少，每一方案都只有一种确定无疑的结果，这种具有确定性结果的决策被称为确定型决策。从做出决定的角度来说，这类决策并不困难，因为只要推算出各个方案的结果并加以比较，就可判断方案的优劣。但现实中更多的决策并非确定型。

参考案例

打第六个鸡蛋的决策

一家餐馆的厨师打算用六个鸡蛋（假设其是好是坏不知道）煎饼，现已向碗里打了五个鸡蛋，在是否向这个碗里打第六个鸡蛋时，厨师设想了三个方案：

A. 向已打了五个鸡蛋的碗里打第六个鸡蛋；

B. 在另一个碗里单独打第六个鸡蛋，经检验为好的以后再倒进第一个碗中；

C. 放弃第六个鸡蛋，不论第六个鸡蛋好坏，都只用五个鸡蛋煎饼。

上述三个方案均面临着两种不确定的自然状态，即第六个鸡蛋是好的和第六个鸡蛋是坏的两种情况。这是在确知前五个鸡蛋为好的信息基础上，面对第六个鸡蛋好坏不确定的情况，对打第六个鸡蛋问题的决策。

如上述参考案例所述决策的后果（坏鸡蛋、好鸡蛋）是可以预料到的，但究竟什么样的后果会最终出现则带有一定的或然性（即下一个鸡蛋可能是好的，也有可能是坏的）。或然性的存在势必导致决策目标的实现具有不确定性。根据所要做的决策的不确定性的表现及程度的不同，我们又可以将决策区分为风险型决策和非确定型决策两种。下面就详细介绍这些不同类型决策的具体方法。

三、个体决策的基本方法

（一）确定型决策方法

如前所述，确定型决策是指各个备选方案都只有一种确定的结果的决策。对确定型决策问题，制定决策的关键环节是判断什么样的行动方案能最好地实现既定的决策目标。下面我们主要介绍应用“盈亏平衡分析”的确定型决策方法。

众所周知，追求营利性目标的企业在决定行动方案时必须考虑利润的实现情况。利润是总收入减去总成本后的余额，而总收入是单价（P）与产销量（Q）的乘积，总成本的高低也与产销量有密切关系。因此，为了研究企业的盈亏状况，必须分析产销量、成本与利润之间的变化关系，这种研究就称为量本利分析或盈亏平衡分析，如图 2－7 所示。

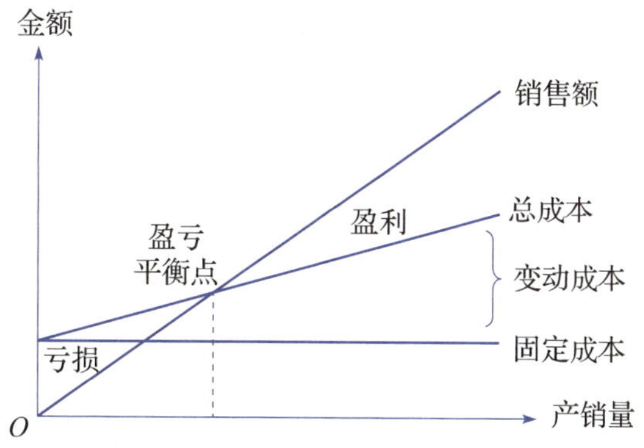

图 2-7 盈亏平衡分析

盈亏平衡分析中的一个重要概念是盈亏平衡点。在这一点上，企业生产经营活动正好处于不盈不亏的状态，也就是所得的收入恰好等于所花费的成本的状态，这种状态亦被称作保本点。

我们将企业生产经营的成本区分为固定成本和变动成本两部分。固定成本（或称不变成本）是在一定时期内，当企业产销量变化时其总额保持不变的成本。它们通常是由一些不易调整、使用期限较长的生产要素引起的费用，如折旧费、租赁费、利息支出和一般管理费等。无论产销量多大，这些费用都是稳定不变的；只有当产销量跃升到另一个区间时，才表现为另一个固定的数额。

与固定成本相反，变动成本是指随产销量的增加而增加的费用或成本。如直接人工费、原材料消耗等费用，当产量为零时，其数额也等于零；当产量增加时，变动成本额随之按比例增加。这里要注意，变动成本是相对总成本而言的。若从单位产品成本的角度来考察，固定成本与变动成本的概念则恰好相反。因为固定成本总额（F）在一定的时间内是不变的，单位产品的固定成本会随产销量的增加而降低，这意味着产销量越大，对企业越有利；而变动成本总额是随产销量等比例变化，所以产品的单位变动成本（CV）则保持相对不变。据此，可以推算出如下公式：

$$\begin{aligned}\text{利润} &= \text{产销量} \times \text{单价} - \text{产销量} \times \text{单位变动成本} - \text{固定成本总额}\\ &= QP - QCV - F\\ &= Q(P - CV) - F\end{aligned}$$

式中，$P-CV$ 为单位贡献毛益，即单价超过单位变动成本的部分。

欲计算保本销量，即盈亏平衡点产销量，需要取利润值等于零（即不盈不亏），即可由 $Q(P-CV)-F=0$ 推导求得：

$$Q = \frac{F}{P - CV}$$

即：

$$盈亏平衡点产销量=\frac{固定成本总额}{单价-单位变动成本}$$

企业的生产经营规模必须达到保本产销量水平，才不至于发生亏损。之后增加的生产只要能确保产品单位贡献毛益值大于零，即可为企业带来利润的增加。

参考案例

是否接受新的订货

假设某电子器件厂的主要产品生产能力为 10 万件，产销固定成本为 250 万元，单位变动成本为 60 元。根据全国订货会上签订的产销合同，国内订货共 8 万件，单价为 100 元。最近有一外商要求订货，但其给出的单价仅为 75 元，订量 2 万件，并自己承担运输费用。由于这外销的 2 万件不需要企业支出推销费和运输费，这样可使单位变动成本降至 50 元。现该厂要做出是否接受外商订货的决策。

该厂的生产能力尚有富余，可以考虑增加订货生产。是否同意接受该外商的订货，要看降低售价后是否还能给该厂带来利润。从表面上看，外销价格明显低于内销价格，外销单位贡献毛益也比内销低［内销产品单位贡献毛益为 100−60=40（元），外销产品单位贡献毛益为 75−50=25（元）］。但是，实际上这家企业生产所投入的固定成本已在内销产品中得到全额补偿并有盈余 70 万元（8×40−250=70），所以接受外商订货可使该厂再净赚利润 50 万元（2×25=50）。可见，如果该厂没有其他更好的销售机会，应该做出接受外销订货、增加产销量的决策。

（二）风险型决策方法

风险型决策是指方案的自然状态有若干种，但对每种自然状态出现的概率可以做出客观估计的决策，所以亦称作随机型决策或统计型决策。在这种决策下，方案实施可能会出现几种不同的情况（自然状态），但每种情况下的后果（即效益）是可以确定的，不可确定的是最终将出现哪一种情况（自然状态）。犹如天气有晴、雨、阴等几种状态，哪种状态将最终出现，谁也无法事先做出肯定的判断，所以就面临决策的不确定性。但只要人们基于历史的数据或以前的经验就可以推断出各种自然状态出现的可能性（即概率），那么这种决策就只是风险型决策。

根据统计中的大数定律，当经营次数趋于无限时，平均损益以损益的期望值为标准表现形式。所谓期望值，就是方案各不可控状态的概率与其出现时所带来的损益的乘积的总和，而标准差就是各状态损益值相对于期望值的离散程度。标准差与期望值之比就代表经营的风险度。在风险型决策下，由于人们计算出的各方案在未来的经济效果只能是考虑到各自然状态出现的概率的期望收益，该数值与这一方案在未来的实际收益值并不会刚好相等，因此，据此选定决策方案就不免伴随着一定的风险。风险型决策的基本目标就是要达到期望值最优（即预期平均收益最大或预期平均成本最小），但同时使方案的风险度保持尽可能低。

风险型决策的方案评价方法有很多，这里主要介绍决策树和决策表两种计算法。举例如下：

某公司为投产某种新产品拟订两个方案：一个是建设规模较大的工厂，另一个是建设规模比较小的工厂。假设两者的使用期一样，但建大厂需投资 30 万元，建小厂只需投资 20 万元。这种新产品未来的销路有好坏两种情况，它们出现的概率分别为 0.7 和 0.3。相应的损益值预测结果是：采用建大厂方案，如果销路好，生产经营这种新产品能带来 100 万元的收益，但如果销路差，则要损失 20 万元；采用建小厂方案，如果销路好，经营收益能达到 40 万元，而如果销路差，则只有 10 万元的收益。试问哪一种方案更可取？

1. 决策树法

这是一种以树形图来辅助进行各方案期望收益的计算和比较的决策方法。决策树的基本形状如图 2－8 所示。

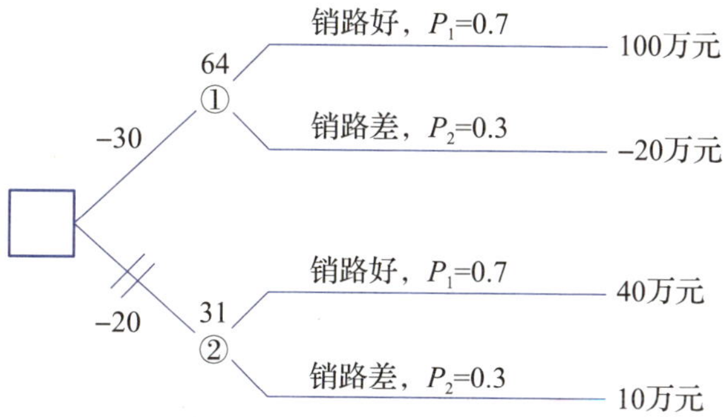

图 2－8　决策树示意

图 2－8 中，方形节点“□”表示决策点，由决策点引出的两个一级树枝叫作方案枝，它们表示该项决策中可供选择的方案，分别以带有编号的圆形节点“①”“②”来表示；由各圆形节点进一步向右边引出的枝条称为方案的状态枝，每一状态出现的概率可标在每条直线的上方，直线的右端可标出该状态下方案执行所带来的损益值。

用决策树的方法比较和评价不同方案的经济效果，需要进行以下几个步骤的工作：

（1）根据决策备选方案的数目和对未来环境状态的了解，绘出决策树图形。

（2）计算各个方案的期望收益值。首先要计算方案各状态枝的期望值，即用方案在各种自然状态下的损益值去分别乘以各自然状态出现的概率（P_1，P_2）；然后将各状态枝的期望收益值累加，求出每个方案的期望收益值（可将该数值标记在相应方案的圆形节点上方）。在上例中：

第一方案的期望收益 $=100\times0.7+(-20)\times0.3=64$（万元）

第二方案的期望收益 $=40\times0.7+10\times0.3=31$（万元）

（3）将每个方案的期望收益值减去该方案实施所需要的投资额（该数额可标记在相应的方案枝的上方或下方），比较余值后就可以选出经济效果最佳的方案。在上例中，第一方案预期的净收益 =64−30=34（万元）；第二方案预期的净收益 =31−20=11（万元）。比较两者，可看出应选择第一方案（在决策树图形中，未被选中的方案以表示“剪断”的符号“//”来表示）。

2. 决策表法

这种方法实际上与决策树法的原理相似，只是表示的方式有所不同。仍以前述例子来说明，其决策表见表 2－2。

表 2－2　决策表

方案的自然状态		损益值（万元）	概率	期望收益（万元）	投资额（万元）	净收益（万元）
方案一	销路好 销路差	100 −20	0.7 0.3	64	30	34
方案二	销路好 销路差	40 10	0.7 0.3	31	20	11

以上介绍的对风险型决策方案的评价主要是考虑方案的收益情况，但忽略了各方案潜存的风险。实际上，风险型决策方案的选择并不能纯粹看期望收益值的大小，还必须同时兼顾方案的风险度，即各状态下的收益值与期望收益值的偏离程度。在期望收益值相当的情况下，期望收益偏离程度越小，即风险度越低的方案，应该越可取。

（三）非确定型决策方法

非确定型决策通常也称为不确定型决策，是指方案实施可能会出现的自然状态或者带来的后果不能做出预测的决策。与不但知道未来有多少种后果且知道各种后果出现概率的风险型决策相比，非确定型决策所面临的不确定性通常更大。

对于非确定型决策问题，决策者无论是否知道决策方案执行后会产生什么样的后果，做决策时都必须预先设定某种适用的决策准则，依此才可能对各种行动方案进行比较和选择。不同的决策者由于其个性和风险偏好的不同，其选用的决策准则可能不一样。下面以 A、B 两企业间的竞争为例，介绍非确定型决策的四种典型的方案选择准则。

假设 A 企业为经营某产品制定了四种可行的策略，分别是 A_1、A_2、A_3、A_4。在该产品目标市场上，有一个主要竞争对手——B 企业，它可能采取的竞争性行动有 B_1、B_2、B_3 三种。A 企业没有指导自己确定四种策略成功概率的经验，但知道在 B 企业采取特定反击策略时自己的收益（如表 2－3 左半部分所示）。

表 2－3　A 企业在竞争对手三种不同反击策略下的收益状态及方案选择　　单位：万元

A 企业的策略	B 企业的可能反应与 A 企业的相应收益					
	B_1	B_2	B_3	乐观准则（X）	悲观准则（Y）	折中准则（$0.4X+0.6Y$）
A_1	13	14	11	14	11	12.2
A_2	9	15	18	18	9	12.6

续表

A 企业的策略	B 企业的可能反应与 A 企业的相应收益					
	B_1	B_2	B_3	乐观准则（X）	悲观准则（Y）	折中准则（$0.4X+0.6Y$）
A_3	24	21	15	24	15	18.6
A_4	18	14	28	28	14	19.6
相对收益最大值及选取的方案				28 第 4 种方案	15 第 3 种方案	19.6 第 4 种方案

那么，A 企业应该采取什么样的策略？这实际取决于其决策者的方案选择准则。从理论上说，择案标准或方案选择准则有以下四种：

（1）乐观准则，亦称“大中取大”或“好中求好”决策法。使用这种准则的决策者是乐观者，认为未来总会出现最好的自然状态，因此他倾向于选取那个在最好状态下能带来最大效果的方案。在表 2－3 中，乐观者在决策时对每个方案在未来可能取得的最大收益值，也就是方案在最有利的自然状态下的收益值进行比较，从中选出能带来最大收益的方案——第 4 种方案作为决策实施方案。

（2）悲观准则，亦称“小中取大”或“坏中求好”决策法。与乐观准则正好相反，悲观的决策者认为未来会出现最差的自然状态，因而为避免风险，决策时只能以各方案的最小收益值进行比较，从中选取相对收益最大的方案。悲观者在决策时首先会试图找出各方案在各种自然状态下的最小收益值，即最差自然状态下的收益值，然后进行比较，选择在最差自然状态下仍能带来最大收益（或最小损失）的方案作为拟付诸实施的决策方案。在表 2－3 中，按悲观准则选取的方案是第 3 种方案。

（3）折中准则。持折中观的决策者认为要在乐观与悲观两种极端中求得平衡。即决策时，既不把未来想象得非常光明，也不将之看得过于黑暗，而认为最好和最差的自然状态均有出现的可能。因此，可以根据决策者本人的估计，给最好的自然状态定一个乐观系数（α），给最差的自然状态定一个悲观系数（β），使两者之和等于 1（即 $\alpha+\beta=1$）；然后，将各方案在最好自然状态下的收益值和乐观系数相乘所得的积，与各方案在最差自然状态下的收益值和悲观系数的乘积相加，由此求得各方案的期望收益值；最后，经过对该值的比较，从中选出期望收益值最大的方案。

（4）最大后悔值最小化准则。这是考虑到决策者在选定某一方案并付诸实施后，如果在未来实际遇到的自然状态并不与决策时的判断相吻合，可能意味着当初如果选取其他的方案反而会使企业得到更好的收益。这种情况无形中表明，这次决策存在一种机会损失，它构成了决策的“遗憾值”，或称“后悔值”。最大后悔值最小化准则就是一种力求使每一种方案选择的最大后悔值尽可能小的决策方法。根据这一准则，决策时应先计算出各方案在各种自然状态下的后悔值，即用某自然状态下各方案中的收益最大值去减该自然状态下各方案的收益值，所得的差值就表示如果实际出现该种状态将会造成多少的遗憾，然后从每个方案在各状态下的后悔值中找出最大的后悔值，据此对不同方案进行比较，选择最大后悔值最小的方案作为拟付诸实施的最满意决策方案（见表 2－4）。

表 2-4 最大后悔值最小化决策方法 单位：万元

A 企业的策略	B 企业的可能反应与 A 企业的相应收益						
	B_1	B_2	B_3	后悔值			最大后悔值
				$24-B_1$	$21-B_2$	$28-B_3$	
A_1	13	14	11	11	7	17	17
A_2	9	15	18	15	6	10	15
A_3	24	21	15	0	0	13	13
A_4	18	14	28	6	7	0	7
相对收益最大值	24	21	28				
最大后悔值中的最小值及选取的决策方案							7 第 4 种方案

以上情况说明，对于非确定型决策，决策者本身对决策所依据的准则的选择，将最终影响其对决策方案的选择。因此，在不确定情况下，决策实际很难达到真正的最优化，理想的决策方案只不过是按照决策者事先选定的准则或原则来选择的相对最满意的方案。所以，满意化决策要比最优化决策在现实中更具有代表性。

四、群体决策的基本方法

群体决策是在若干成员共同参与之下完成的。在群体决策中，每个成员对所要决策的问题可能产生各种不同的认识，对群体所要选择的可行方案也可能表现出不同的偏好，做出不同的抉择。在这种情况下，群体决策所面临的一大问题就是，如何激发群体各个成员对所决策的问题和方案形成独到的认识和创新性见解，同时又能将各种可能存在分歧的意见综合为群体的判断和决策。将个人意见集结为群体判断的方法一般可分为数学方法和行为方法两大类。

（一）数学集结法

群体在各成员所赞成的不同方案中做出集体决策的基本规则是“多数决定”，即通常所说的“少数服从多数”。至于“多数”的内涵，可能包括“全体一致”“绝对多数”“相对多数”等不同情形。如果某个方案必须在决策群体所有成员都赞成的情况下才能通过，则将此决策规则称为“全体一致”。比如，在联合国安理会决定是否通过某项提案时，只要有一个常任理事国投反对票，即使其他常任理事国都投赞成票，也不能通过该提案。可以看出，这是应用“全体一致”规则的一个实例。比一致通过要求程度稍低的是“绝对多数”，即决策群体成员中有过半数的人通过该项决策。其中，超过 2/3 的称为强多数，仅超过 1/2 的为一般多数或简单多数。若某方案获得的赞成票数未超过总票数的一半，但比其他方案的得票多，在这种情况下，假如该方案获得了通过，我们可以说该决策群体此时采用是的“相对多数”决策规则。

在决策群体事先确定好所采用的决策规则以后，余下的问题就是如何统计或计算出各方案获得赞成票的数量。具体方法如下所述。

1. 累计票数法

即以成员投票表决方式，将多数通过的方案认定为该决策群体最终选定的方案。例如，在一个24人的决策群体中，要从A、B两个备选方案中选定一个该群体最终决定选用的方案。假如24人中有17人赞成选择方案A，其余7人选择方案B。这种情况下，如果以“简单多数”规则来裁定，就可选定方案A为最终方案。这时，想选择方案B的7人虽然有不同意见，但也只能服从群体内多数人的决定。

如果决策群体要从中做出选择的方案不止两个，而是三个或者更多，那么，情况相对要复杂一些。比如，一个24人的群体中，9人选择方案A，7人选择方案B，8人选择方案C，这时能否做出决策呢？这取决于群体对“多数决定”规则的具体认定。如果选用“相对多数”规则，那就可以选定方案A。但此时，实际上多达15人（超过60%）并不赞成选用这一方案。假如群体将“多数决定”规则定义为3/4以上的“绝对多数”通过，那么，只有此24人决策群体中18人以上通过某一方案，才能够做出群体的决策。

2. 两两对比法

两两对比法，亦称成对表决法，是法国数学家康道塞提出的。它是对所有的备选方案均进行成对的比较，即先表决两个方案，获得群体成员多数通过的方案再与余下的一个方案成对比较，依次表决出最后选定的方案。例如，有A、B、C三个方案，由甲、乙、丙三人组成的群体进行成对表决。假如甲、丙两人认为方案B优于方案A，方案B与方案C成对表决的结果为方案B获得甲、乙两人的赞成票，那么，按照“简单多数”规则，方案B便最终获得通过。

3. 偏好次序表决法

即先由各成员对备选方案表明其偏好，然后汇总后排出各方案的优劣度，再据此做出最后的抉择。表示群体成员对各备选方案偏好程度的差异的方式，可以有“基数效用”和“序数效用”两种，前者是让成员在某个统一的效用度量区间（如0～1，0～10，或者0～100）内选择任一数值（如在第三个度量区间内取75）来表示对某一方案的偏好程度，后者则不是以绝对值，而是以相对的优劣顺序来表示。假如某一决策场合有n个备选方案，群体各成员需对所有备选方案标明优劣顺序。可以给排在第一位的方案（n-1）分，给排在第二位的方案（n-2）分，依此类推，给排在最后一位的方案0分。然后，把各成员对每个方案的评分分别加总起来，得分最多的方案即被选定。这种决策方法是由法国数学家博尔达提出的。

表2－5就是以序数效用表决法做出群体决策的一个示例。

表2－5　序数效用表决法（示例1）

	方案A	方案B	方案C
成员甲	1	2	0
成员乙	2	1	0

续表

	方案 A	方案 B	方案 C
成员丙	0	1	2
群体累计评分	3	4	2
群体的决策	方案 B		

值得说明的是，采用“多数决定”规则并不总能产生公平的决策，因为毕竟还有少数人没有赞成群体所通过的方案。而且在某些情况下，“多数决定”规则还会产生自相矛盾的结果。比如由甲、乙、丙三人组成的一个群体，欲从 A、B、C 三个方案中选出群体认为最优的方案。若甲对各方案偏好的优先顺序为 A>B>C（“>”表示前者优于后者），乙为 B>C>A，丙为 C>A>B，那么，按照“多数决定”规则中的成对表决法，由群体中有 2 人选择 A>B（甲、丙）和 B>C（甲、乙）可推出 A>C。但事实上，群体中有 2 人（乙、丙）认为 C 优于 A，即 C>A。这种结论不是正好自相矛盾吗？这一决策情形如果改用序数效用表决法来求解，也会出现群体对各方案累计的评分都是 3 的情况（见表 2－6），因而无法做出决策。这种情况表明，虽然数学集结法由于相对简单易行和表面上比较客观（参加群体决策的成员不必聚集在一个场所，可以通过邮件、电话等征求每个人的意见，同时还可以避免诸如地位、个性和武断作风等因素的差别而对群体判断产生影响），从而在群体决策场合中得到了普遍应用，但是这种方法的缺陷也是明显的，不得不引起人们的注意。出于对克服数学集结法缺陷的考虑，人们提出了行为集结法。

表 2－6　序数效用表决法（示例 2）

	方案 A	方案 B	方案 C
成员甲	2	1	0
成员乙	0	2	1
成员丙	1	0	2
群体累计评分	3	3	3
群体的决策	?		

（二）行为集结法

行为集结法是将心理学和社会心理学的研究成果应用于群体决策过程的研究而产生的。其作用表现在两个方面：一是激发群体成员参与决策的积极性和创造性；二是在群体成员对所要解决的问题及方案存在不同看法的情况下，通过沟通逐渐取得群体一致的意见。实践表明，在具有如下特征的决策场合中，采用行为方法要比简单地以数学方法对个人意见加以综合（甚至“中和”）更有助于确保决策的质量：

（1）决策任务不易分解成若干可由各成员独立完成的子任务，这种一体性特征可能导致群体成员难以把握自身判断的正确性。

（2）决策任务具有优化特征，希望群体能在集思广益的基础上找到一个比较满意的解决办法。

（3）决策结果具有某种随意性，因为群体所遵循的决策程序和所采用的集结个人意见的方法并不严格地由任务本身来规定，而可能取决于群体的选择。在这样的情形下，意见沟通和相互作用的过程就会在相当程度上决定着群体决策的水平。

最常见的用以推动群体通过成员间沟通和相互作用过程提高群体决策质量的行为方法有以下三种。

1. 互动小组法

互动小组法是一种采用最普遍的群体决策方法。互动小组既可能是一个现存的群体，如组织中的某一个职能部门、某一个部门中的科室或者某一个常设委员会，也可以是一个专门成立的小组，如一个攻关小组、一个特别委员会等。其特点是，小组成员就某一决策问题进行面对面的交谈、讨论、争论，达成初步一致后，进一步讨论，最后完成决策。这种方法的好处是，小组成员间相互作用，有利于产生新主意、新点子，同时也有利于促进小组成员间的互相理解和沟通。主要缺点是，成员直接接触，容易在决策方案讨论和表决中出现随大流或者叛逆等心理反应以及政治活动倾向。

2. 德尔菲法

德尔菲法是由美国兰德公司提出的，它着眼于克服人们互动中的心理和行为问题，同时又保留了有组织的群体沟通过程的特点。这种方法是，以书面沟通方式就某一决策或预测问题向一组互相独立的专家征求意见，然后对他们的意见进行综合和平均。举例来说，假如决策问题是要对人类何时能够攻克癌症做出预测，则此法的第一步就是要取得一组来自各方专家的协作，要求每一个专家无记名地提出自己的看法。接着，组织者负责收集专家的回答，并求出平均值和方差，然后将结果反馈给专家们并进行第二轮意见征求。在这轮结果反馈中，要特别提醒那些持极端看法的专家，详细说明自己的理由。然后，把这些理由及个人意见综合和平均的结果传达给各位专家。经过若干次反复，大多数专家的意见将逐渐集中并趋于一致，最后形成的普遍意见便成为这些匿名专家的“群体”决策。由于在时间、费用等方面的限制，德尔菲法一般不用于日常事务的决策，但在许多重大复杂问题的预测和决策中被认为具有显著的效果。

3. 具名小组法

具名小组法是在群体成员聚在一起的情况下，通过书面表述与口头交流相结合的方式进行，要求每个人独立地写下自己的意见，经组织者记录并公布后，再集体逐条地讨论，弄清楚各成员的想法及提出其意见的依据，然后再以投票方式尝试性地集结每个人的意见，接着集体讨论初步投票的结果，以此形成群体的最终决策。正是在集体讨论中成员“具名”的条件上，这种方法因而得名。这种方法主要用于需提出新颖并富有创造性的方案和主意的决策场合。

与德尔菲法一样，具名小组法也是对复杂的决策问题通过群体成员意见的征询和集结两个分立的阶段，最终形成群体判断的一种行为方法。与德尔菲法比较而言，它们有一个共同的特点，那就是群体成员在提出个人意见的时候不允许相互讨论。但是，在意见集结阶段，具名小组法提倡成员间面对面接触且当面进行集体的讨论，这是它区别于德尔菲法的最主要方面。

小结

1.“计划”一词通常有两种含义：一方面，它是指一种特定的行为，这种行为的内容包括对组织目标的事先确认以及制定实现这些目标的各种可行方案；另一方面，它是指计划行动的成果。

2. 计划是一项重要的、不可或缺的管理职能。计划的主要意义在于，第一，它明确了组织成员行动的方向和方式，从而成为协调组织各方面行动的有力工具。第二，它促发了沟通、思考、预测等行为，使人们就组织的目标、现状以及由现实过渡到目标状态的途径做出事先的安排。第三，它能促使人们改善组织运行的效率。第四，它为组织各层管理人员的日常考核和控制工作提供最基本的依据。

3. 计划具有多种类型。对计划类型的划分有利于人们更深入、更具体地理解和掌握有关计划工作的规律和方法。计划类型的划分取决于所依据的标准。

4. 计划工作通常要经过这样的步骤：（1）收集资料，确定计划的基本前提；（2）确定组织目标和实现目标的总体行动计划；（3）分解目标，形成合理的目标结构；（4）综合平衡；（5）编制具体行动计划并下达执行。

5. 管理人员有必要了解和掌握一些重要的计划制订技术，这些技术包括环境扫描、定性和定量预测技术、滚动计划法、作业计划方法等。

6. 企业在制订战略计划的过程中可采用滚动计划法，根据情况变化定期修订未来计划。

7. 目标设定是计划工作的一项主要内容。目标是指计划者对未来的期望状态的描述。

8. 组织目标的设定传统上是采用自上而下的单向方式来进行的，但这种做法容易引起目标模糊、扭曲、不一致和下级承诺意识低等问题。目标管理法的提出促使组织内的目标设定成为一个上下有机结合的过程，强调了员工的参与和协商一致，因而被认为是一种更合理的目标制定方法。

9. 管理实际上是由一连串的决策组成的，决策是管理的核心内容，贯穿于管理工作的每一个环节。

10. 狭义的决策是指对行动目标和手段的探索、判断和选择。广义的决策则是一个全过程的概念，不仅指选定方案的抉择活动，还包括抉择前的情报活动、设计活动等一系列决策准备工作，以及决策以后的执行及审查活动。

11. 一项决策通常都由决策主体、决策目标、决策准则以及决策备选方案、自然状态和后果等要素构成。根据这些构成要素的性质和表现不同，决策可分为不同的类型。

12. 组织中制定决策的人，可能是个体，也可能是群体。个体决策在效率性方面要优于群体决策，但相对而言，由群体做出决策会使决策的准确性和可接受性得到提高。

13. 优秀的管理者不仅要掌握决策的科学过程和方法，还要注意对决策的心理和行为方面的分析研究，以全面地提高其管理决策的水平。尤其在群体决策过程中，决策行为学的应用具有更重要的意义。

思维导图

- **计划**
  - **计划的含义、意义、和类型**
    - 计划是关于组织未来的蓝图，是对组织在未来一段时间内的目标及其实现途径的策划与安排。
    - 计划具有明确行动方向、协调行动、激发思考、改善组织运行效率、作为考核和控制的依据等意义。
    - 从不同角度，计划可划分为正式计划与非正式计划、具体性计划与指向性计划、战略计划与战术计划、短期计划与长期计划。
  - **计划工作的开展**
    - 计划工作的程序包括：（1）收集资料，确定计划的基本前提；（2）确定组织目标和实现目标的总体行动计划；（3）分解目标，形成合理的目标结构；（4）综合平衡；（5）编制具体行动计划并下达执行。
    - 有计划的安排主要涉及组织宗旨、远景目标和战略方案、具体目标和战术方案等内容。
    - 战略分为公司层战略、事业层战略和职能层战略三类；战术计划可以分为常用计划和单一用途计划两大类。
    - 制订计划的技术方法包括环境扫描、预测技术、滚动计划法、作业计划方法等。
  - **目标管理**
    - 目标指明了组织期望的未来达到的一种理想状态，是个人、部门或组织整体付出了努力之后想得到的成果。
    - 目标具有指明方向、激励、凝聚、作为决策标准和考核依据等作用。
    - 目标具有多重性、层次性、挑战性与可达性等性质。
    - 目标的制定原则包括：具体的、可度量的、可达的、相关的、有时间限定的。
    - 目标管理法不像传统的目标设定方法那样完全由上级设定目标并分派给下级，而是采用参与的方式来决定目标，即上级和下级共同参与目标的选择并对如何实现目标达成一致意见。
  - **管理决策**
    - 管理实际上是由一连串的决策组成的，决策是管理的核心内容，贯穿于管理工作的每一个环节。
    - 决策包含几个基本步骤：发现并界定问题、确定目标、拟订备选方案、选择方案、执行方案、检查评价和反馈处理。
    - 从不同角度，决策可分为个体决策与群体决策，理性决策与非理性决策，最优化决策与满意化决策，程序性决策与非程序性决策，确定型决策、风险型决策和非确定型决策等。

课后习题

一、单项选择题

1. 下述关于计划工作的认识中，哪种观点是正确的？（　　）
   A. 计划职能是各级、各部门管理人员的一个共同职能
   B. 从事计划工作要求有丰富的学识和经验，因此它是专属高层管理者的职能
   C. 制订计划是组织中的计划部门特有的职能
   D. 计划职能是直线部门主管的特有工作内容
2. 定期修订未来计划的方法是（　　）。
   A. 指导计划法　　B. 滚动计划法
   C. 网络计划技术　　D. 战略计划法
3. 在一次年会上，某公司制定了一系列目标：产品质量要比去年有所提高；成本要比去年低；人员素质要有较大改善；市场占有率要达到第一；要努力开发出比竞争对手更好的新产品等。由此可以看出（　　）。
   A. 该公司的目标制定得非常明确
   B. 该公司的目标太模糊，不容易执行
   C. 该公司的做法符合目标管理的基本思想
   D. 以上说法都不正确
4. 有管理学家认为，企业的目的和任务必须转化为企业的目标，企业的各级主管必须通过与下级商定目标来进行领导，使大家一起努力来达到企业的总目标。如果一项任务没有特定的目标，则这个任务必定被忽视。如果一个企业没有方向一致的分目标来指导各级主管人员的工作，则企业规模越大、人员越多，发生冲突和浪费的可能性就越大。这段话体现了（　　）。
   A. 企业的目标越多，则企业的管理效果就越好
   B. 以目标管理方式制定目标体系是一种较好的管理方法
   C. 企业必须有目标，但不一定要有目的和任务
   D. 企业的目标应由企业的高级管理者制定
5. 以下哪一项不属于目标管理的要素？（　　）
   A. 确定目标　　B. 参与决策
   C. 不明确的期限　　D. 绩效反馈
6. 目标设定的 SMART 原则中的 R 是（　　）。
   A. 可度量的　　B. 可达的
   C. 书面的　　D. 相关的

二、简答题

1.《孙子兵法》中说：“多算胜，少算不胜。”从企业管理者角度看，这里的“算”主要应包括哪些内容？

2. 如果说制定政策也是一种计划行为，你是否认为政策亦像战略一样，可以区分为公司层、事业层和职能层这几个不同的层次？你能列举出它的几种主要形式吗？
3. 你认为使命与战略目标之间有什么区别和联系？
4. 管理与决策之间究竟是一种什么样的关系？对于“管理就是决策”这种说法，你认为应该怎样去理解？

三、案例思考题

案例 1 刘总如何改进目标管理？

北斗公司刘总经理在一次职业培训中学习到很多目标管理的内容。他对于这种理论逻辑上的简单清晰及预期的收益印象非常深刻。因此，他决定在公司内部实施这种管理方法。首先他需要为公司的各部门制定工作目标。刘总认为：由于各部门的目标决定了整个公司的业绩，因此应该由他本人为它们确定较高的目标。确定了目标之后，他就把目标传达给各个部门的负责人，要求他们如期完成，并口头说明在计划完成后要按照目标的要求进行考核和奖惩。但是他没有想到的是，中层管理者在收到任务书的第二天，就集体上书表示无法接受这些目标，致使目标管理方案无法顺利实施。刘总感到很困惑：究竟是目标管理理论不适合他的企业，还是他运用得不够好？

思考题

根据目标管理的基本思想和目标管理实施的过程，分析刘总的做法存在哪些问题，以及他应该如何更好地实施目标管理。

案例 2 石油制品开发决策

某石油公司为了从能源危机中获取巨额利润，试图从油母叶岩中提取石油。从目前国际形势看，石油价格可能有四种变动状态：（1）价格下降，低于现价（低价）；（2）价格上涨，高于现价（高价）；（3）现价不变；（4）出现“禁运”，价格猛涨。

根据上述情况进行分析，公司制定出在未来 10 年时间内开发油母叶岩的三种策略：（1）研究：集中力量研究提取过程，以降低成本；（2）边研究边开发：两者结合，但开发仍按现有工艺进行，可能会有亏损；（3）应急开发：按现有工艺尽快开发，可能风险更大。各方案的损益值见表 2－7。

表 2－7 各方案损益值 单位：万元

状态	方案		
	研究	边研究边开发	应急开发
低价	−5 000	−15 000	−50 000
现价	0	−500	−20 000
高价	5 000	10 000	0
禁运	5 500	15 000	50 000

思考题

1. 请分别依照非确定型决策的各种准则做出方案选择。
2. 根据你自己的判断来进行决策，你会选取哪一方案？为什么？
3. 你如何看待决策中的风险性问题？

第三章 组　织

学习目标

1. 了解组织工作的基本内容和过程。
2. 掌握职务设计的形式。
3. 掌握部门划分的方式与整合手段。
4. 了解不同类型的组织结构。
5. 了解组织运作中的主要问题。

素养目标

引导学生掌握组织工作的基本内容和过程，在组织设计和运作的一系列问题中强化学生对内容与形式、个人与集体、整体与部分、矛盾与统一等的理解，引导学生增强集体荣誉感和使命感。

导入案例

凯迪公司的组织

凯迪公司是一家中型企业，主要业务是为企业用户设计和制作商品目录。公司在两地设有两个业务中心，这里简称为 A 中心、B 中心。

A 中心内设有采购部和目录部。采购部的职责是接受用户的订单，并选择和订购制作商品目录所需要的材料，目录部则负责设计用户定制的商品目录。凯迪公司要求每个采购员都独立开展工作，而目录部的设计人员则须满足采购员提出的要求。

B 中心专门负责商品目录的制作。刘利是凯迪公司负责业务经营的主管，他经常听到设计人员抱怨自己受到的约束过大，从而无法实现艺术上的创新。最近，刘利在听取有关人员的建议后，根据公司业务发展的需要，决定在 B 中心成立一个市场部，专门负责分析市场需求和挖掘市场潜力，并向采购员提出建议。市场部成立后不久，刘利听到了各种不同意见。比如，采购员和设计人员强烈反映，公司成立市场部不但多余，而且干涉了他们的工作。市场部人员则认为，采购员和设计人员太过墨守成规、缺乏远见。刘利作为公司的业务经营主管，虽然做了大量的说服工作并先后调换了有关人员，但效果仍不理想。他很纳闷：公司的问题究竟出在什么地方？

这个案例生动地描述了凯迪公司组织结构设计和运作中存在的问题。公司分别在两地设立机构。设在A中心的采购部和目录部负责商品目录订单的承接、设计及所需材料的采购，B中心原来只是一个生产中心，现在新成立了一个市场部，负责分析和挖掘市场需求。市场研究、产品推销、产品设计、材料采购工作的配合在凯迪公司中已明显地出现了问题。组织运转不顺利，原因在哪里？是设立市场部的决策错了，还是采购员和设计人员之间的私怨需要解决，抑或是各职能部门之间的沟通没有建立起有效的渠道？凯迪公司有没有必要单独成立一个负责市场研究的机构？如有必要，应该如何设置？如果没必要，应该由什么人员或部门来承担起这方面的责任？对凯迪公司中的各个业务经营部门，应该如何界定其职责和权限？凯迪公司实质上是职能制结构还是事业部制结构？这些问题与管理的组织职能密切相关。

第一节　组织工作的基本内容和过程

组织工作是管理的第二项职能。一家工商企业、一个非营利机构或者一个公共机关，都要把总体的任务分配给各个成员、各个部门去承担，建立起它们之间相互分工而又相互合作的关系，这种关系就形成了一种框架或结构。组织工作的目的就是要设计并建立这样一种能产生有效的分工协作关系的结构。

组织结构之于企业，就像人的骨骼系统之于身体一样，是企业生存发展所不可缺少的重要条件。而为了给企业建立起一个合理的、健全的组织结构，管理者就必须有效地开展组织工作。在企业中，要实现的生产经营目标与任务通常具有持续性，因此需要管理者刻意进行某种正式的组织工作，以使员工之间的分工协作关系能以一种结构化、制度化的方式确定下来，从而提高各方面活动的效率和效果。这样，组织工作便成为管理者工作的一项重要职能。

与其他管理工作一样，组织工作也有其特定的活动过程，具体包括三大阶段的各项工作步骤，如图3-1所示。

一、组织设计

组织设计是组织工作中最重要、最核心的一个环节，它通过对组织成员在实现组织目标中的分工协作关系做出正式、规范的安排，建立一种有效的组织结构框架。组织设计的目的就是要形成实现组织目标所需要的正式组织。

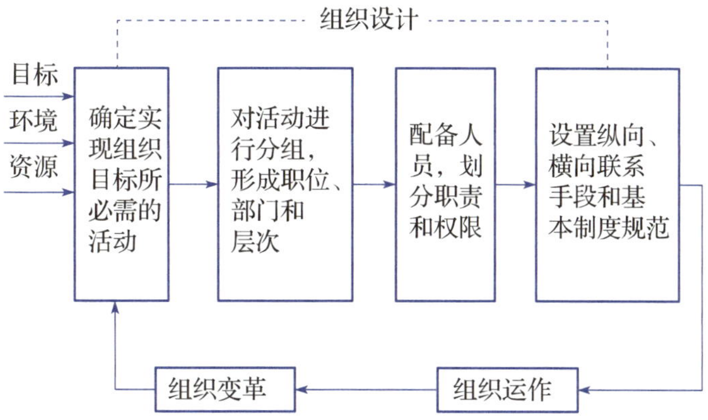

图 3－1 组织工作的过程

组织设计的步骤具体如下所述：

（1）确定组织目标和实现目标所必需的活动。

严格地说，确定目标属于计划工作的内容，组织工作通常是从确定实现目标所必需的活动开始的。以企业为例，可以通过回答如下两个问题来确定实现组织（企业）目标需要开展哪些活动：为了达成企业的目标，必须在什么领域有出色的表现？什么领域的表现不佳将会影响企业的成绩，甚至影响企业的存在？对这些问题的回答可以帮助确定对实现企业目标贡献最大的关键活动。企业关键活动领域的确定将决定这一企业是单纯生产型的企业还是经营型的企业，或是科工贸一体化的企业。

对企业生存发展影响重大的关键活动，应该成为组织设计工作关注的焦点。其他的各种次要活动应该围绕主要的关键活动来配置，以实现次要活动服从、服务和配合主要活动，确保企业使命目标的实现。

（2）根据组织资源和环境条件对实现目标所必需的活动进行分组。

所谓分组，指的是组织单位的划分和组合。对活动进行分组，就是要考虑企业中哪些活动应该合并在一起，哪些活动应该分开。总的原则是，贡献相同或相似的活动应该归并在一起，由一个单位或部门来承担。例如，产品销售和市场营销活动可以合并在一个单位内，库存控制和采购职能，以及质量检验和质量管理工作，都可以结合在一起。与此同时，在进行部门分合时，还应该考虑尽可能地使一项活动与其他活动的联系距离保持最短。例如，企业中的各项计划工作通常是归并在计划部门中进行的，但其中的生产计划工作却可能例外，它不是放在计划部门中，而是归入制造部门。前者的组合考虑了贡献相似性原则，后者则是为了使生产的计划与生产的组织和控制活动距离更近些，将生产计划置于接近制造现场处有利于减少不必要的跨系统联系。可以将这种追求跨系统联系尽可能少的原则称为关系相近性原则。

（3）根据工作和人员相称的原则为各职位配备合适的人员，并通过决策任务的分析确定每个职务所拥有的职责和权限。

工作和人员相匹配，职位和能力相适应，即人与事相结合，这是组织设计和人员配备工作中必须考虑的一个重要原则。只有做到这一点，才能确保所配备的人员切实地承担起该职位或职务规定的工作任务。为此，在职务设计时必须保持工作的适当广度和深度，以便满足人的内在需要和发挥人的潜在能力；同时，配备人员必须考虑其现有或经过培训后可能具备的素质、能力是否符合所设定职务的要求，以使人员得到最妥当的配置。

另外，组织设计还必须设法使职务和职责、权限保持一致。换句话说，分派某人去承担某项工作，必须明确赋予他完成该工作任务的职责，同时相应地授予他履行该项职务的职权。决策权限应该下放到尽可能低的组织层次并尽可能接近活动现场，同时应注意使所有受到影响的活动和目标都得到充分考虑。

（4）设置各层次、各部门之间纵向与横向联系的方式和手段。

如果说组织设计的前几个步骤的重点在于把整个企业的活动分解为各个组成部分（各层次、各部门、各职位），那么这一步骤就是要把各组成部分联结成一个整体，以使整个组织能够协调一致地实现企业的总体目标。可以说，分化与整合，或者说分工与协调，是组织工作的两个核心内容。整合手段应该发挥与组织分化同等程度的协调功能。

（5）设计业务流程和运行规范。

业务流程是指一组共同为顾客创造价值而又相互关联的活动。对业务流程进行合理设计，能够促进企业各方面工作走向规范化、标准化、正常化，同时可简化员工培训，使新手更快地适应工作，并促进组织的分权化管理。其设计内容通常包括流程步骤的确定、各步骤工作开展的先后顺序、各步骤的输入和输出信息以及负责的岗位或部门等。

当然，规模较大的企业除了要设计业务流程（通常称为作业标准操作程序）这一基本的制度规范外，还要订立指导组织运行的其他各项规章制度，包括人员招聘和选拔制度、人员培训与激励制度、工作命令与报告制度、绩效考核与评价制度等，使各方面工作有章可循，达到有序、规范的运行状态。

参考案例

海尔的结构变革

科层制可以明确职权，划分部门职能，分配标准化任务，在规模较大的组织中提升效率。而且，科层制在各行业、各种文化及政治体系中大同小异，令人感到熟悉和安心。虽如此，科层制绝非必然趋势。科层制发展至今已经近两个世纪，许多事情已经改变了。现在的员工具备专业技能；现在的竞争优势来自创新；现在的通信可以实现即时交流；现在的变化已经日新月异。

这些新的现实提供了科层制以外的其他可能性。目前最有前途的模式，出现在一家乍一看并不像是数字时代产物的公司——中国青岛的海尔。海尔是当今世界上最大的白色家电品牌之一，2021 年全球收入达 3 327 亿元，与惠而浦、LG 等齐名。现在海尔在全球各地拥有超过 10 万名员工，全球研发人员超过 2 万名。

海尔的成功，源自其对传统管理模式的彻底改造。CEO 张瑞敏具有颠覆精神，始终将科层制看作竞争中的负担，致力于打造每位员工直接向用户负责（他自己称之为“零距离”）、团队成员充满活力的局面，使用户、开发人员与各利益相关方共创共建的开放生态组织代替传统的科层体系。

海尔这一系列举措体现为“人单合一”模式。这种模式结合中国文化特色，将为用户创造的价值和员工自身价值的实现紧密结合起来。大企业通常包含几项主要业务，这些业务各有一套对战略、客户和技术的看法。但高度一体化的组织文化，使公司容易受到非传统竞争对手冲击，而且看不到新发展机会。为避免这一风险，海尔将公司分为 4 000 多个小微公司（microenterprise，简称 ME），其中多半有 10 到 15 名员工。当然从事生产制造的 ME 员工人数多一些，但即便是这样，业务决策依然由小微团队做出。

小微分为三类。第一类是转型小微，约 200 个，它们面向市场，植根于海尔原本的家电业务，根据以用户为中心、依托互联网的现状进行了调整。面向都市年轻消费者的“智胜”冰箱就是一个典型的例子。第二类是 50 多个孵化小微，等同于全新的创业公司，如“雷神”关注电子游戏等新兴市场，还有“馨厨”——为用户提供第三方新鲜有机食材及 30 分钟内配送服务的智能冰箱，这些是在原有产品上开发新商业模式的小微企业。第三类是节点小微，约 3 800 个。这些小微向其他面向市场的小微提供元件和设计、制造及人力资源支持等服务。

小微企业是张瑞敏实现“建立全球首个真正的互联网时代企业”这一目标的关键。他的目标不只是开发依托互联网的产品，还包括开创一种与互联网结构相似的组织模型，即哈佛技术人员戴维·温伯格（David Weinberger）所指出的——“小碎片，松散结合”（small pieces，loosely joined）。网络的多样性十分惊人，同时依然具有连贯性。网上出现了无数创新，但仍然由通用的技术标准整合在一起，让虚拟空间可以通行，网页可以交换数据等资源。

资料来源：哈梅尔，扎尼尼 . 终结科层制 . 哈佛商业评论，2018（12）；海尔集团官方网站 .

二、组织运作

组织运作指的是使设计好的组织运行和运转起来。一个组织在其运作过程中可能遵循正式组织设计所规定的轨迹，但也可能渗入和出现各种非正式的关系。非正式组织存在于正式组织中，这是一种正常的现象。组织为了在各种正式和非正式关系交叉的动态运作过程中取得各方面力量的协调配合，首先需要合理地选聘人员，并鼓励上级人员向下级人员妥当授权、下级人员向上级人员汇报，同时积极有效地进行上下左右的信息沟通联系。除此之外，组织还要将已制定的各类规章制度落到实处，使之成为规范和约束员工行为的有效标准，以实现组织运行的正常化、规范化和制度化。从一定意义上说，设计好的组织投入运作的过程是与管理工作的其他方面的职能密切联系在一起的。

三、组织变革

组织变革就是对组织的调整、改革与再设计，它属于组织工作过程中的反馈与修正步骤。当组织在运行中发现了前述步骤中的不完善之处，或者当环境出现了新的情况而引起企业目标的修正时，原有的组织设计就要做修改，以提高组织的效能，增进组织的适应性。

组织是一个社会系统。与技术系统的变革不一样，组织变革不是纯粹的结构再设计的过程，而是一个需要激发变革的动力，同时又要克服变革的阻力，并采取有效措施对变革进行妥善管理的过程。变革管理不善，可能导致设计良好的变革计划难以实现。

第二节 职务设计与人员配备

职务设计与人员配备是组织设计工作中两个相互关联的方面。为了合理地配备人员，必须分析每个职务（职位）应当做哪些工作以及这些工作适合哪些人员来做。职务工作内容的确定既要考虑工作效率的要求，同时又要兼顾工作人员从中体验内在的工作满足（这是调动人的积极性的一个重要因素），以便在工作任务和工作人员双方面要求的相互平衡中，确定一项职务工作的合理广度与深度。

一、职务设计的几种形式

职务设计是指将若干工作任务组合起来构成一项完整的职务。职务设计应因任务组合的方式不同而异，而这些不同的组合则形成了多种职务设计方案。具体有如下几种。

（一）职务分工与专业化

在20世纪上半叶以前，职务设计与劳动分工、工作专业化意义相同，管理者都在设法将其组织中各个职务的工作设计得尽可能简单、具体、易做。时至今日，分工和专业化原则仍在指导许多职务的设计。比如，生产工人是在装配流水线上从事简单、重复的工作，办公室职员坐在计算机终端前执行范围狭窄的、标准化的任务，护士、会计及其他职业人员也发现他们的许多任务都是专业化的劳动。

专业化能带来许多益处，如有利于提高人员的工作熟练程度，有利于减少因工作变换而损失的时间，有利于使用专用设备和减少员工培训要求，以及明确企业招聘对象的来源范围和降低生产的劳动成本等。但职务设计过于专业化也可能带来负面影响，如造成工作之间的协调成本上升，并使工作人员的积极性受到影响。不少人无法忍受每天在流水线上旋紧螺栓数千次，这种枯燥、单调、乏味导致了员工的厌烦和不满情绪，同时也影响工作的质量和总体效率。如果说专业化在经济发展的早期有利于形成规模经济和带来高效率，那么到了后期就容易产生工作协调和人员激励方面的不经济性。

（二）职务扩大化与岗位轮换

职务扩大化是与职务专业化相对立的一种设计思想。它不是将工作划分为细小的部分，使每个人单独承担其中某一部分的活动，而是与之相反，把若干活动合并为一件工作，扩大工作的范围。以装配收音机为例，原先每个人只负责一两项简单的操作，如将某个电容器插在焊孔上，现在则改由每个员工装配一个部件，甚至由单个员工装配整台收音机。这样专业化分工的程度就降低了，员工的工作变得多样化。另一种相似的做法是，让员工有次序地从一项工作更换到另一项工作上去，称为岗位轮换。以仓库内的工作为例，一个工人可以在周一干卸货的工作，周二负责把货物搬进仓库，周三负责核对清单，周四将外运货物搬出仓库，周五负责装车。经过这样的转换后，同一个工人在一周内的每一天都从事一种新的工作，如此可以发展员工的多种技能，并减少工作的单调和枯燥感。日本的许多企业甚至还经常在中低层的管理工作中进行定期或不定期的岗位轮换，以更好地培养和激励管理人员。

（三）职务丰富化

如果说职务扩大化是指在同一级别上的工作横向扩展，那么职务丰富化则是从纵向上充实和丰富工作内容，即从增加员工对工作的自主性和责任心的角度，使其体验工作的内在意义、挑战性和获得成就感。在强调劳动分工的时代，许多人主张在管理人员与作业人员之间进行明确的职责划分，使管理者专门从事计划和控制这类思考工作，而生产工人只是按管理者的吩咐去做执行性工作。对职务进行丰富化设计，就是要将部分管理权限下放给下级人员，使其在完成任务过程中也有做决定的权力。美国电话电报公司曾经成功地采用这种职务丰富化设计方法激励了打字员：以前，公司将 8 个打字员放在一个没有自主权的小组里，负责打印顾客的订货单。这种小组工作效率很低，人员思想也不稳定。后来改建为工作团队形式，小组长直接由打字员担任，并授予该小组控制其工作质量和进度的权力，这样大家的责任心增强了，工作效率和工作满足感随之提高。

因此，职务设计不应该单方面地考虑工作任务的要求，而应当兼顾人员选配、培训以及激励的问题，这是因事设职与因人设职相结合的职务设计原则。在职务设计考虑到人的需要和潜能的情况下，人员配备工作就应该服从职务设计的工作人员数量和资格规范的要求，以便使组织的每个职位都能在适当的时候配备适当数量和素质的人员，确保组织任务目标的落实。

二、职务说明与职务规范

职务设计的结果通常体现在职务说明上。狭义的职务说明就是对每个职务应当做哪些工作做出规定。其事项包括：（1）职务名称与代号；（2）承担此职务的员工数；（3）所属部门名称及直属主管；（4）待遇情况及所处级别；（5）职务概要，包括工作的性质、范围和目的等；（6）职务开展，包括工作的具体内容、对象、方法和步骤，每项工作所花费的时间及所要达到的标准，工作所需使用的物料、工具和设备，工作的环境条件和疲劳程度，等等。广义的职务说明还要进一步指明某个职务由具备什么资格或条件的人员来担任，这部分内容亦称雇佣规范。其事项包括：（1）担任该职务应接受的教育程度及具备的工作经验；（2）任职者所应拥有的生理状况、个性和行为特征；（3）任职者所应拥有的智力情况和技能等。

三、人员配备

人员配备是对组织中全体工作人员的配备，包括管理人员的配备和非管理人员的配备。人员配备包括如下步骤：（1）评价现有的人力资源，包括职工队伍的规模、结构和人员素质状况；（2）预估将来需要的人力资源，这是根据组织任务目标和职务设计的要求确定的；（3）制定满足未来人力资源需要的行动方案，如内部提升与岗位轮换、外部选聘、人才开发培训等。组织需要通过扎扎实实的人员配备工作，把合适的人安置在合适的职位上，做到位得其人、人得其位、人尽其才，即每一个职位都有合适的人承担工作任务，每一个员工都有合适的工作岗位发挥其才能。不能做到职位要求和人员所长相匹配的人员配置工作，是低效的甚至失败的。

第三节 部门划分与整合

一、管理幅度与管理层次

管理幅度是组织内部各单位规模大小的重要决定因素。在一个单位内，究竟能将多少相近或相关的工作或职务组合在一起，主要取决于该单位主管人员的有效管理幅度。所谓管理幅度，就是一位管理人员直接指挥和监督的下属人数。一个人受其注意力范围的限制，能直接有效管理的下属数量是有限的，这就是管理幅度作为组织设计的一条基本原则的缘由。如图 3－2 所示，主管人员 A 的管理幅度为 3，B 的管理幅度为 5，C 的管理幅度为 7，D 的管理幅度为 8。

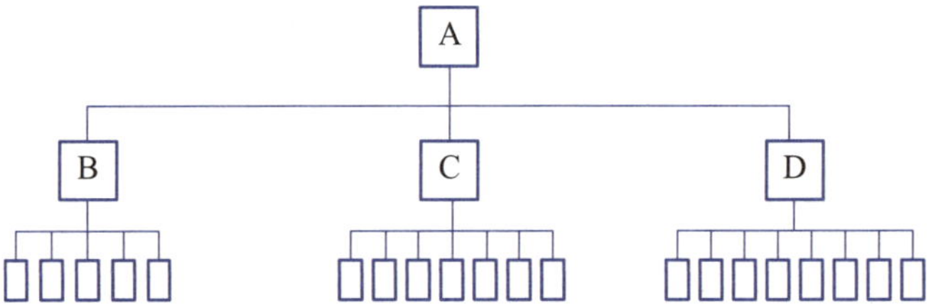

图 3－2 管理幅度示例

管理幅度的大小与管理层次的数量成反比。管理幅度增大，管理层次数则减少；反之，管理层次数量增加。以一家拥有 4 096 名作业人员的企业为例，如果按管理幅度分别为 4、8 和 16 对其进行组织设计（这里假设各层次的管理幅度相同），那么其相应的管理层次依次为 6、4 和 3，所需的管理人员数为 1 365、585 和 273 名，如图 3－3 所示。

管理幅度：	4	8	16
管理层次：	6	4	3
管理人员数：	1 365	585	273

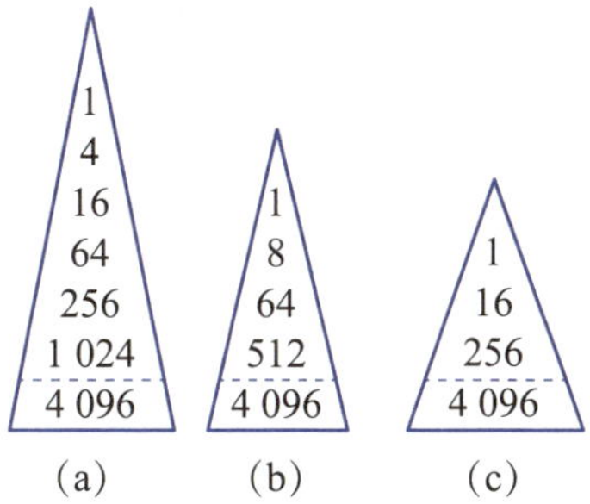

图 3－3　管理幅度与管理层次的关系

管理幅度的大小对组织形态和组织活动会产生显著的影响。在组织中作业人员数量一定的情况下，管理幅度越小，组织层次的设置就越多，从而组织就表现为高而瘦的结构特征，因此称这种组织为高耸型组织［见图 3－3（a）］；反之，管理幅度越大，组织层次就越少，从而该组织就称为扁平型组织［见图 3－3（c）］。在高耸型组织中，小幅度的监督控制可能使管理更为周密，但管理层次多，不仅加长了信息的传递渠道，影响信息传递的速度和组织活动的效率，而且使管理人员配备数量增加（如图 3－3 中，当管理幅度从 16 变为 4 时，管理人员从 273 名增至 1 365 名，增加了 4 倍），从而造成管理费用上升。相比之下，大幅度的监督控制可以克服小幅度管理的缺陷，但是会降低管理的效能，使管理者对下属不能进行密切监督和有效控制。

有效的管理幅度既是受限制的，又是可以改变的，这些都源于影响管理幅度的各种权变因素的作用和变化。在客观条件不具备的情况下，随意扩大管理幅度很可能造成管理失控。有效的管理幅度是根据主管人员的能力、下属人员的素质、工作的性质和条件以及外部环境等因素而制宜权变的。要扩大管理幅度，就需要首先设法改变限制有效管理幅度的某一或某些影响因素。

二、部门化方式

所谓部门化，也即活动分组，是指按照一定的方式对相关的工作活动予以划分和组合，形成易于管理的组织单位，如部、处、科、室、组等，这些通称为部门。管理者在选择部门化的依据或方式时，一方面要考虑分工带来的专业化优势，另一方面又要将跨部门协调的困难尽可能事先加以缓解。组织由于所采用的部门化方式不同，因此可以形成不同的结构形态。

（一）按人数、时间、地点划分部门，形成简单结构

这是最传统的部门划分方式。它只是为了管理方便而将完成相同任务的人员划分为几个部分，划归不同的管理者领导，因此并不体现工作的专业化分工思想。这种部门划分方式考虑的是工作的人数、时间和地点，而不考虑这些人做什么和做这些工作的内容和方法。

（二）按设备、工艺阶段或工作技能划分部门，形成职能制结构

这是将工作方法（怎么做事）作为部门化的依据。例如，企业中的电子数据处理部门，机械加工生产中的车、铣、磨、钻班组，是按工作手段或设备来划分的。机械厂中的铸锻、金加工和装配车间，纺织厂的纺纱、织布和印染车间，以及钢铁企业中的炼铁、炼钢和轧钢分厂，都是按工作（生产）过程的工艺阶段来设置的。按各项业务活动的开展所需要的专门知识、技巧和能力，可以划分出原料采购和设备维修、产品销售和市场营销、生产管理和质量控制、人事管理和财务会计等部门。

这类部门化方式有利于充分发挥专业化分工的优势，形成规模经济和带来高效率，但它容易导致各部门产生狭隘的职能眼光和本位主义思想，不利于全面考虑组织的总体利益。而且，由于各部门之间协调配合差，高层领导者只得将许多精力花在日常管理事务的处理上，影响了对企业生存发展等重大问题的思考和策划。各部门都只作为成本花费中心或销售收入中心来运作，只有最高层才对收支相抵后的盈利状况负责。整个企业是一个统一的（unitary）经营单位，呈现为 U 形结构。

（三）按产品、地区、顾客或营销渠道划分部门，形成事业部制结构

这是基于工作结果（所做的事及服务的对象）来进行部门化。例如，通用汽车公司按产品品牌和类别设立了别克事业部、雪佛兰事业部、通用轿车及货车事业部等，美国电话电报公司和麦当劳公司则将自身业务划分为几大地理区域。家具制造公司中的住户家具部和团体购买家具部，商业银行中的商业贷款部以及工业贷款部和个人贷款部，等等，都是按顾客来划分部门的实例。按营销渠道划分部门与按顾客划分部门有类似之处，但两者考虑的重点不同：后者侧重于产品的最终顾客（消费者或用户），前者侧重于将产品分销至顾客所要经过的中间商通路。

在经营管理权限方面，与传统的职能部门相比，分公司、事业部拥有较大的经营自主权，且内部配备较完备的职能机构。如果将分公司、事业部从总公司中独立出去，它们可以成为企业性单位运作下去。但只要隶属于总公司内部，总公司同分公司、事业部就是一种行政指挥命令关系，只不过它们与不能独立运作的职能部门相比，通常被要求相对自主经营、自计盈亏（而不是自负盈亏），即分公司和事业部都可以成为利润中心，这样，整个企业就表现为由多个事业部（multi-divisions）或其他经营单位组成的联合体，呈现为 M 形结构。

组织内分设事业部的好处是便于取得产出方面的协调，各事业部能够从内部所配备的各种职能中汇集所需的工作技能，以便在适当的地点，通过适当的营销渠道，为合适的顾客提供满意的产品。另外，各事业部间的自然竞争也可用来激发员工的进取心。采用事业部制结构的主要弊端是，职能专业化程度低，管理费用增加，并出现资源使用上的重复配置。另外，高层管理人员对经营业务的统一控制比较困难，并容易在各事业部之间引发对整个企业不利的相互竞争行为。

需要说明，事业部、分公司和子公司都是对一个企业经营活动中所涉及的准独立或独立机构的称谓。这些单位都处于本公司的势力范围之内，但它们各自的法律地位和经

营管理权限不尽相同。子公司是相对于母公司而言的，是被母公司股权控制的独立法人企业，严格地说，它是企业集团的成员，是集团母公司持股的对象，而不是集团总公司内部的组织单位。而分公司则是公司内部的附属机构，不具有独立法人地位，不独自缴纳所得税，也不具有自负盈亏的能力。从这种意义上说，分公司的地位与一般的事业部极为相近，它们在法律上和经济上都不具有完全的独立性，不具有企业法人资格。

三、组织整合手段

协调或整合是组织任务目标得以顺利实现的根本保障。为了实现共同的目标，组织就必须设置整合的手段以达到所需要的协调。一般而言，组织整合或协调的手段包括如下五种。

（一）通过组织等级链的直接监督

随着劳动者人数的增加和劳动分工协作关系的产生，组织通常需要推出一个人来负责统一指挥和监督其他人的活动，以达到行动上的配合一致。这个独立于作业活动而存在的指挥和监督人员就是组织中脑力劳动与体力劳动分离后出现的第一个管理者。随着组织规模的扩大，在最高管理者与作业人员之间往往又产生若干层次的中间管理者，这样就形成了指挥、监督、管理的等级链体系。

（二）通过制定程序和规则的工作过程标准化

随着组织规模的进一步扩大，单纯依靠等级链上的各层次管理者来进行监督和协调已不能满足需要。为减轻等级链的负担，可以把所要进行的工作的内容、过程制定成详细的程序和规则，即通过规定标准的工作方法来达到各方面行动的协调配合。

（三）通过计划安排的工作成果标准化

工作过程标准化适用于那些简单、常规的工作。如果某项工作的过程不易分解，无法规定标准化的工作内容和程序，就需要变控制工作过程为控制工作产出，即对工作过程的产出成果做出标准化的规定。不管作业者按照怎样的程序从事自己的工作，只要产出的成果达到既定的标准，就能保证前后工序的活动顺利衔接。

（四）通过教育培训的工作技能标准化

如果对工作过程和工作成果都无法预先制定合适的标准，就只能通过工作者技能素质的控制来确保工作的协调进行。这种方式就是对从事某一工作所必须具备的知识、能力、经验等投入要素做出标准化的规定，在招募、聘用人员时予以贯彻，并在任职之中定期地检查、考评和培训，由此来保证工作活动达到统一要求。

（五）通过直接接触的相互协调

这是下级工作人员之间通过直接的接触和沟通而主动调整各自的行动，以取得彼此的协调配合。在许多情况下，横向的调整和协调可以对纵向的监督、控制和协调起到一定的补充甚至替代作用。

企业组织的整合手段和协调方式是由简单到复杂不断演化和发展的。随着企业规模的扩大、工作复杂性的提高和劳动分工的细化，企业的整合和协调机制也在不断发生变化，其序列关系可简单概括为图 3－4。在企业发展初期，简单的协作可以通过工作者（图 3－4 中以 O 表示）之间的直接接触和相互协调来取得。随着企业人员的增加，劳动分工和工作协调日趋复杂化，只依靠个人之间的相互协调已不足以满足需要，必须有一名或多名管理者（图 3－4 中以 M 表示）来对全体工作人员的行动进行统一的指挥和监督。

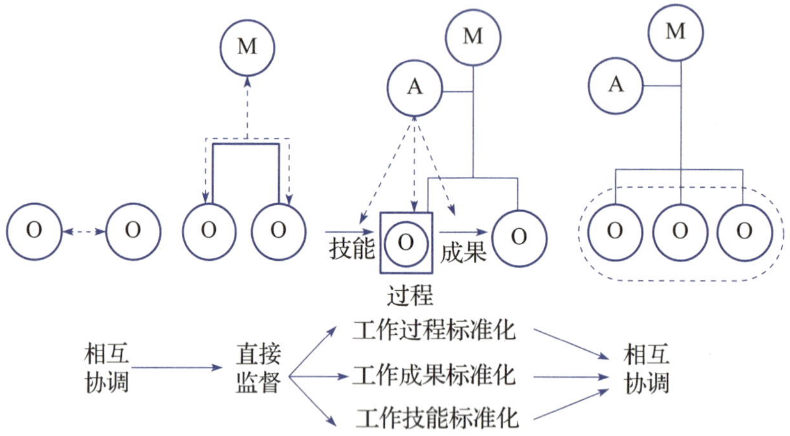

图 3－4 组织整合手段的演化

当企业规模进一步扩大后，管理层次明显增多，组织等级链延长，通过逐级的直接监督来协调下层人员的活动就很容易使等级链上的管理人员负担过重。为了减轻直线管理人员的负担，企业管理队伍中逐渐分化出专门从事标准操作方法研究、产出计划和控制、人员招聘和培训等辅助管理工作的职能人员（图 3－4 中以 A 表示），由他们帮助推进工作过程、成果和技能的标准化。

标准化协调方式因为缺乏灵活性，难以应付可能出现的复杂多变局面，这时，具有高度应变能力的相互调整机制可能重新成为组织协调的一种重要机制。不过，最初的相互协调主要是依靠简单的直接接触来进行的，现代企业已经发展出了职位、任务小组、项目小组乃至矩阵组织等正规设置的结构性横向协调机制。举例来说，新产品开发、成本和质量改进活动以及建立计算机管理信息系统等任务的开展，需要从各层次、各部门中抽调有关人员组成一个临时性的小组，在工作过程中相互磋商、密切配合，共同完成所设定的任务。

第四节　组织结构设计

对组织中决策权限的分配以及直线指挥和参谋辅助关系的确定，配之以前述的组织部门化设计，可以形成不同的组织结构形式。应该看到，组织中的部门划分与职权关系的确定是相辅相成、相互配合的。没有按职能划分部门这种结构设计基础，组织就不可能从直线制（这是一种简单结构）演变为直线职能制和职能制；同理，没有职权关系的界定作为基础，直线职能制和职能制组织也就不会有区别。任何一种组织结构，包括事业部制和矩阵型，都应该从部门划分与职权关系相结合的角度进行理解。下面介绍常见的组织结构的优缺点及适用条件。

一、传统组织结构

（一）直线制结构

这种组织结构的主要特点是：命令单一直线传递，管理权力高度集中，实行一元化管理，决策迅速，指挥灵活，但要求最高管理者通晓多种专业知识。这种形式适用于规模较小、任务比较单一、人员较少的组织。以制造企业为例，直线制结构如图 3－5 所示。

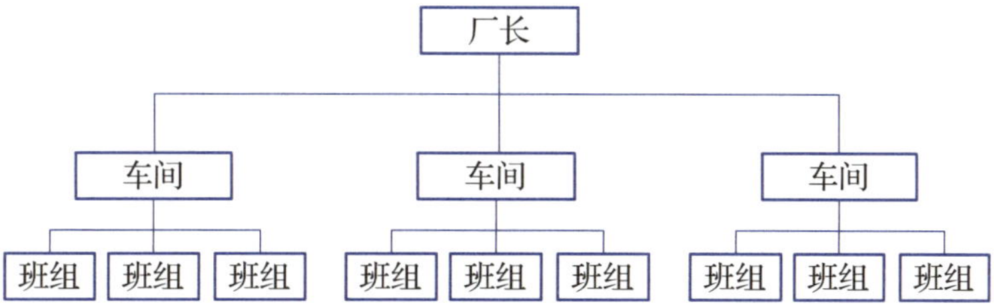

图 3－5　直线制结构

（二）职能制结构

这种组织结构的特点是：在组织中设置若干专门化的职能机构，这些职能机构在自己的职责范围内，都有权向下发布命令和指示。其优点是能够充分发挥职能机构的专业管理作用，并使直线经理人员摆脱琐碎的经济技术分析工作。其缺陷是多头领导，极大地违背了统一指挥原则。这种组织形式适用于任务较复杂的社会管理组织，以及生产技术复杂、各项管理需要具有专门知识的企业管理组织。以企业为例，职能制结构如图 3－6 所示。

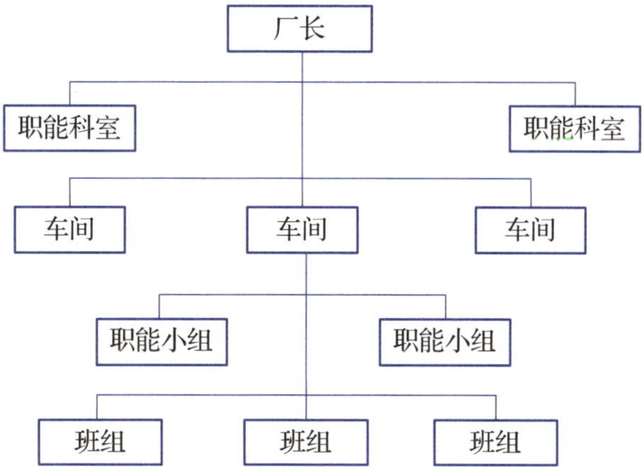

图 3－6　职能制结构

（三）直线职能制结构

这是一种综合直线制和职能制的特点而形成的组织结构。它与直线制的区别就在于设置了职能机构；与职能制的区别在于，职能机构只是作为直线管理者的参谋和助手，它们不具有对下面直接进行指挥的权力。因此，这种组织形式既保持了直线制集中统一指挥的优点，又具有职能分工专业化的长处。但是，这一类型的组织存在着职能部门之间横向联系较差、信息传递路线较长、难以适应环境变化的缺陷。直线职能制是一种普遍适用的组织结构，我国大多数企业和一些非营利组织采用这种组织结构。以企业为例，这种组织结构如图 3－7 所示。

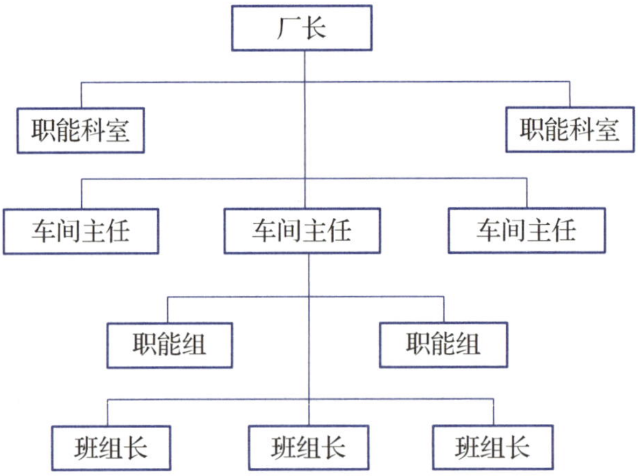

图 3－7　直线职能制结构

（四）事业部制结构

这种类型结构的特点是，组织按地区或所经营的各种产品和事业来划分部门，各事业部独立核算，自计盈亏，适应性和稳定性强，有利于组织的最高管理者摆脱日常事务而致力于组织的战略决策和长期规划，有利于调动各事业部的积极性和主动性，并且有利于公司对各事业部的绩效进行考评。这种组织结构的主要缺陷是，资源重复配置，管理费用较高，且事业部之间协作较差。这种组织结构主要适用于产品多样化和从事多元化经营的组织，也适用于面临的市场环境复杂多变或所处地理位置分散的大型企业和巨型企业。事业部制结构如图 3－8 所示。

（五）矩阵型结构

这是一种将按职能划分的部门与按产品、服务或工程项目划分的部门结合起来的组织结构。在这种组织中，每个成员既要接受垂直部门的领导，又要在执行某项任务时接受项目负责人的指挥。可以说，矩阵型结构是对统一指挥原则的一种有意识的违背。这种结构的主要优点是：灵活性和适应性较强，有利于加强各职能部门之间的协作和配合，并且有利于开发新技术、新产品，激发组织成员的创造性。其主要缺陷是：组织结构稳定性较差，双重职权关系容易引起冲突，同时还可能导致项目经理过多、机构臃肿的弊端。这种组织结构主要适用于科研、设计、规划项目等创新性较强的工作或者单位。此种组织结构如图 3－9 所示。

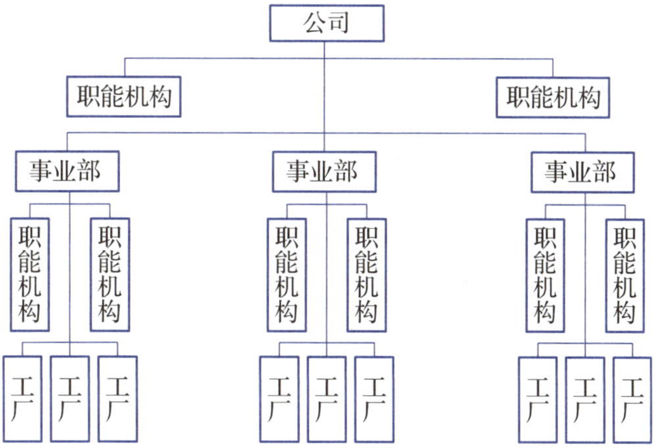

图 3－8　事业部制结构

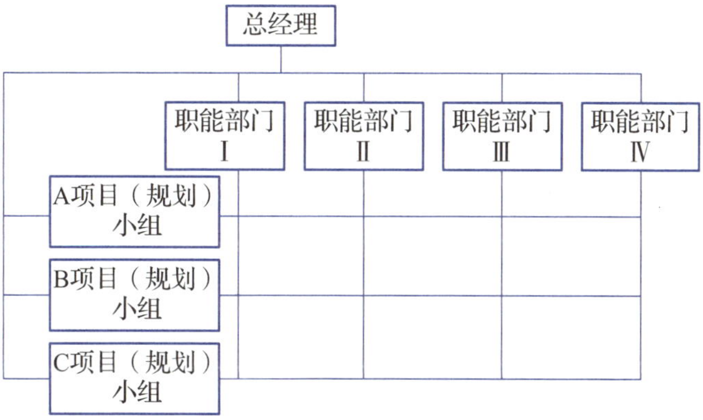

图 3－9　矩阵型结构

二、新型组织结构

（一）流程型结构

当今，许多企业都在设法减弱自身内部横向和纵向的边界以及与外部的其他机构的边界。因为当今企业处于日益复杂多变的环境中，要想最有效地运营，就必须保持一种具有足够灵活性和创新力的非结构化状态。对这些企业而言，围绕工作流程而不是职能部门来组织相关的活动，并组成跨职能的工作团队来执行相对完整的工作任务，已经成为一种日益流行的组织设计。

所谓流程型结构，就是以工作流程作为组织设计的基本着眼点，通过把与该流程相关的一系列业务活动纳入一个专案员或工作团队的职责范围而构建起来的一种新型的结构。其主要特征是：（1）按跨职能的核心流程而不是任务、职能或地区来设立结构，消除了部门之间的界限；（2）由经充分授权的、自我管理的团队或专案员取代了专业化人员，据此进行组织设计和绩效评估；（3）流程作业者对各自流程的结果负有全面的责任，有权自主而独创性地思考问题，并对出现的新挑战做出灵活的反应；（4）顾客推动着整个组织的运作；（5）企业中形成一种开放式的，充满信任和合作，并注重持续改进的组织文化。由于这种全新的特征，流程型结构也被称为横向型结构，以与传统的强调工作的专业化分工和职能切割的纵向型结构相区别。

通常，在以分工为导向的传统组织中，一项业务活动往往需要由许多专业化职位或职能化部门来共同承担，从而产生了频繁的跨部门联系和协调的需要。为此，配备了层层叠叠的管理人员，并制定了细致严密的程序和规则，企图通过这些上级指挥和程序、规范等措施确保整个工作流程能按部就班地进行。然而，这种先分后合的传统组织设计方式导致了组织中各职位、各部门的人员只是习惯于对内就各自所承担的局部工作负责，遵照上级的指示执行，以致没有人能在工作中以全局的、外向的眼光对整个业务流程及其所服务的顾客负全面责任，结果上级主管疲于协调、文山会海不断升级，但终究解决不了整个流程效率低下、顾客满意度低、对市场变化反应迟缓等问题。所以，有丰富企业咨询经验和计算机技术背景的美国学者迈克尔·哈默和詹姆斯·钱皮在 1993 年出版了《企业再造》一书，指出面临顾客日益挑剔、竞争日益激烈、变化日益频繁三股力量冲击的当代企业，必须彻底改变传统的工作组织方式，从更好地满足内部和外部顾客需求出发，将流程涉及的一系列跨职能、跨边界的活动集成和整合起来，即以首尾相连的、完整连贯的一体化流程来取代以往被各部门割裂的、片段黏合式的破碎流程。他们将这一突破性、根本性的变革称为“业务流程再造”(BPR)。

以 IBM 公司旗下的信用公司进行的融资业务流程再造为例。这家为顾客提供购买 IBM 电脑、软件及服务所需贷款的信用分支机构，最初在融资业务流程上采取的是专业化分工的组织方式：当 IBM 地方销售员打电话要求提供融资时，首先经办员负责将他们的要求记录在一张申请单上；接着，申请单被送到楼上的信用部，由其审核该顾客的信用状况；然后，信用部会将审查结果写在申请单上并传递至商务部，由该部门负责订立融资条款；之后，申请单被转到估价部，由其估算顾客适用的贷款利率；最后，所有的材料连同申请单一并转交给文书组，制成正式信贷文件后签发给地方销售员。一般情况下，整个流程平均需要 6 天时间，有时还可能拖延至两个星期。这样耗时长久的融资申请过程很容易使地方销售员在竞争中丢失即将到手的生意。进行业务流程再造以后，IBM 的信用公司撤换了信用审核员、估价员、契约专家及文书等职能部门和人员，而代之以专案员负责每笔融资交易的整个过程，结果使流程总处理时间缩短至 4 个小时，从而带来了公司融资业务量数百倍的增长。

当然，并不是所有整合以后的业务流程都可以由一个像 IBM 的信用公司专案员那样的人来承担。在大多数的情况下，也许企业仍然需要配备各式各样的专门人才，但在业务流程再造后的组织中，这些专门人才不再是作为相对独立的个体，而是作为“专案组”性质的流程工作团队中的一个成员，相互协作和密切配合地完成整合设计后的某类业务流程的全部工作。这样围绕流程而组建的工作团队不仅需要专门人才间的互补技能，更需要成员之间的整体意识和成员间的相互依存、相互影响。实践表明，成员对团队的忠诚、奉献和责任感，成员间相互的信任和良好的沟通，教练式的领导，全体参与、协商一致的决策风格，以及有益的组织内部和外部支持环境，对以工作团队为基本业务单元的组织的成功运作起着至关重要的作用。

从协调、整合的角度构建了组织基本业务单元后，企业的整体结构也将随“再造”改革的深化而逐渐从以往的纵向金字塔形结构转变为一种横向（水平）的流程型结构。在这种新的结构中，企业内部部门之间、职能之间、专业之间的界限被打破，企业与供应商、顾客等外部单位间也建立起广泛而密切的联系、合作甚或联盟，从而在企业内外呈现出低度分化的无边界组织形态。而且，再造后的企业往往授予跨职能、跨组织边界的团队以高度的自主决策、自我管理的权力，并且随着这种管理权限的下放（通常称为“授权于员工”），管理层的队伍得以大幅压缩，从而管理层次趋于扁平化。在文化价值观方面，管理者不再将员工视为“车轮上的轮齿”，而是将其视为“工作的伙伴”，也不再将外部的供应商、顾客乃至同业制造商视为“竞争的对手”，而是将其看作“商业的伙伴”，从而使信任、互动、合作成为新型组织运作的主旋律。所以，企业再造的倡议者们相信，以面向顾客需要为出发点的、围绕工作流程而不是部门职能来构建的流程型结构，将给面临多变的环境的企业提供一种前所未有的灵活适应变化的敏捷性、创新性和组织学习能力。

参考案例

招商银行“二次转型”中的流程变革

招商银行是中国境内第一家完全由企业法人持股的股份制商业银行，也是国家从体制外推动银行业改革的第一家试点银行。2012 年，招商银行第四次被国际权威杂志评为“中国最佳零售银行”，并首次入围美国《财富》杂志发布的 2012 年度全球 500 强。

2009 年，招商银行提出了二次转型，目标是减少资本消耗、提高贷款定价、控制财务成本、增加价值客户。招商银行明确提出要把服务创新型成长企业作为二次转型的着力点，在“一个银行”的经营战略主导下，对涵盖零售、对公、风险、运营等银行经营管理主要架构的完整的流程体系进行优化。

为推进会计流程改造，2010 年招商银行逐步将会计业务回收到后台集中处理，每个支行分配 1 ～ 2 个会计人员到分行的运营中心，柜员扫描之后，复杂的审核单据瞬间被切割成若干碎片，运营中心 100 个人同时处理这项业务，处理流程也比以前更加智能，每项业务用时都比之前节省了 10 秒钟以上，柜员只需要跟踪业务进展就可以了。这一做法降低了支行工作量，缓解了网点工作人员紧张的局面，提升了全行会计运营效能。

2012 年，招商银行的信用卡和一卡通客服号码合二为一。表面上简单的号码合并背后需要复杂的系统整合。这是招商银行贯彻一个银行理念的积极尝试。要真正实现以客户为中心，就要变“部门银行”为“流程银行”。所谓的流程银行，就是指业务流程不是以某个部门为出发点进行设计，而是从客户端发起，按照有效服务客户的原则来设置，所有部门的职责要满足流程的需要。零售业务整合后，信用卡用户、零售银行客户、中高端私人银行客户都在更为统一完整的零售平台上得到了更为有效的服务。

资料来源：焦叔斌，杨文士．管理学．4版．北京：中国人民大学出版社，2014.

（二）网络型结构

网络型结构是利用现代信息技术手段建立和发展起来的一种新型组织结构。现代信息技术使企业与外界的联系不断加强，利用这一有利条件，企业可以重新考虑自身机构的边界，不断缩小内部生产经营活动的范围，相应地扩大与外部单位之间的分工协作。这就产生了一种基于契约关系的新型组织结构，即网络型结构。

网络型结构是一种只有很精干的中心机构，以契约关系的建立和维持为基础，依靠外部机构进行制造、销售或其他重要业务经营活动的组织结构形式，如图3－10所示。被联结在这一结构中的两个或两个以上的单位之间并没有正式的资本所有关系和行政隶属关系，却通过相对松散的契约纽带，借助一种互惠互利、相互协作、相互信任和支持的机制来进行密切的合作。卡西欧是世界有名的制造手表和计算器的公司，却一直只是一家设计、营销和装配公司，在生产设施和销售渠道方面投资很少。网络型结构使企业可以利用社会上现有的资源快速发展壮大起来，目前已经成为国际上流行的一种新型组织设计。

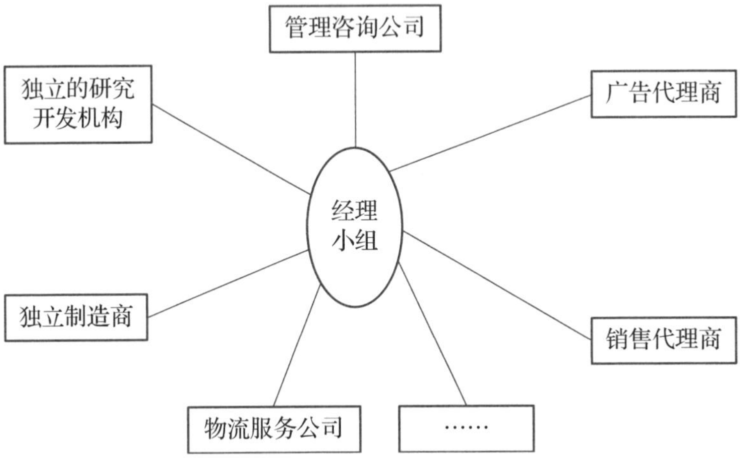

图3－10　网络型结构

网络型结构是小型组织的一种可行的选择，也是大型企业在联结集团内松散的单位时通常采用的组织结构形式。采用网络型结构的组织所做的就是创设一个“关系”网络，与独立的制造商、销售代理商及其他机构达成长期协作协议，使它们按照契约要求执行相应的生产经营功能。由于网络型组织的大部分活动都是外包、协作式的，因此，公司的管理机构就只是一个精干的经理班子，负责监管公司内部开展的活动，同时协调和控制与外部协作机构之间的关系。

（三）平台型结构

在规模经济背景下，层级组织具有高效率的特点，符合大规模生产、快速复制扩张的要求。但在当今互联网时代，信息层层上传然后层层下达式的决策和资源配置速度已经无法赶上用户需求变化的速度，另外，层级间出现的信息损耗所导致的信息失真、决策失误、权力博弈等问题，使得组织系统响应速度变慢，一线员工成为执行上级命令的工具和手段，员工的自主性受到限制。因此，在互联网时代出现的平台型结构将是打破传统层级制的束缚，进行组织结构变革的重要组织形态。

海尔采用的就是典型的平台型结构。海尔正在进行的组织变革，并不是简单的扁平化、跨部门和跨层级通道的建立、矩阵式的架构或者部门的新设，其变革的核心是在一流资源和用户之间架起快速配置资源的平台，释放平台的同边和跨边网络价值。互联网时代，企业组织就是资源和用户之间的双向交互平台，否则组织将失去存在的价值。

海尔的组织结构调整经历了自主经营体、利共体和“小微”三个阶段。其中，自主经营体阶段使企业的正三角结构成为倒三角结构，企业变成了2 000多个自主经营体，包括“三类三级”，即研发、制造和市场三类，一线经营体、资源经营体和战略经营体三级，一线经营体直面用户。这一组织形态解决了“谁负责”的问题，责任节点得到了确认。以这一组织形态为基础的“抢单”“官兵互选”“鲶鱼”等机制使自主经营体具备了“自主意识”和“自主权”。然而，这一组织形态也存在问题，在“横纵连线”过程中，存在契约约定事项多、内容烦琐、各自从本位出发、目标不一致等问题。

之后，海尔尝试网络化组织战略，在2013年初开始了利共体的组织形态的探索，这一组织形态的核心是解决“同一目标”问题，即使原来的资源经营体、战略经营体和研发、制造、市场一线经营体一起面向用户实现全流程融入，大家共同为用户这个目标负责。此时，倒三角结构已经变成利共体的前端，负责经营业务，而资源（如研发、制造、市场）、职能（如人力、财务、法务等）成为支撑平台，为整个利共体提供服务。然而，又出现的问题是，平台和利共体之间的“市场结算”问题，以及平台如何为企业内部创业提供孵化平台支撑的问题。

到了2013年底，“小微”组织形式出现。在海尔组织中，只有平台主、“小微”主和“小微”成员三类角色。“小微”成为对用户负责的独立运营主体，只有为用户创造价值才能获得报酬，充分享有决策权、用人权和分配权。“小微”和平台间是市场结算关系，平台报酬源自“小微”。其中，对赌机制就是两者之间事前协同的主要机制。同时，海尔提出开放式组织概念，“小微”是快速配置资源的主体，如果现有平台满足不了“小微”的需求，“小微”可以直接利用海尔之外的资源。当然，如果平台的竞争力强，同样也可以提供社会化服务。例如海尔的日日顺物流平台就同阿里巴巴达成战略合作，为其提供社会化服务。在海尔平台上，还涌现出“雷神”游戏本、“焙多芬”智慧烤箱、“水路盒子”等一批创业型“小微”，这些创业型“小微”有很多来自海尔外部，是海尔创业平台吸引了它们。

在海尔日日顺物流平台上，拥有9万辆“车小微”，这9万辆车都不是海尔所有的，但它们在海尔的物流平台上调度、运行，向下渗透到2万多个乡镇市场，做到直配到镇，承诺“24小时按约送达、送装同步、超市免单”。这个平台对其他厂商也是开放的，国内销售额超过100亿元的家电品牌有14个，其中12个在日日顺物流生态圈。此外，海尔的HOPE平台是一个面向全球的研发生态圈，有多种生态圈合作方式，吸引了各国研发者的加入。[①]

另一个典型的平台型结构案例是小米。在小米，有三个层级组织，创始人、主管和一线员工。每个创始人分管不同领域，创始人下面又有很多个团队，如某个创始人负责MIUI，管理着20多个团队，包括应用商店、游戏中心、主体商店等。每个小团队都具有各自的优势，相对独立运营，相当于一个小型创意公司。该创始人由于负责的团队较多，为了不使其成为“瓶颈”，他没有制定事先审批制度，从而给团队主管充分的自主权，让其决定对成员的分配。这一架构背后，小米论坛作为用户交互平台起着重要作用。它不仅有用户信息搜集、分类、回复的作用，而且通过这个平台，用户还可以参与发现错误、提建议、进行论坛维护等，除论坛外，博客、微博、微信、QQ空间等社交媒体平台也都进行着用户交互。小米也在通过引入种子设计师、连接不同设计社区、建立生态圈治理机制、培育土壤、创造设计延伸扩展等多种方式，建设一个开放的设计师生态圈，实现设计师资源和互联网的跨界整合。

三、组织结构设计的主要问题

（一）机械式结构与有机式结构

在机械式结构中，统一指挥原则得到了严格遵守，每个下级只接受一个上级的监督和控制。因为保持较小的管理幅度，而且随着管理层次提升而缩小管理幅度，形成了一种高耸的结构。当组织的高层与基层的距离日益扩大时，高层管理者无法对低层次的活动进行直接监督，所以通常会更多地使用规则条例，以确保员工标准作业行为，而对劳动分工的重视更使组织中的工作变得单调和常规化。采用按职能划分的部门化方式，更提出了以层层叠叠的管理层来协调专业化部门的需要。因此，这种高度复杂化、高度正规化和高度集权化的组织亦被称为官僚行政机构。就像高效率的机器一样，机械式结构以规则条例作为润滑剂，确保组织运行的稳定和可预见性，而人性和人的判断则被减少到最低限度，以尽可能避免产生非效率和不一致的问题。

有机式结构（也称柔性结构）则与机械式结构形成一种鲜明的对照：它是低复杂性、低正规化和分权化的，如图3-11所示。有机式结构是一种松散、灵活的具有高度适应性的形式；而机械式结构则是僵硬、稳定的。因为不具有标准化的工作和规则条例，所以有机式结构是一种松散的结构，能根据需要迅速地做出调整。有机式结构也进行劳动分工，但人们所做的工作并不是标准化的。员工大多是职业化的，具有熟练的技巧，并

① 王钦．动态组合之道．哈佛商业评论，2014（8）．

且经过训练能处理多种多样的问题。他们的教育已经将职业行为的标准灌输给他们，所以不需要多少正式的规则和直接监督。有机式结构保持低程度的集权化，就是为了使职业人员能对问题迅速地做出反应，也是因为人们并不能期望高层管理者拥有做出必要决策所需的各种技能。

机械式结构	有机式结构
• 严格的层级关系	• 合作（纵向的和横向的）
• 固定的职责	• 不断调整的职责
• 高度的正规化	• 低度的正规化
• 正式的沟通渠道	• 非正式的沟通渠道
• 集权的决策	• 分权的决策

图 3－11 机械式结构与有机式结构的对比

（二）集权与分权

集权与分权反映组织的纵向职权关系，是指组织中决策权限的集中与分散程度。所谓分权，就是在组织中将决策的权限分配给中下层组织单位的一种倾向。分权的对立面是集权，即决策权限主要集中在高层领导者手中。一般说来，分权程度较大的组织，其低层次的管理人员有较大的权力自主处理问题或做出决策。判断一个组织的集权或分权程度可依据如下几个方面：

（1）不同类型决策的集中程度。组织中的基层管理者可自主做决定的事项越多、决策越重要以及所做决策的影响范围越广，则分权程度越大。

（2）整个决策过程的集中程度。如果有不同的部门参与了决策信息的收集，决策方案的拟订、评价与选择，以及决策执行过程的监督，那么，这样的决策权限就是相对分散的。如果所有这些决策步骤都由某主管一人承担，则决策是比较集权的。决策之后、付诸执行之前，如果必须报请上级批准，分权程度就较低。向上级请示的人越多且其所处层次越高，则分权程度越小。

（3）下属决策受控制的程度。如果组织制定出许多细致的政策、程序、规则来对成员的决策行为施加前提影响，那么分权程度就降低。在组织中，职位或职务担当者的自主决定权大小，与他受到的约束程度负相关。从上下级关系看，如果主管人员对下属的工作监督和控制的密度越高，则分权程度越低。再从制度约束看，如果企业的制度文件主要是对特定活动的结果做出规定，而不限定活动的具体方式，任职者拥有的自主权就较大。

关于一个组织的分权程度宜高还是宜低，并没有定论。分权程度低，也即集权程度高，主要好处是便于从整个组织目标出发处理问题，避免做出出于局部利益的行为；可使组织的有限资源得到更有效的利用，并有助于确保组织政策和行动的一致性，提高组织的控制力。过分集权的主要弊端是，可能降低决策的质量和组织反应速度，影响组织的应变能力，并容易挫伤低层人员的积极性和主动性，同时高层管理者也难以集中精力处理重大的问题。分权程度提高，虽然可以克服集权的弊端，但相应地也丧失了集权的好处。因此，集权和分权的程度应该多大，企业需根据具体情况来确定。例如，组织规模大、地理分布广、经营领域宽的企业，宜实行分权化管理。经营环境稳定、生产技术连续性强、主要以内部发展方式成长起来的企业，则倾向于采取集权化的管理方式。

第五节　组织运作中的主要问题

一、正式组织与非正式组织

组织运作指的是使设计好的组织运行和运转起来。一个组织在其运作过程中可能遵循正式组织设计所规定的轨迹，但也可能渗入和出现各种非正式的关系。

（一）正式组织的表现形式

正式组织是组织设计工作的结果，是由管理者通过正式的筹划，并借助组织图和职务说明书等文件予以明确规定的。正式组织有明确的目标、任务、结构、职能以及由此形成的成员间的责权关系，因此对成员行为具有相当程度的强制力。正式组织具有如下三个特征：

（1）目的性。正式组织是为实现组织目标而有意识建立的。为了更好地实现组织的目标，正式组织往往需要随着内外环境条件的变化而做相应调整。

（2）正规性。正式组织中成员的职责范围和相互关系通常由书面文件加以明文的、正式的规定，以便确保成员行为的合法性、精确性、纪律性和可靠性。

（3）稳定性。正式组织一经建立，通常都会维持一段颇长的时间，以充分发挥组织的效能。

（二）非正式组织的概念

非正式组织是未经正式筹划而由人们在交往中自发形成的一种个人关系和社会关系的网络。在非正式组织中，成员之间的关系是一种自然的人际关系，他们不是经由刻意的安排，而是由于日常接触、感情交融、志趣相投或价值取向相近而发生联系。与正式组织的特征相对应，非正式组织的基本特征是：

（1）自发性。虽然非正式组织中共同的个人行动有时也能达成某种共同的结果，但人们并不是本着有意识的共同目的参与活动的。他们只是由于自然的人际交往而自发地产生交互行为，由此形成一种未经刻意安排的组织状态。

（2）内聚性。虽然非正式组织没有严格的规章制度来约束其成员的行为，但它通过成员的团体意识、团体固有的规范和压力以及非正式领导者的说明和影响而将人们团结在一起，并产生很强的内在凝聚力。

（3）不稳定性。非正式组织由于是自发产生、自由结合而成的，因此呈现出不稳定性。它可以随着人员的变动或新的人际关系的出现而发生改变，从而使其结构表现出动态的特征。

（三）非正式组织的影响和作用

非正式组织的存在及活动，既可对正式组织目标的实现起到积极促进的作用，也可能产生消极的影响。非正式组织的积极作用表现在，它可以为员工提供在正式组织中很难得到的心理需要的满足，创造一种更加和谐、融洽的人际关系，促进员工的相互合作，最终改变正式组织的工作情况。

非正式组织的消极作用在于，如果非正式组织的目标与正式组织的目标发生冲突，则可能对正式组织的工作产生极为不利的影响。非正式组织要求成员行为一致性的压力，可能会束缚其成员的个人发展。此外，非正式组织的压力还会影响正式组织的变革进程，造成组织创新的惰性。

（四）对待非正式组织的策略

由于非正式组织的存在是一个客观的、自然的现象，也由于非正式组织对正式组织具有正反两方面的作用，因此，管理者不能采取简单的禁止或取缔态度，而应该对它进行妥善的管理。也就是要因势利导，善于最大限度地发挥非正式组织的积极作用，避免其消极的作用。

一方面，管理者必须认识到，正式组织目标的实现要求有效地利用和发挥非正式组织的积极作用。因此，管理者必须正视非正式组织存在的客观必然性和必要性，允许乃至鼓励非正式组织的存在，为非正式组织的形成提供条件，并努力使之与正式组织相吻合。

另一方面，考虑到非正式组织可能具有的不利影响，管理者需要通过建立、宣传正确的组织文化，影响和改变非正式组织的行为规范，从而更好地引导非正式组织做出积极的贡献。

参考案例

微信群在我国铁路车队职工管理中的应用

“你们班组的微信群号是多少？”现如今，这样的一句话成了上海铁路局上海客运段京沪高铁车队职工们常常挂在嘴边的话。上海客运段工会利用微信这一时下时髦的社交软件，建立起了覆盖车队 329 名职工的 73 个联络平台。

乘务员在每次出乘前，要提前 3 小时到单位进行点名学习。这是上海铁路局上海客运段多年来的传统。但对于家住安徽蚌埠的章怡盼和章怡倩姐妹俩来说，这却是非常头痛的一件事。以前，为了能够准时抵达单位，她们必须提前 6 小时从家中出门。

而如今，姐妹俩早晨终于可以安心地多睡一会儿了。原来，每个班组在出发前，车队干部都会将列车编组、乘务工作重点、安全注意事项等提前通过手机微信发到各自班组的群里，由职工自己进行学习。在微信群里，列车长和乘务员间可以及时进行互动答疑，文字表述不清楚的还可以直接发送语音，这与面对面交流没什么两样。

最早开始用微信群布置工作的，是京沪高铁车队长李莉。她说，列车乘务工作讲究团结协作，但凝聚力和团队意识如何提升一直是困扰在大家心头的难题。“我们客运段的职工一直流动分散，平时交往的机会少，甚至一些已经在车队工作了 3 年多的老职工见面都互相叫不出名字来。”微信的出现让李莉心中一亮，她带头开通了班组的微信群。在她的动员下，大家也纷纷加入其中，车队里瞬间刮起了一股“微旋风”。

如今，每个班组都有属于自己的微信群。车队党总支书记表示，微信群使得职工的休息时间得到了保证，学习的主动性得到了提高，安全生产也得到了保障。

工作之余，乘务员们会在微信群里互送生日祝福，谈心交友。客运段工会了解这一情况后，进一步利用微信平台，把兴趣爱好相同的职工汇集到一起，时不时组织一些郊游、踏青等主题活动。“有了微信群，大家成了网友，网友成了生活中的朋友。我们由陌生变得熟悉，心也被拉近了。”列车长王丹如是说。

拇指间的沟通还不仅限于此。通过微信，车队干部还可以第一时间了解掌握职工的思想、工作、生活上的情况，并及时提供帮助。

陈丽的母亲被查出身患重病，不得不在家卧床静养。这个 20 岁出头的姑娘一边要照顾母亲，一边又要带领班组完成一趟又一趟的任务。尽管有些焦虑和疲惫，陈丽从没有向任何人透露她的情况。三八妇女节的晚上，陈丽发出了一条祝愿母亲早日康复的微信。短短数字，却让同事们都看在眼里，记在心头。不久，在工会的组织下，大家赶到了陈丽的家中慰问她的母亲。

陈丽的母亲惊喜之余还有些疑惑：“我特地关照过丽丽不要告诉单位领导。你们是怎么知道的呀？”陆伟丽笑着掏出手机说：“这还得多亏有微信啊！”

“微信群拉近了职工之间的距离，更好地推进了班组建设，为车队的发展发挥着独特的作用。”车队领导如是说。

资料来源：徐文斌 . 用微信群搭建职工的连心桥 . 中国职工教育，2013（11）.

二、组织运作过程中的授权与尽责

授权是组织纵向职权关系赖以形成的根本性的组织运作问题。所谓授权，就是上级把手中的权力部分委让给下级的过程。授权过程包括以下三个方面的内容。

（一）分派职责

在接受任务时，人们必然对接受的任务负有执行的责任，这种与职务及所进行的工作活动相联系的责任被称为职责。职责的分派可以是领导者吩咐下级去准备一份报告，也可以是指派某人负责一个为时半年的任务小组，等等。明确完成一项确定的任务所必须履行的义务，就是分派职责。

（二）赋予职权

伴随着职责的分派，个人也应该得到从事该项工作所应有的权力，如负责起草报告的下属应该被允许从保密的档案中取阅有关的资料，任务小组负责人应该有权调配从各职能部门抽调来的工作人员，等等。被赋予职权的任职者在执行任务中拥有斟酌决定权，而不必事事向上汇报。所谓职权，就是某一职位所固有的做出决策、采取行动和希望决策得到他人执行而发布命令的这样一种正式的、合理合法的权力。

领导者在对下属授权过程中，必须遵循“职权与职责对等”原则。职责是完成任务的义务，职权是完成任务的手段。任何一个组织成员如果没有完成任务的充分职权，就无法履行自己的职责；反之，若职权大于其承担的职责，又会造成权力滥用的现象。权责对等是授权过程的必然要求。

（三）明确责任

如果说授权是上一级管理者随着职责的分派而将部分职权授予其直属下级的这样一种“向下”的行为，那么负责、尽责则是“向上”而言的，所以常将授权与尽责分别称作“向下授权”与“向上负责”。所谓负责或尽责，就是指下级对履行职责和运用职权的结果负责。在授权的过程中同时规定下级要对上级负责，可以确保每一个被指派执行某项工作的人能切实不折不扣地完成工作任务，否则就要接受一定的惩罚。

与职权和职责可以下授不同，尽责则必须遵从“责任绝对性”原则，即任何上级管理者都不能因为已授权下属人员去执行某项工作，自己就不再对该项工作负有责任。从下级管理者或作业人员的角度来看，由于其职责是上级指派的，职权也是上级授予的，因而必须向其上级汇报完成工作的情况并接受相应的奖惩。再从上级管理者的角度来看，他授权下级履行某些职责，实际上，授权的对象是他确定的，而且在授权下去的工作的执行过程中，他还负有检查、监督的义务。因此，上级管理者对下级的工作结果好坏负有最终责任。对上级管理者来说，不论某项任务是由自己执行还是授权他人去执行，其最终责任都是不可下授的。以这种责任绝对性原则确立责任关系，就可以沿着组织等级链从下向上延伸尽责，从而逐级保证组织目标的顺利实现。

以上授权过程三部分内容的联系如图 3－12 所示。

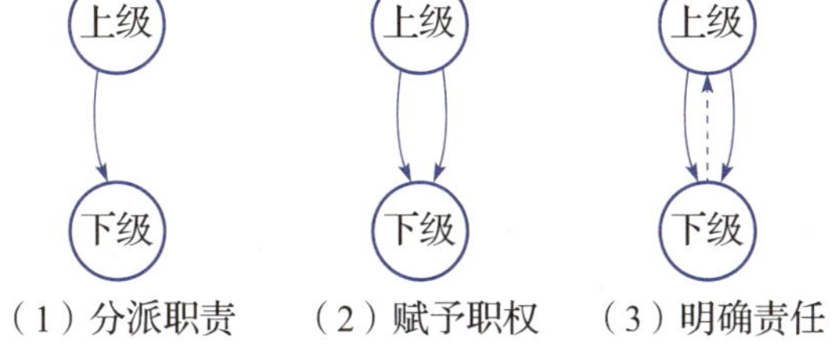

图 3－12 授权过程三要素

上述授权过程表明，一个中间管理人员可以把上级分派的职责和授予的职权再委让给下级，但自己向上级报告的责任及对最终结果应负的责任则是不能推诿、下授的。由于这个原因，许多管理人员不愿意授权，宁可自己包揽一切。但不能实行有效授权的管理者，实际上是不称职的管理者，因为管理工作的本质就是通过他人并与他人一起把事情做好。有的管理者害怕对下属授权后如果下属犯错，自己还要为下属承担责任，从而试图靠自己做事来避免授权给他人。这样的管理者无论多么精明能干，都会感到所管辖的工作范围远远超出他本人的能力和精力。应该承认，授权的确是一个困难的过程，但如果组织建立了完善的控制系统，那么这种不愿授权的状况就可以大大减少。授权可使管理者在某些事情上“放手不干”，但绝不是“放手不管”。授权的目的就是把管理者的作用从他所能做的工作扩大到他能控制的方面，从而延伸管理者的“手臂”，增加其有效管理的范围。

管理者进行有效授权时应有的态度包括：

第一，要有善于采纳不同意见的态度。要能够听得进他人的意见，并且能够欣赏和接受下属做出的不同于自己的决策。

第二，要有放手的态度。在某些问题上，或许管理者的确比下属更高明，更有经验，但即便如此也不能包办一切。如果管理者能够集中精力做那些最有利于实现组织目标的工作，同时将其他工作委派给下属（即使这些工作他或许会比下属做得更好），那么他对组织整体的贡献会更大。

第三，要允许别人犯错误。谁都难免犯错误，应当把下属的错误看作是一种人才投资。

第四，要善于信任下属。授权本身意味着对下属的信任。下属不能胜任、能力不够等不能构成不应授权的理由。

第五，要善于适度控制。由于管理者的责任不会随着授权而消失，因此必须确保授予的职权确实是在为实现组织目标而使用，必须对下属的工作绩效做到心中有数。

参考案例

海底捞的授权做法

很多餐饮业的管理者已经习惯了事事亲力亲为，对别人办的事情总是不放心，结果到最后自己忙得不可开交，而下属却常常抱怨无事可做。

在海底捞，从管理层到普通员工，所拥有的权力简直非一般餐饮店员工所能企及。据说，30 万元以下的开支，各个分店的店长就可以做主。就连一线普通员工，都可以决定赠送水果盘或者零食；一旦顾客提出不满和要求，甚至能直接打折、免单。

海底捞董事长张勇一点都不担心权力被滥用，他说，“其实很多事情店长能处理，服务员也能处理”，“再说，服务员免单是有前提的，就是我们出了瑕疵，对方要求免单。其实他是在替公司处理问题，如果非要报告到店长，可能时间耽误了，就会影响顾客的满意度”。

事实上，如此授权也常常带来麻烦。

曾经有一次，海底捞新开了一个店，所租的房子有电梯，不过是货梯，而新装一个客梯需要花费几十万元。于是，工程部部长就决定对原有货梯进行改造来载人。但十几万元投入进去，改造后的电梯无法正常使用。在店长的抗议下，工程部部长依旧没换新的，再次投入十几万元继续改造。不幸的是，前后耗时两个月，共花费了二十多万元，最后还得卸掉装新的。

相信很难有人对此不火冒三丈，但张勇却习以为常。这位工程部部长在事后并未受到任何处罚，张勇的理由是他的出发点不是为了搞垮海底捞或者贪污，而是为了节省。“他的优势也很明显啊，再说你找不到一个全才。”张勇说，“如果非要处罚，各级干部出错就会掩盖。所以，不要去追究人家的错”。

“海底捞现在十几亿元的产值，你不可能每个东西都自己去买，即使都自己去买也难免不会出错。每个决策，不管谁做，其实都有风险。企业犯错很正常，我们能容忍，而且必须容忍。”他说。

对于授权，张勇有独到的见解。

“既然你花那么多钱雇了人家，分了人家这个职务，你为什么要干人家的事情？犯错也该人家犯。”

“一个餐馆不论名气或者装潢，客人从进店到离店，始终只跟服务员打交道，所以餐馆客人的满意度基本掌握在跑堂员工手里。怎样才能服务好客人？那就是要善用这些在现场的普通员工，多发挥他们的才智。做法很简单，就是授权，给他们做决定的权力。这等于海底捞的服务员都是经理，因为这种权力在所有餐馆都是经理才有的。”

“我就享受到了授权的甜头，只有授权才是信任员工的表现，你可以通过制度来规范，然后他可以带来保证顾客满意度的好处，可以让你的员工觉得自己是主人，一些口头上的话就会变成现实。有些企业家说企业是大家的，但是实际上他并不信任你。我也说企业是大家的，但我是通过授权把它实现，真正把企业变成大家的。”

资料来源：成杰．向海底捞学习．北京：中国华侨出版社，2012：60－61.

第六节　组织变革

一、组织变革的必要性和影响因素

即使设计得十分完美的组织，在运行了一段时间以后也都必须进行变革，这样才能更好地适应组织内外环境的变化。组织变革实际上是而且也应该成为组织发展过程中的一项经常性的活动。也许正因为组织变革要经常进行，有人甚至指出，“组织”的准确名称其实应该是“再组织”。组织变革是任何组织都不可回避的问题，而能否抓住时机顺利推进组织变革则成为衡量管理工作有效性的重要标志。

诱发组织变革的需要并决定组织变革目标方向和内容的主要因素有以下几种。

（一）战略

企业在发展过程中需要不断地对其战略的形式和内容做出调整。新的战略一旦形成，组织结构就应该进行调整、变革，以适应新战略实施的需要。结构追随战略，战略的变化必然带来组织结构的更新。

企业战略可以在两个层次上影响组织结构：一是不同的战略要求开展不同的业务和管理活动，由此就影响管理职务和部门的设计；二是战略重点的改变会引起组织业务活动重心的转移和核心职能的改变，从而使各部门、各职务在组织中的相对位置发生变化，相应地就要求对各管理职务以及部门之间的关系做出调整。

（二）环境

环境变化是导致组织结构变革的一个主要影响力量。当今的企业普遍面临全球化的竞争和由所有竞争者推动的日益加速的产品创新，以及顾客对产品质量和交货期的愈来愈高的要求，这些都是环境动态性的表现。而传统的以高度复杂性、高度正规化和高度集权化为特征的机械式结构，并不利于企业对迅速变化的环境做出灵敏的反应，适应新的环境条件的要求。目前，许多企业的管理者开始朝着弹性化或有机化的方向改组其组织，以便使它们变得更加精干、快速、灵活和富有创新性。

环境之所以会对组织的结构产生重大影响，是因为任何组织都或多或少是个开放的系统。作为整个社会经济大系统的一个组成部分，组织与外部的其他社会经济子系统之间存在着各种各样的联系，所以，外部环境的发展和变化必然会对组织结构的设计产生重要的影响。

（三）技术

组织的任何活动都需要利用一定的技术和反映一定技术水平的特殊手段来进行。技术以及技术设备的水平不仅影响组织活动的效果和效率，而且会对组织的职务设置与部门划分、部门间的关系以及组织结构的形式和总体特征等产生相当程度的影响。比如，信息技术的推陈出新在促进传统非程序性决策向程序性决策的转化，以及组织内外部高强度的信息共享和交流的同时，使许多重大问题的决策趋于集权化、次要问题的决策趋于分权化，这样就使长期管理实践中被作为一项组织原则提出来但很难实现的集权与分权相结合问题获得了解决的途径。

再从生产作业技术来看，组织将投入转换为产出所使用的过程和方法，在常规化程度上是各不相同的。越是常规化的技术，越需要高度结构化的组织。相反，非常规的技术则要求更大的结构灵活性。计算机手段在生产作业活动中的更广泛、更深入的应用，促使生产技术向非常规化演进，相应地也促使管理组织结构变得更具有柔性特征。

（四）组织规模和成长阶段

组织的规模往往与组织的成长或发展阶段相关联。伴随着组织的发展，组织活动的内容会日趋复杂，人数会逐渐增多，活动的规模和范围会越来越大，这样，组织结构必须随之调整，才能适应成长后的组织的新情况。组织变革伴随着企业成长的各个时期，不同成长阶段要求不同的组织模式与之相适应。例如，企业在成长的早期，组织结构常常是简单、灵活而集权的。随着员工的增多和组织规模的扩大，企业必须由创业初期的松散结构转变为正规、集权的结构，其通常的表现形态就是职能制结构。而当企业的经营涉及多元产品和跨地区市场后，分权的事业部制结构可能更适合。企业进一步发展而进入集约经营阶段后，不同领域之间的交流与合作以及资源共享、能力整合、创新力激发问题愈益突出，这样，以强化协作为主旨的各种创新型组织形态便应运而生。总之，组织在不同成长阶段所适合采取的组织结构是各不相同的。如果管理者不能在组织步入新的发展阶段之际及时地、有针对性变革其组织设计，就容易引发组织发展的危机。这种危机的有效解决必须依靠组织结构的变革。所以，哈佛大学葛雷纳教授指出，组织变革伴随着企业发展的各个时期，组织的跳跃式变革与渐进式演进相互交替，由此推动企业的发展。

二、组织变革的动力与阻力

（一）组织变革面临的两种力量的对比

在现代社会，越来越多的组织面临着一种复杂、动态的多变性。如果说以前的管理特点是长期的稳定伴随着偶尔的、短期的变革，今天的情形正好相反，往往是长期的变革伴随着短期的稳定。在这种情况下，管理者必须比以往任何时候都更加关注变革和变革管理，帮助员工更好地理解不断变革中的工作环境，并采取措施激发变革的动力，克服变革的阻力，使组织在变革中求得繁荣和发展。

组织变革时常面临着动力和阻力这两种力量的较量。对组织变革所表现出来的推动和阻止这两种不同的态度，以及由此产生的方向相反的作用力量及其强弱的对比，从根本上决定了组织变革的进程、代价，甚至影响组织变革的成功和失败。

组织变革的动力，指的就是发动、赞成和支持变革并努力去实施变革的驱动力。总的说来，组织变革的动力来源于人们对变革的必要性及变革所能带来的好处的认识。比如，企业内外各方面客观条件的变化，组织本身存在的缺陷和问题，各层次管理者（尤其是高层管理者）居安思危的忧患意识和开拓进取的创新意识，变革可能带来的权力和利益关系的有利变化，以及鼓励革新、接受风险、容忍失败并允许变化、模糊和冲突的开放型组织文化，都可能是变革的推动力量，引发变革的动机、欲望和行为。

组织变革的阻力，则是指人们反对变革、阻挠变革甚至对抗变革的制约力。这种制约组织变革的力量可能来源于个体、群体，也可能来自组织本身甚至外部环境。组织变革的阻力的存在意味着组织变革不可能一帆风顺，这就给变革管理者提出了更严峻的变革管理的挑战。成功的组织变革管理者应该既注意到所面临的变革阻力可能会对变革进程产生消极的、不利的影响，为此要采取措施减弱和转化这种阻力，而且应当看到，变革的阻力并不完全是破坏性的，而是可以在妥善的管理或处理下转化为积极的、建设性的。比如，阻力的存在至少能使变革管理者对所拟订的变革方案和思路进行更理智、更全面的思考，并在必要时做出修正，以使组织变革方案获得不断完善和优化，从而取得更好的组织变革效果。

（二）组织变革阻力的主要来源

（1）个体和群体方面的阻力。个体对组织变革的阻力主要是由其固有的工作和行为习惯难以改变、就业安全需要、经济收入变化、对未知状态的恐惧以及对变革的认知存在偏差等引起的。群体对组织变革的阻力可能来自群体规范的束缚，群体中原有的人际关系可能因变革而改变和受到破坏，群体领导人物与组织变革发动者之间的恩怨、摩擦和利害冲突，以及组织利益相关群体对变革可能不符合组织或该群体自身的最佳利益的顾虑等。

（2）组织的阻力。组织层次对组织变革的阻力包括现行组织结构的束缚、组织运行的惯性、变革对现有责权利关系和资源分配格局所造成的破坏与威胁，以及追求稳定、安逸和确定性甚于革新和变化的保守型组织文化等，这些都是可能影响和制约组织变革的因素。此外，对任何组织系统来说，其内部各部门之间以及系统与外部之间都存在着程度不等的相互依赖和相互牵制的关系，这种联系是组织作为系统所固有的特征。然而，一方面出于克服和化解变革阻力的需要，另一方面由于组织问题本质上是错综复杂的，很难一蹴而就全部解决，因此在一定时期内进行的具有一定广度和深度的组织变革通常适宜采取分阶段、有计划地逐步推进的渐进式变革策略。在这种策略下，每一计划期内的变革都只能针对有限的组织问题，这就难以避免系统内外尚未变革的要素对现有计划范围内的变革构成一种内在的牵制和影响。这种制约力量需要变革管理者在设计组织变革方案时就事先予以周密的考虑，以便安排合适的变革广度、深度和进度。

（3）外部环境的阻力。组织的外部环境也往往是阻碍组织变革力量的一个不可忽视的来源。比如，与充分竞争的产品市场会推动组织变革相对比，缺乏竞争性的市场往往造成组织成员的安逸心态，束缚组织变革的进程。此外，全社会对变革发动者、推进者的期待和支持态度及相关的舆论、行动，以及企业特定组织文化在形成和发展中所根植的整个社会或民族的文化特征，都是重要的影响企业组织变革成败的力量。

（三）组织变革阻力的管理对策

组织变革过程是一个破旧立新的过程，自然会面临动力与阻力相互交错和混合的状态。组织变革管理者的任务就是要采取措施改变这两种力量的对比，促进变革更顺利地进行。概括地说，改变影响组织变革的力量及其对比的策略有三类：一是增强或增加驱动力；二是减少或减弱阻力；三是同时增强动力与减少阻力。实践表明，在不消除阻力的情况下增强驱动力，可能加剧组织中的紧张状态，从而无形中增强对变革的阻力；在增加驱动力的同时采取措施消除阻力，更有利于加快变革的进程。

三、组织变革的过程

成功而有效的组织变革通常需要经历解冻、改革、冻结这三个有机联系的阶段。

（一）解冻

由于任何一项组织变革都会或多或少地面临来自组织自身及其成员的一定程度的抵制力，因此，组织变革过程需要有一个解冻阶段作为实施变革的前奏。解冻阶段的主要任务是发现组织变革的动力，营造危机感，塑造出改革乃是大势所趋的气氛，并在采取措施克服变革阻力的同时，具体描绘组织变革的蓝图，明确组织变革的目标和方向，以形成待实施的比较完善的组织变革方案。

（二）改革

改革或变动阶段的任务就是按照所拟订变革方案的要求，开展具体的组织变革运动或行动，以使组织从现有结构模式向目标模式转变。这是变革的实质性阶段，通常可以分为试验和推广两个步骤。组织变革的涉及面较为广泛，组织中的联系相当错综复杂，往往牵一发而动全身，这种状况使得组织变革方案在全面付诸实施之前，一般要先进行一定范围的典型试验，以便总结经验，修正变革方案，在试验取得初步成效后，再进入大规模的全面实施阶段。这样做还有一个好处，那就是可以使一部分对变革尚有疑虑的人在试验阶段及早地看到或感觉到组织变革的潜在效益，从而有利于争取更多组织成员在思想和行动上支持所要进行的组织变革，并踊跃跻身于变革的行列，由此实现从变革观望者、反对者向变革的积极支持者和参加者转变。

（三）冻结

组织变革过程并不是在实施了变革行动后就宣告结束。从根本上说，涉及人的行为和态度的组织变革，只有在前面有个解冻阶段，后面又有个冻结阶段的条件之下，才有可能真正地实现。现实中经常出现，组织采取变革行动之后，个人和组织都有一种退回到原有习惯了的行为方式中的倾向。为了避免出现这种情况，变革的管理者必须采取措施保证新的行为方式和组织形态能够不断地得到强化和巩固。这一强化和巩固的阶段可以视为一个冻结或者重新冻结的过程。缺乏这一冻结阶段，变革的成果就有可能退化甚至消失，而且对组织及其成员也将只有短暂的影响。

参考案例

华为的"变革三部曲"

华为在引进国际化管理运作体系时提出了著名的"三化理论"，即"先僵化，后优化，再固化"。

1. 先僵化

面对华为的快速成长，1998 年，华为开始全面引进国际先进管理体系。当时华为正处在快速成长期，刚刚经历了连续5年的翻番式增长并在国内确立了龙头老大的市场地位，这样的态势让员工充满了自信甚至有种飘飘然的感觉，对国际上的先进做法并不是发自内心地接受和应用。

这时，为了保证变革的成功，华为在僵化阶段中，让员工被动、全面地接受整套新的运行方式，等公司对整个系统的运行有了比较深刻的认知后，再对其进行调整优化，最后自然也就能形成一套华为特有的运行方式。针对这一阶段，任正非提出：

“在管理改进和学习西方先进管理方面，我们的方针是‘削足适履’，对系统先僵化，后优化，再固化，我们切忌产生中国版本、华为版本的幻想。”

“5年内不许任何改良，不允许适应本地特色，即使不合理也不许动。5年后把国际上的系统用惯了，再进行局部改动，至于结构性的改动，那是10年后的事情了。”

“创新一定要在理解的基础上创新，我们要把那些出风头的人从我们变革小组中请出去。”

“我们坚决反对搞中国版的管理、华为特色的管理。所谓管理创新，在现阶段就是要去消化西方成熟的管理。”

“我们一定要真正理解人家上百年积累的经验，一定要先搞明白人家的整体管理框架和为什么是这样的体系。刚知道一点点就发表议论，其实就是干扰了向别人学习。”

2. 后优化

在前一阶段全面学习之后，任正非认为，引进西方的管理理念和体系并非一直照搬，而需要进一步改良。例如在引入来自美国合益集团的成功管理方法后，他认为，“当我们的人力资源管理系统规范了，公司成熟稳定之后，我们就会打破合益集团的体系，进行创新。我们那时将引入一批胸怀大志、一贫如洗的优秀人士，他们不会安于现状，不会受旧规范的约束，从而促使我们的人力资源管理体系再次裂变，促进企业的再次增长”。

优化阶段，就是管理本土化的阶段，其实质既是民族化，又是国际化，适当的本土化是全球化的特征。“我们不做一个僵化的西方样板，而是一个有活的灵魂的管理有效的企业。西方国家在中国的企业成功的不多，就是照搬了西方的管理而水土不服。一个企业活的灵魂，就是坚持因地制宜，实事求是。”

成功引进后，再打破，最后创造出自己的体系，这才是任正非最终目的。

3. 再固化

任正非认为，创新应该是有阶段性的和受约束的。表面上看，公司的运作特点是重变、重创新，但实质上是在重固化和规范。固化就是例行化（制度化、程序化）、规范化（模板化、标准化），固化阶段是管理创新的重要步骤。

例行化就是不断把例外事项变为例行事项的过程，使已经有规定或者已经成为惯例的东西，尽快在流程上快速通过，并使还没有规定和没有成为管理的东西有效地成为惯例。

规范化的具体手段就是模板化、标准化，即把所有的标准工作做成标准模板，再按模板来做。

资料来源：王伟立，李慧群．华为的管理模式．2 版．深圳：海天出版社，2010：45－54.

小结

1. 组织设计是组织工作中最重要、最核心的一个环节，它着眼于建立一种有效的组织结构框架，对组织成员在实现组织目标中的分工协作关系做出正式、规范的安排。

2. 在进行部门划分或活动组合的时候，应使次要活动服从和服务于关键活动，并综合考虑贡献相似性与关系相近性的要求。

3. 部门划分形成组织的横向结构。部门划分的依据包括职能、产品、地区、顾客、营销渠道、项目以及项目与职能相结合等多种形式。

4. 在部门划分的基础上，由于管理幅度的客观限制，组织必然会在纵向上表现出或多或少的管理层次，这种层次划分就形成了组织的高耸型与扁平型形态。虽然组织扁平化是现代组织设计的一种趋势，但管理层次的缩减本质上依赖于管理幅度的拓宽。而有效的管理幅度是由主管人员的能力、下属人员的素质、工作的性质和条件以及外部环境等多方面因素共同决定的。

5. 横向的部门划分与纵向的管理层次划分形成了组织中的分化状态。为使不同层次、不同部门的工作得到有效的协调，必须设置相应的组织整合手段，包括直接监督，工作过程、成果和技能的标准化，以及相互协调等。

6. 组织中由于分化和整合的方式不同，形成了不同的组织结构。归纳起来，组织结构主要有直线制、职能制、直线职能制、事业部制、矩阵型、流程型、网络型和平台型等。

7. 集权与分权反映组织中决策权限的集中与分散程度。组织在配置决策权限时不能过分集中，也不能过于分散，而应该遵循集权与分权有机结合的原则。绝对的集权和绝对的分权都是不可取的。组织需视具体情况的不同来确定集权和分权最合适的程度。

8. 现实运行中的组织往往是正式组织与非正式组织并存的。正式组织与非正式组织之间相互影响。组织的管理者必须以正确的态度来对待非正式组织。

9. 组织设计并不存在某种统一的、最好的方式。有效的组织设计必须使组织结构与特定的情境条件相一致，也就是必须遵循权变设计的原则。战略、环境、技术、组织规模和成长阶段，都是影响组织设计的主要权变因素。而权变因素的变化或变迁则提出了组织再设计的要求，从而引发了组织变革过程。

10. 组织变革是在动力与阻力的此消彼长中逐渐推进的。管理者要采取有效措施改变这两种力量的对比，促进组织变革的顺利进行。而从组织变革实质上是一个破旧立新过程的角度来说，成功的组织变革通常需要经历解冻、改革、冻结这三个有机关联的步骤。

思维导图

- 组织
  - 组织工作的基本内容和过程
    - 组织设计旨在通过对组织成员在实现组织目标中的分工协作关系做出正式、规范的安排，建立一种有效的组织结构框架。
    - 组织运作指的是使设计好的组织运行和运转起来。
    - 组织变革就是对组织的调整、改革与再设计，它属于组织工作过程中的反馈与修正步骤。
  - 职务设计与人员配备
    - 职务设计是指将若干工作任务组合起来构成一项完整的职务。常见形式包括职务分工与专业化、职务扩大化与岗位轮换、职务丰富化等。
    - 人员配备是对组织中全体工作人员的配备，包括管理人员的配备和非管理人员的配备。
  - 部门划分与整合
    - 管理幅度是组织内部各单位规模大小的重要决定因素。管理幅度的大小与管理层次的数量成反比。
    - 部门化是按照一定的方式对相关的工作活动予以划分和组合，形成易于管理的组织单位，如部、处、科、室、组等，这些通称为部门。
    - 协调或整合是组织任务目标得以顺利实现的根本保障。为了实现共同的目标，组织就必须设置整合的手段以达到所需要的协调。
  - 组织结构设计
    - 对组织中决策权限的分配以及直线指挥和参谋辅助关系的确定，配之以前述的组织部门化设计，可以形成不同的组织结构形式。
    - 传统组织结构包括直线制、职能制、直线职能制、事业部制、矩阵型。新型组织结构包括流程型、网络型、平台型。
    - 组织结构设计需要考虑机械式和有机式、集权与分权的矛盾关系。
  - 组织运作中的主要问题
    - 组织运作过程中既存在有明确结构和任务的正式组织，也存在员工自发的非正式组织，管理者要辩证看待非正式组织的积极作用和消极影响。
    - 授权是组织纵向职权关系赖以形成的根本性的组织运作问题。
  - 组织变革
    - 变革是对组织的再设计，以及将这种再设计付诸实践的过程。
    - 诱发组织变革的因素包括战略、环境、技术、组织规模和成长阶段等。
    - 组织变革过程中既存在动力，也存在阻力。动力来源于人们对变革的必要性及变革所能带来的好处的认识，阻力则是指人们反对变革、阻挠变革甚至对抗变革的制约力。
    - 成功而有效的组织变革通常需要经历解冻、改革、冻结这三个有机联系的阶段。

课后习题

一、单项选择题

1. 中国古代名相管仲治理齐国时，令30户为一邑，每一邑设一司官；10邑为一卒，每卒设一卒师；10卒为一乡，每乡设一乡师；10乡为一县，每县设一县师；10县为一属，每属设一大夫；全国共5属，设五大夫，直接归中央指挥。这种组织设计为（　　）结构，其管理层次为（　　）。

A. 直线制，7　　B. 直线制，6

C. 直线职能制，7　　D. 直线职能制，6

2. 商业银行在设计组织结构时，经常设立证券投资部、房地产部、信托投资部等，这是按什么方式进行部门划分的？（　　）

A. 按职能性质　　B. 按产品业务

C. 按顾客类型　　D. 按营销渠道

3. 矩阵型结构具有许多独特之处，以下是关于其特点的描述，你认为其中哪一条不是矩阵型结构的特点？（　　）

A. 有利于加强横向信息沟通，克服部门间的各自为政弊端

B. 项目组内部有长期稳定的责权关系，成员能够发挥专长，积极性高

C. 员工可能会面临多头领导的情况，从而产生无所适从现象

D. 专业人员与专用设备的使用变得更为机动灵活和充分

4. 如果你是公司营销部门的主管，一个顾客打来电话向你反映他所购买的公司产品出现了一些故障，要求公司提供维修服务。根据顾客反映的情况，你经过初步判断，认为该项故障是属于设计的原因，应该由设计部门来处理。在这种情况下，你认为以下哪项是最好的处理方法？（　　）

A. 明确告诉顾客这不是你的责任，要求他直接打电话给设计部门

B. 请顾客第二天再打来，你会为他与设计部门取得联系

C. 让顾客详细说明故障的情况，并做记录，然后将记录转给设计部门

D. 让顾客详细说明情况并做记录，让顾客留下电话。然后和设计部门联系，要求其尽快给顾客打电话

5. 对于一项需要依次经过多部门、多环节的员工或设备共同努力才能完成的流水作业，可以采取多种办法来提升其效率。从改善流水作业的整体效率来看，你认为以下各种建议中哪一条的效果最差？（　　）

A. 在流程合理化基础上制定各部门、各环节的标准操作规程

B. 通过增加预算投入促使各部门、各环节尽可能提高效率

C. 组织各部门、各环节的员工开展作业流程合理化竞赛

D. 加强流水作业所涉各部门、各环节员工的相互了解

6. 在以下哪种情况下，管理的幅度可以扩大？（　　）

A. 组织各项工作的过程普遍标准化
B. 工作的相互依赖程度高，经常需要跨部门协调
C. 组织环境很不稳定，时常出现新情况
D. 下属的工作单位在地理位置上相当分散

7. 某小企业的一次中高层管理人员会议上发生了激烈的争执。生产经理说："听着，如果我们不进行生产，什么也不会发生。""你错了，"研发经理反驳，"如果我们不进行研发，什么事也不会发生。""你们说些什么呀？"营销经理反问道，"如果不是我们把产品卖出去，那才是什么事都不会发生呢！"最后，一位会计师气愤地说："你们生产、研发、营销部门都无关紧要，如果不是我们对结果做了记录，谁会知道发生了什么！"这段对话最可能在（　　）的组织中出现。

A. 职能制结构　　B. 简单结构
C. 事业部制结构　　D. 矩阵型结构

二、简答题

1. 作为管理载体和对象的"组织"概念与作为管理职能及其结果的"组织"概念之间有何联系和区别？
2. 职务设计和组织结构设计各自如何体现分工与协调这两个不同的侧重面？它们之间可能有什么样的联系？
3. 常常有人以"我只是流程中的一个工作人员而已"来对顾客抱怨而自己又无权处理的事情进行解释甚或辩解。你认为，对工作流程的程序化设计一定会导致员工仅成为流水线中的一员吗？为什么？

三、案例思考题

案例1　绘制组织图

表3-1是某制造业公司所设置的一部分职位名称和配备人员数。

表3-1　某制造业公司部分职位名称和配备人员数

• 财务副总裁	• 财务主管
• 董事	• 环境工程师
• 工业关系专家	• 总裁
• 安全主管	• 技术主任
• 设计工程师	• 生产计划专家
• 审计师	• 招聘面谈专家
• 信用贷款经理	• 预算主任
• 销售总经理	• 营销副总裁
• 主任会计	• 会计人员（3名）
• 广告经理	• 人事副总裁
• 顾客服务代表	• 装运与验收人员
• 工厂厂长	• 工程技术员

续表

● 设备维护计划专家	● 设备维修主管
● 质量管理主任	● 总裁助理
● 地区销售经理（3 名）	● 工长（24 名）
● 销售人员（12 名）	● 生产副总裁
● 技术与研究副总裁	● 车间主任（4 名）
● 研究开发主任	● 工厂安全总监
● 采购主任	

思考题

表 3－1 所列的职位之间存在哪些相互的报告关系？据表 3－1 绘制一张组织图进行说明。

案例 2　学生会的机构改革

在商学院的学生会选举中，大二学生韦勇当选为新一任主席。当他踌躇满志、准备履职之时，他遇到了头疼不已的问题。

在韦勇上任之前，学生会下设七个部门。（1）办公室：执行院团委的各项指示，制订学生工作计划，记录财务活动；（2）宣传部：负责各项重大活动及赛事的事前和事后宣传工作，定期编辑出版《商院经纬》杂志；（3）公关部：联络兄弟院校，与企业商谈赞助事宜；（4）体育部：组织参与各项体育赛事；（5）学术部：组织参与各项学术活动；（6）生活部：关注学生日常住宿、餐饮状况，促进学生交流；（7）实践部：为学生课余时间的实践活动提供帮助和指导。

商学院近几年学生数量日趋庞大，学生事务日渐繁杂，而学生会机构设置还是十年前的格局，各部门不断进行人员扩充，导致了严重的机构臃肿——一些部门除部长外，竟拥有十余名副部长。部门过于庞大，严重影响了学生会的工作效率。很多部门负责人反映，学生会存在着部门之间分工不明确、职责分散琐碎、人员众多难以管理等问题。

入学伊始就在学生会工作的韦勇，清楚地看到了这一弊端，因此力图改变学生会的机构设置，解决组织问题。

韦勇深知，要实行机构改革，首先要得到院团委领导的同意和学生会领导班子成员的支持。陈述了当前存在的种种问题之后，他的方案得到了院团委的批准。在之后的学生会常委会上，韦勇又向各副主席和常委述说了自己的意图和实施计划。经过不懈的努力，这一想法获得了大多数人的赞同，组织机构改革方案最终得以施行。

改革后的学生会，在部门设置和职能划分上有了重大调整。主要改革内容如下：（1）将宣传部拆分为宣传部和《商院经纬》编辑部；（2）将体育部拆分为体育部与运动队，前者依旧负责组织各项体育活动，后者则专门承担组织校新生运动会及学校春季运动会的职责；（3）成立职业规划部，定期举办讲座，为学生提供就业指导和就业咨询，打造本科学生就业信息平台；（4）成立女生部，下设礼仪队，承担重大活动的礼仪工作，并将原属生活部的促进学生交往、组织联谊活动职能划归女生部；（5）成立监察部，负责统一协调各部门行动，以及日常监督及考评工作。

机构改革后，部门数由原有的 7 个增至 12 个，部门编制全部缩减，分工进一步细化，扩大了学生会的工作内容和范围。经过几个月的试行，大家普遍反映新的机构设置使各部门职责更为明确，减少了部门间的冲突，同时减轻了每个部门的工作量，提高了工作效率。

但是其中也夹杂了不少反对的声音。一些人提出，部门增多，相应的主管常委及部长数量也增加，从而使学生会管理人员数量过多，形成了“冗官”现象，违反了精简的原则。同时，更多的部门虽然意味着更为明确的分工，但也意味着更大的管理协调成本，这对学生会领导层的工作提出了全新的挑战。最后，新部门刚刚成立，无法像原有部门那样有效运转，难以承担自身的职责。

对于这些观点，韦勇一一予以反驳。在他看来，管理一个规模过大部门所付出的代价，要远远超过协调几个较小部门的成本。更多的部门也许带来更多的管理人员，但是这些中层管理人员的增加有利于学生会领导层意愿和方针的贯彻实施。而且，他认为新部门不适应工作只是暂时现象，是任何一次组织结构改革都必然会遇到的问题。从长远看来，细化的分工将有利于学生会组织的长远发展。

资料来源：秦志华 . 管理学 . 大连：东北财经大学出版社，2011：163－164.

思考题

1. 学生会机构改革的动因是什么？
2. 韦勇的组织调整方案涉及哪些方面的改变？难点在哪里？
3. “细化分工，明确职责”与“精简机构，推行大部制”各有什么道理？
4. 你认为学生会机构的设置能否做到既精简又分工明确？

第四章

领　　导

学习目标

1. 了解领导者的特征，领导的权力基础和领导的内容。
2. 掌握激励的基本含义和激励理论。
3. 掌握沟通的要素与过程，形式、渠道与网络。
4. 了解组织气氛和组织文化的培育。
5. 掌握领导特质理论、领导行为理论和领导权变理论。

素养目标

引导学生掌握领导工作的内容和方法，认识领导者的特征，在实践中树立敢于担当的领导意识，培育能够担当的领导才能，运用科学担当的领导方式；强化大局意识、责任意识和规则意识。

导入案例

选拔谁最合适

谢丁是位于北京中关村电子一条街上的一家电脑公司中分管人事工作的副总经理。公司董事会日前做出了“第二次创业”的战略决策，并据此将公司经营业务的重点从组装杂牌电脑转向创立自己的品牌。谢丁必须在这周内做出一项人事决定，挑选一个人担任公司新设业务部门的领导。他有三个候选人，他们都在公司里工作了一段时间。其中一位是李非。这个小伙子年纪不大，但领导手下人有一套办法，所以谢丁平时就比较注意他。另外，李非的领导风格很像谢丁自己。谢丁本人是在部队从事过通信系统维护工作的退役军人，多年的军队生活使他养成了目前这种因为习惯了而很难改变的领导方式。但谢丁自己心里也明白，公司新设立的业务部门更需要能激发创造性的人。李非是外埠某大专院校计算机专业的毕业生，4 年前独自到北京“闯世界”，经过面试来到了本公司工作。他的性格与言行让人感到，他是一个固执己见、说一不二、敢作敢为的人。秦雯则是另一种性格的人。她通过自学获得了文学学士学位。她为人友善，乐于听取下属的意见，并通过前一段时间参加工商管理短训班的学习以及自己在实践中的总结、提高，形成了一种独特的领导风格。对于第三个候选人彭英，谢丁没有给予多少考虑，因为彭英似乎总是让他的下属做出所有决策，自己从没有勇气说出自己的主张。

假如你是在谢丁身边工作多年的一位参谋人员，谢丁想让你从纯理性角度对该项人事决策做出分析。请问你该建议谢丁选择谁担任新设业务部门的领导？为什么？

第一节 领导的本质与内容

“领导”一词通常有两种含义：其一，作为名词，是指领导人、领导者，即组织中确定和实现组织目标的首领。一个组织的领导者犹如一个交响乐队的指挥，他能影响乐队中的每个成员，并把他们的才能充分发挥出来。在他的指挥和统率下，整个乐队协调配合，就能奏出和谐自然、优美动听的乐章。如果领导者不具备这种能力，即使该组织拥有许多优秀人才，也很难发挥其整体效能。其二，作为动词，领导指的是一项管理工作、管理职能，通过该项职能的行使，领导者能促使被领导者努力地实现既定的组织目标。本章介绍的管理者的领导职能，就是从上下级关系的角度来定义的。

一、领导者与管理者的区别

领导者和管理者、领导职能和管理职能，都是既相互联系又相互区别的。具体表现在：

首先，从范围看。领导者是对那些有被领导者或追随者的管理者而言的。一方面，如果将管理者视为直线管理人员与参谋人员的统一体，那么管理者的范围要大于领导者。因为没有属员的参谋人员虽然是辅助管理者，但绝不是领导者。另一方面，一个人可能是一个领导者，但并不是一个管理者。我们将未在正式组织中拥有管理职位的领导者，称为非正式领导者。

其次，从能力要求看。管理者可以依靠其特定职位所赋予的职权（authority）而指挥下级从事职责范围内的工作。与之不同，领导者（不论是组织正式任命的，还是从一个群体中崛起的）则可以运用来源广泛的权力（power），使受其影响的有关人员去执行超出职权命令范围的行动。正式组织中的直线管理者虽然有下属人员，并因而常被冠以“领导”之名，但导致他们时常不能成为名副其实的领导者的主要原因在于他们所倚靠的影响力可能仅来源于其职位。由于直线管理工作的本质是要通过他人把事办成，而不像辅助管理的参谋人员那样可以依靠自己把事办成，所以，在理想的情况下，所有的直线管理者都应该是领导者。特别是那些在指挥链上占据要职并拥有组织所赋予的决定权和指挥权的管理人员，如果在源自所担任职位的职权之外，并不具有其他的影响其下属人员的能力，就不是真正意义上的领导者。

最后，从职能的内涵和性质看。领导职能只是管理职能的一个组成部分，一个人能够影响他人这一事实并不表明他同样也能够计划、组织和控制。即使从直线管理人员的角度看，就像好的管理者不一定会是一个好的领导者一样，一个好的领导者未必是个有成效的管理者。因为一个管理者除了履行好领导职能外，还要履行好管理职能。但尽管如此，从确保管理工作取得更佳效果的立场来说，还是应该选择好的领导者来从事直线管理工作，而把领导才能相对较弱的人调整到参谋的职位上。

二、领导的权力基础

领导者通常拥有相对强大的权力，使他得以影响组织中其他成员的行为。权力，是指一个人主动影响他人行为的潜在能力。“影响”意味着使他人的态度和行为发生改变。而要产生这种影响，领导者就必须拥有某种比被领导者更大的权力，这种权力是领导者对他人施加影响的基础。换句话说，领导的影响力是由权力派生而来的。

在一个组织内部，权力可以按其来源不同分为五种：

（1）法定权力，是指组织内各领导职位所固有的合法的、正式的权力。这种权力可以通过领导者利用职权向直属人员发布命令、下达指示来直接体现，有时也可借助于组织内的政策、程序和规则等而得到间接体现。企业中的各级管理人员对其下属拥有法定权力，这种权力是组织的等级指挥链所固有的。

（2）奖赏权力，是指提供奖金、提薪、升职、赞扬、理想的工作安排和其他任何令人愉悦的东西的权力。由于被领导者感觉到领导者有能力使他们的需要得到满足，因而愿意追随和服从他。可以说，领导者所控制的奖赏手段越多，而且这些奖赏对下属越重要，领导者拥有的影响力就越大。

（3）强制权力，是指给予扣发工资和奖金、降职、批评乃至开除等惩罚性措施的权力。强制权力和奖赏权力一样，都是与法定权力密切相关的。

（4）专家权力，是指由个人的特殊技能或某些专业知识而产生的权力。如律师、医生、大学教授和企业中的工程师可能拥有相当大的影响力。与之相反，一个身居领导职位的人因为缺少某种专门知识，可能缺乏相应的专家权力。提倡“内行当家”，其道理之一就在于此。

（5）参考权力，这是与个人的品质、魅力、经历、背景等相关的权力。例如，有些人因为与某领导者或某权威人物有着特殊的关系，可能因此具有与普通人不同的影响力，此称为参考权力。如董事长的夫人虽然不在公司担任职务，却可能对该企业内的员工产生影响力。又如，总经理的秘书，其头衔和职务远低于部门经理，却可能令这些人对他敬畏三分。

总之，一个领导者获得权力的途径是多样的。我们将法定权力、奖赏权力和强制权力统称为职位权力（或制度权力），将与个人因素相关的专家权力、参考权力统称为个人权力。正式组织中的有效的领导者应该兼具职位权力和个人权力。非正式组织的领导者并不拥有职位权力，却能使周围的人对他一呼百应，其影响力就主要来源于其个人的力量。

三、领导的内容

领导不是单方面的领导者行为，而是领导者与被领导者之间的相互作用的关系和过程。侧重于人的因素及人与人之间的相互作用，是领导职能与其他管理职能的显著区别之一。领导作为一种人际交往和相互作用的过程，是由如下几方面的工作构成的：

（1）激励。激励与领导是密切相关的。领导者要取得被领导者的追随与服从，首先必须了解被领导者的愿望并帮助他们实现各自的愿望。可以说，管理者越是懂得什么东西能激励员工，以及这些激励如何发挥作用，并把它们在各项管理工作中反映出来，就越有可能成为有效的领导者。

（2）沟通。沟通是领导者和被领导者进行交往的不可或缺的活动。通过沟通，领导者不仅可以使所发布的命令、指示被下属准确理解和贯彻执行，而且能更好地察觉下属需要什么以及他们为什么会如此行事。虽然管理工作的各个方面都离不开信息沟通，但在领导职能中，沟通的作用尤其重要。

（3）营造组织气氛，建设组织文化。领导者不仅要对各种各样的激励因素做出反应，而且常常需要利用所创造的组织气氛和组织文化去激发或抑制某些激励因素，使员工保持高昂的士气和良好的工作意愿。组织氛围和组织文化的形成与沟通渠道、领导风格和激励措施等有密切的关系。可以认为，广义的领导职能就是通过建立组织内外通畅的沟通渠道，采用适宜的激励措施和办法，以及不断改进和完善领导作风等方面的工作，营造出一个人人愿意做出贡献的工作环境氛围，使组织目标得到顺利的实现。概括起来说，就是“通过三个方面，达到一个目的”。

指挥只是领导工作的一部分。电视剧《贞观长歌》中的一个故事可用来生动地说明指挥与领导两个概念的区别。

参考案例

煮粥与退敌

唐朝建立初期，不断受到游牧民族的侵扰。东突厥首领颉利可汗被唐军俘虏后，其辖下大将阿史那思摩率 2 000 名骑兵，着便装混迹于 10 万灾民中进入长安城，准备夜间在大街小巷堵满人群之际，放火烧毁长安城。

唐都遭偷袭近在眼前，调动军队已来不及。在此严重威胁下，重掌帅印的侯君集按李世民授意的退敌之策，在长安城外架起了 1 000 口大锅煮粥（离城门越近的锅，煮的粥越稀；离城门越远的锅，煮的粥越稠）。饥饿的灾民纷纷涌向城外，城内敌兵于是暴露而被捕。

在守城卫兵不多的情况下，唐军打赢了这场偷袭战。如果唐军调兵遣将成功，侯君集率大军先驱散灾民，再设法抓捕乔装的敌兵，是否也能取得同样的胜利？以煮粥作为退敌之策，其妙在何处？

“指挥”军队强行驱散灾民，与从满足灾民需要入手来“领导”这场战斗，也许都可从暴露敌兵中取得避免敌方偷袭的突破，但唐军这一不战而胜的结果告诉我们：好的领导者不仅需要知道如何运用权力，而且需要掌握激励与沟通的艺术。对饥饿的灾民来说，填饱肚子是亟须满足的主导需求，因此，架锅煮粥成了对之有效的引导策略。离城门越远，煮的粥越稠，使堵满长安城的灾民瞬间自动地撤出了该城。

无数类似的实例表明，成功的领导者能够在无形中动员被领导者做出自发性行为，并以最大潜能实现组织的目标。好的领导者不是高高在上进行命令和指挥，而是时而站在所领导群体的后面进行激励和推动，时而置身于群体之前引领和鼓舞群体为实现组织目标而努力。领导的本质就是通过人与人之间的相互作用，使被领导者能义无反顾地追随他前进，自觉自愿而又充满信心地把自己的力量奉献给组织，促进组织目标更有效的实现。

第二节 激励

一、激励的基本含义

激励是领导工作的重要方面。在军事战争中，士兵是否具有战斗力，士气是高昂还是低落，对于战争的胜负起着至关重要的作用。将军们不仅需要有指挥战斗的本领，更要能够激发士兵的士气和斗志。好的士气等于成功了四分之三。同理，在生产经营活动中，只有使参与企业活动的人都保持旺盛的士气和高昂的工作热情，才有可能使生产经营取得好的效果。

所谓激励，就是通过一定的手段使员工的需要和愿望得到满足，以调动他们的工作积极性，使其主动而自发地把个人的潜能发挥出来，奉献给组织，从而确保组织达成既定的目标。无论是从帮助个人发展的角度，还是从实现组织目标的角度来看，激励都是领导人员不可忽视的一项工作。

二、人性的几种假设

人究竟是为了什么样的利益而采取行动呢？不同时期的管理学者和组织行为研究者都提出了各自的见解，从而形成了不同的人性假设模式。以下按观点形成的先后顺序介绍四种类型的人性假设。

（一）经济人假设

该假设认为人是以一种合乎理性的、精打细算的方式行事，人的行为受经济因素的推动和激发，而经济因素是受企业控制的，人在企业里处于被动的、受控制的地位。这是传统的管理思想。与之相对应，激励的主要手段就是“胡萝卜加大棒”，即奖励和惩罚相结合，以激发员工产生领导者和组织所要求的行为。

（二）社会人假设

该假设认为人是受社会需要激励的，集体的力量要比上级主管的控制力量更加重要。这是初期的人际关系论的思想。与之相对应的，领导者应该关心和体贴员工，重视员工之间的社会交往，通过培养和形成员工的归属感来调动人的积极性，以此来提高生产率。

（三）自我实现人假设

该假设认为人是自我激励、自我指导和自我控制的，要求提高和发展自己的能力并充分发挥个人的潜能。这样，企业就应当把人作为宝贵的资源来看待，通过提供富有挑战性的工作使人的个性不断成熟并体验到工作的内在激励。而传统的装配流水线作业不仅破坏了员工间的社交关系，甚至把工作中的意义和挑战性也抽走了，从而引起工人们的不满。把自我实现作为人工作的最根本目的，这是人际关系论发展到后期的新思想。它认为，只要把工作变得有意义、富有吸引力，足以使员工获得成就感，就不需要其他外来的激励。人可以在自我内在激励中，自动地将自己的才能发挥出来。

（四）复杂人假设

该假设是20世纪60年代末70年代初提出的对待人性的一种权变思想。它认为现实组织中存在着各种各样的人，不能把所有的人都简单化、一般化地归到前述某一种假设之下，而应该看到不同的人以及同一个人在不同的场合会有不同的动机和需要。它认识到人是千差万别的，因而激励的措施也应该多样、变动，并根据具体情况灵活机动地采取合适的激励办法。

三、人的行为的基本模式

领导者对员工人性的不同假设，自然会导致不同的激励方法和方式。从灵活、权变的观点出发，领导者要对组织中动机各异的人的行为予以有力激励，就必须充分了解和把握有关激励的各种理论。下面我们拟将激励理论分为内容型、过程型和行为修正型三类进行介绍。为说明各种激励理论之间的区别和联系，这里先介绍人的行为的基本模式（见图4-1）。

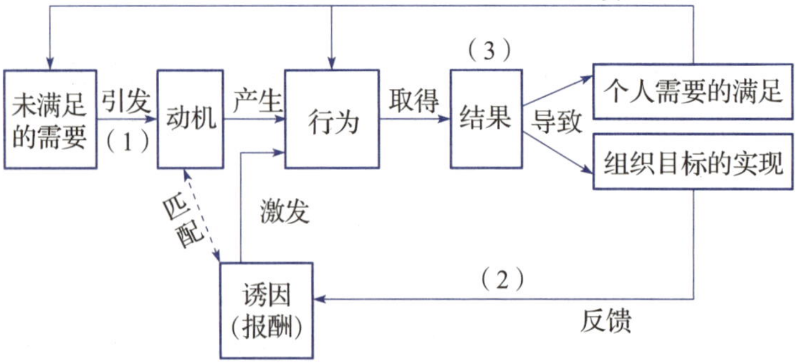

图4-1 人的行为的基本模式

注：（1）为内容型激励理论；（2）为过程型激励理论；（3）为行为修正型激励理论。

领导者要诱导和激发员工朝着所期望的目标采取行动，首先必须了解人的需要、愿望、目标或其他各种动力，这些构成了人类行为的动机。人的动机不论是有意识的还是无意识的，都建立在某些未满足而要求得到满足的需要的基础之上。人在非常想得到满足而没有得到满足时，就会在生理和心理上失去平衡。为了寻求这种平衡，人就要去努力追求他所需要得到的东西。例如，人会因为饥饿而去寻觅食物，或者因为孤独而去寻找关心。这样，人自身内在的需要就形成了促使人去行动的动机。人满足需要的欲望越迫切，其动机也就显得越强烈，从而工作热情也就越高。

人的内在动机是促使人产生行为的基本原因，从这个意义上说，激励是一个心理过程。另外，人的行为不仅产生于其内在的需要和动机，还来自外界环境对人的外在刺激，这构成诱因。这些诱因既包括物质方面的刺激，如食物的香味、服装的款式、广告的宣传等，也包括精神方面的刺激，如群体的规范、朋友的劝告、表扬的力量和信仰的威力等。这里，外在的刺激能否强烈地影响人的行为，要取决于人的内心是否对之有所感受。人们只有在感觉到某种东西对自己有益时，才会为之吸引或诱导。换言之，外在的刺激只有与人的内在需要匹配并发生共鸣，才能产生激励作用。因此，我们将吸引、诱导或激发一个人的行为的诱因称作激励因素。激励因素与动机之间的关系，正如外因与内因的关系一样，前者需要通过后者起到激励作用。举例来说，同样一笔金钱奖励，有人认为这是一项重要的报偿，而有人却认为无甚用处，因而对他起不了激励作用。由此可见，领导者在激励员工时，首先必须找出他们需要的是什么，然后再提供适当的刺激或诱因以激励员工努力工作。这就是内容型激励理论的核心主张。

四、激励理论

（一）内容型激励理论

内容型激励理论有许多种，这里主要介绍需要层次理论和双因素理论。

1. *需要层次理论*

这种理论是基于神经心理学的研究提出的。它认为，人的需要可以按其重要性和发生的先后次序划分为生理的、安全的、社交的、尊重的（包括受人尊重和自尊的）以及自我实现的五种，这些需要从低级到高级逐步发展，从而形成一个层次序列。只有较低层次的需要得到基本满足后，人们才能提升到另一较高层次的需要，而已得到满足的需要就不再起激励作用。通常而言，层次越低的需要越容易得到满足，而层次越高的需要得到满足的概率越低。每一个人在某一特定时期总有某一层次的需要占据主导作用（称为主导需要），其他需要则处于从属地位。由此可以得出结论，领导者的激励工作应主要针对主导需要来采取措施。比如，同样是发奖金，日本企业针对其员工重视社交需要的特性，选择过生日时发给其家里真正需要的东西作为奖品，而美国企业则给看重自我实现需要的员工颁发违抗奖。

2. *双因素理论*

这种理论基于对白领的工作态度的问卷调查，研究了激励手段与激励效果之间的关系。该理论认为，使人们对工作感到满意的因素与对工作感到不满的因素是截然不同的两类因素，分别称为激励因素和保健因素。人们对工作感到满意（正值）的反面是没有对工作感到满意（零值），而不是不满；同样，对工作感到不满（负值）的反面是没有对工作感到不满（也为零值），而非满意。以这种区分作为基础，双因素理论提出，领导者在激励下属过程中，一方面需认识到保健因素不可缺少，以免引起员工对工作产生不满；另一方面则更需注意提供真正起作用的激励因素，以便使员工切实产生对工作的满意和内在动力。保健因素多与工作环境和条件相关，如公司政策与管理监督、工作中的物质环境与人际关系、工资福利、工作安全和权力地位等。而那些与工作性质相关的因素，如工作富有挑战性、工作取得成就、才能得到赏识、获得成长和发展的机会等，都属于激励因素。激励因素的构成内容大致相当于需要层次理论中的尊重的需要和自我实现的需要，而更低层次的其他各种需要基本上都只属于保健因素。

（二）过程型激励理论

与内容型激励理论主要研究人的需要的类型和内容（是什么推动着人的行为）不同，过程型激励理论则研究从动机产生到采取行动满足需要的内在心理和行为过程（人如何产生特定的行为）。下面介绍的过程型激励理论主要是期望理论和公平理论，它们揭示了人的行为的激励实际上是一件很复杂的事情，而不像需要层次理论和双因素理论假设得那么简单。

1. 期望理论

这是研究激励过程的一个重要理论，它试图从个人对组织所提供诱因或报酬奖励的价值的判断以及对取得该报酬的可能性的预期来解释人的行为，前者称为效价（或取价），后者称为期望值（或期望率）。一个人受激励的程度取决于效价和期望值这两个因素的共同作用。这里，效价和期望值都是个人的一种主观判断。比如，在穷人和富人的眼中，1 000元奖励的效价或取价是不一样的；对某福利彩票有两万分之一的概率得万元大奖的期望值的估计也是因人而异的，有人觉得自己手气好，买几张彩票就可能中大奖，而另一些人却认为即使自己买下大半的彩票，可能也中不了这个奖。认识到人的心理因素的作用，领导者在激励工作中就必须一方面设法了解某项报酬对员工到底具有多大的吸引力，并尽可能增强这种吸引力；另一方面根据员工的能力合理地指派工作和设定目标，使其形成通过个人努力能达到预定结果的高期望值或期望率，同时使个人的努力程度和工作绩效与其所取价的报酬奖励的大小紧密联系起来。换句话说，期望理论对人的行为激励力的解释实际上是由图 4－2 引号中的三部分心理过程构成的。

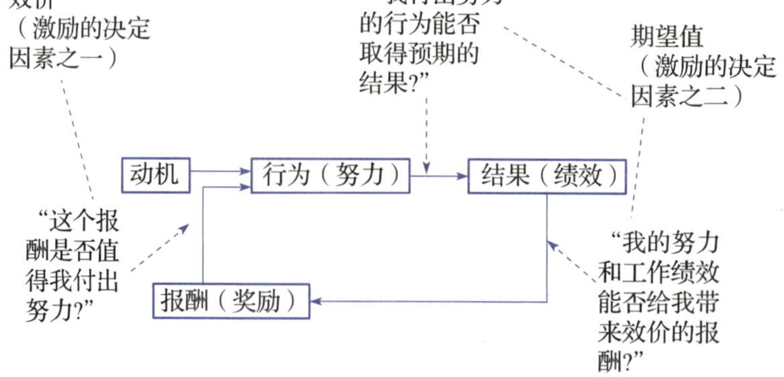

图 4－2　过程型激励模式

2. 公平理论

这是另一个反映激励过程复杂性的理论。公平理论主要从社会比较角度研究激励的心理过程。它认为，在职业流动性很高的社会中，一个组织若要吸引现有职工继续留在本组织中，或者吸引更多的人加入本组织，必须至少做到贡献（个人付出的努力或投入）与诱因（个人所得的报酬或奖励）相平衡；但人们在缺乏评价其得到的报酬与付出的努力是否相当的客观标准情况下，常常是将其付出和所得的比率与他人的付出和所得的比率做比较，以此衡量其得到的报酬是否公平。比如，一个人可能对他每月 3 800 元的薪金感到满意，可一旦他发现与他做相似工作的同事比他多得了 200 元的报酬，情况就会发生变化。由于人们借以做比较的标准是由个人选定的，所以对公平与否的感觉实际上只是一种主观判断。

人们在做公平比较时，通常出现的一个情况是，个人会过高地估计自己的投入和他人所得到的报酬，这样个人就更容易感到不公平和不满足。鉴于公平的感觉常常产生于比较之中，目前有些公司在发放工资和奖金时往往采取保密的方式（实际上很难保密），以避免员工在相互比较中产生不公平感。这是一种比较消极的对策。更积极的对策是，领导者对客观上确已存在的差别予以公开，同时向员工解释清楚差别的原因和领导有意拉开差别的意图，从而使员工对这种差别感到心悦诚服，以此引导更多的人朝着领导所希望的方向付出更多的努力。

（三）行为修正型激励理论

与前面介绍的内容型激励理论和过程型激励理论不同，行为修正型激励理论是把个人看作“黑箱”，试图避免涉及人的复杂心理过程而只讨论人的行为，研究某一种行为及其结果对以后行为的影响。

强化理论就是这类研究中的一个典型代表。这种理论认为，当某种行为的结果对个人有利时，这种行为在以后就会重复产生；不利时，则行为就会减少甚至不再产生。前者称为“强化”，后者称为“弱化”。具体方式划分如表 4－1 所示。

表 4－1 强化理论

激励目的	强化方式	
使所希望的行为更多	强化	正强化（鼓励）：使人得到合意的结果
		负强化（趋避）：使人力图避免得到不合意的结果
使不希望的行为更少	弱化	惩戒（惩罚）：使人得到不合意的结果
		自然消退（冷处理）：不采取任何措施

正强化和惩戒这两种措施应该是比较好理解的。前者就是提供令人满意的结果，如奖励、提薪、表扬、晋升和给予进修机会等；后者则相反，即提供令人不满意的结果，如扣薪资和奖金、批评处分、降职甚至开除等。采取前一种措施无疑会使人努力表现出所希望的行为，如按时上下班，按要求保质保量完成任务，等等。后一种措施则是

针对不希望的行为采取的，如对上班迟到早退者扣发奖金，这样可以阻止该行为继续产生。

除了这两种常用措施外，强化理论还指出了另外两种较微妙的行为影响措施：负强化和自然消退。对于所希望的行为不仅可以进行直接的鼓励，也可从对员工行为约束的方面去采取负强化措施。所谓负强化，就是通过建立一种对员工来说令人不愉快的环境，使员工产生领导者或组织所希望的行为，以避免给自己带来不合意的结果（如像 ×× 那样的处罚）。相似地，对于不希望发生的行为，除了直接的惩罚措施外，还可以从“冷处理”或“无为而治”角度使这种行为自然消退。比如开会时，如果管理者不希望下属提出无关的或干扰性的问题，则可以冷处理方式来消除这种行为，即当这些员工举手要发言时，无视他们的举动，这样举手行为必然因得不到强化而自行消失。从某种意义上说，撤销原先的正强化也是一种冷处理。它至少表明，对原来提倡的行为，领导者不再予以重视，慢慢地，该行为就会弱化。

强化理论指出，正强化虽然是一种比较有效的行为激励方式，但应该注意与其他方式配合使用。虽然正强化有即时刺激、立竿见影的效果，但若过于频繁地使用正强化，一个后果是人们对它形成越来越高的期望，这样在强化力度不变的情况下，会出现行为刺激作用减弱的现象（如一定数额奖金的边际效用递减）；另一个后果则是人们认为这种正强化是理所当然的，提供时不会起很大的正面刺激作用，不提供时反被人们视为对该行为的一种冷处理，从而出现不应有的行为弱化倾向（有人认为一些企业目前发放的工资和津贴化了的奖金这类刺激已沦为“保健因素”）。由此，强化理论强调，领导者在激励下属行为时，应该根据组织的需要和个人的特定行为表现，不定期、不定量地实施强化，使每一次强化都能起到较大的行为刺激作用。

参考案例

海底捞的人员激励

海底捞是一家以经营川味火锅为主，集餐饮、火锅底料生产、连锁加盟、原料配送和技术开发于一体的民营企业。自 1994 年成立以来，该公司凭借自然朴实的服务、真诚热情的待客之道，迅速发展，在竞争激烈的火锅餐饮行业取得了骄人的业绩。截至 2022 年 6 月 30 日，该公司已经在全球开设 1 435 家直营店，其中有 1 332 家位于国内。

海底捞以其独特、热情的服务取得了竞争优势。而优质服务背后，是管理层对员工进行了有效的激励。海底捞视其服务员为“内部顾客”，并且认为让内部顾客满意是实现外部顾客满意的前提。海底捞倡导“双手改变命运”的价值观，为员工创造公平公正的工作环境，实施人性化、亲情化的管理模式。

1. 轮岗和晋升

餐饮行业的大部分岗位都是单调的重复性劳动，长时间工作很容易产生厌倦感。为了最大限度地避免这一情况发生，让员工“快乐工作，微笑服务”，海底捞推行轮岗制。

员工可以在工作组内比较自由地调换岗位，跨组岗位调换也经常进行，但要经过店面经理同意。海底捞一直践行“平等主义”，从服务员到大区经理甚至副总经理，能者居之。海底捞的高管很多都是从服务员一步步成长为管理者的，榜样的力量对普通员工的成长形成了巨大的激励。

2. 薪酬与福利

海底捞实行薪酬领先战略，员工收入在同类企业中处于领先地位，比平均水平高出10%～20%。海底捞还给员工提供了比较丰厚的福利，主要包括员工保险、廉价员工集体公寓、免费的集体食堂、每月的带薪假日、重大节日的公司礼品等。高级别员工还可以得到给父母的赡养金和给子女的教育补助金，管理层定期进行员工家访。海底捞员工可以住在市区居民楼而非地下室，还可以享受免费的家政服务。公司有专门的家政服务人员，负责员工宿舍的日常清扫及员工衣服、床单被褥的清洗等。家政服务让员工享受到被别人服务的感觉，感受到公司对自己的重视和自身价值的实现，有利于他们以一种平和、平等而非自卑、压抑的心态去为顾客服务。

3. 考核与奖惩

海底捞的考核思路是：正面激励为主，负面惩罚为辅。考核方法主要是关键事件法，主管将员工的平时表现记录下来作为考核的依据，记录的内容包括：是否有顾客评价，评价内容如何，同事的评价，上级的评价。主管根据这些记录内容对员工进行粗线条的、不定期的考核。

奖励方面，海底捞每个月评选一次先进员工并发放奖金。海底捞的基层员工多数来自农村，他们面对城市生活的各种挑战，渴望得到他人的认可和尊重。“标兵”“先进员工”“优秀员工”这些称号对于他们而言或许比奖金更为重要，让他们感受到公司对他们的认可和尊重，有效地激发了他们的工作热情和积极性。

海底捞专门设立了创新奖，奖金从 10 元到 1 000 元不等。创新奖主要通过每天 1 小时的午会制度实现。所有员工，包括卫生间的保洁员在内，都平等地坐在一起，员工争相举手发言，把工作中存在的问题和解决方法提出来。如果建议得到认可并付诸实施，则会获得创新奖。会议的主持人是店面经理，他可以叫出每个员工的名字，其中既有工作 10 年以上的老员工，也有进店不到 3 个月的新员工。会议气氛真诚热烈，让人感到大家都在齐心协力、全心全意地为海底捞的发展积极地贡献自己的力量。

惩罚方面，员工在工作中出现失误会受到通报批评。如果屡教不改连续出错，则会被处以一定数量的象征性的罚款。但如果该员工之后表现有较大的进步，则会原额加利息返还。因此，惩罚措施更倾向于一种象征意义上的提醒和警示。

总之，让员工认可公司，快乐工作，带着自然的、发自内心的微笑，将顾客当作亲友照料，是海底捞实施一系列让员工满意的措施后的自然结果。

资料来源：焦叔斌．管理的 12 个问题．2 版．北京：中国人民大学出版社，2013：145－147；海底捞官方网站．

第三节 沟通

一、沟通的含义与重要性

沟通是人与人之间传达思想感情和交流情报信息的过程。沟通之于组织，就好比血液循环之于生命有机体。血液向有机体细胞提供氧气，没有氧气，细胞就会机能失常乃至死亡。类似地，沟通则确保组织内的各部门、每个人获得工作所需的各种信息，并增进相互间的了解和合作。缺乏必要的沟通，组织内各部门、每个人的工作将发生紊乱，这样整个组织的运转也要发生故障。沟通在管理人员的工作中占有非常重要的地位，对于领导工作具有特别重要的意义，但要达到有效的沟通并不那么容易。

参考案例

呼救的受难者

有一条船在海上遇难了，留下三个幸存者。这三个幸存者分别游到三个相隔很远的孤岛上。第一个人没有无线电通信设备，他只能高声呼救，但在他周围两千米以内都没有人。第二个人有无线电通信设备，但已受潮，一架从他上空飞过的飞机虽能听到呼叫声音，却无法听清内容。第三个人有完好的无线电通信设备，他通过无线电通信设备向外报告自己受难的情况和目前所处的方位，救援飞机收到他发出的呼救信号后迅速前往搭救。

虽然遇难的三个人都在呼救，对外联系，但由于各自联络的手段不同，效果截然不同。沟通是指信息从发送者到接收者的传递过程。在上述参考案例中，第一个人未能联络上接收者；第二个人虽进行了联络，但发出的信息内容不清晰，对方无法辨认；只有第三个人实现了有效的沟通。

由此可以看到，沟通是很重要的，但不是所有的沟通都是有效的。要提高沟通的效果，就必须研究沟通的基本过程与障碍。

二、沟通的要素与过程

任何沟通都是“两方”之间的一种交流和联络。根据参与沟通的“两方”的性质不同，沟通可以表现为人与人之间的沟通（亦称人际沟通）、人与机之间的沟通（如个人在操作计算机）以及机与机之间的沟通（如两台传真机之间的信息传递）。其中，人与人之间的沟通在管理工作中具有典型意义。人际沟通不是单纯的情报和信息的交流，还包括情感、态度、思想和观念的交流（我们仍将这些交流的对象统称为信息）。

沟通包含四个基本的要素：信息的发送者、信息的接收（受）者、信息沟通的内容以及信息沟通的渠道。有效的沟通，就是指发出的信息与对方收到的信息在内容上能达到相互一致或基本上接近。

这个过程可以划分为如下几个步骤：

（1）信息的发出。信息沟通过程是从信息的发出和发送开始的。发送者具有某种意思或想法，但这些意思或想法需纳入一定的形式之中才能予以传送，此即为编码。编码最常用的是口头语言和书面语言；除此之外，还有借助脸部表情、声调、手势等表现出来的身体语言和动作语言等（通称为非言语语言）。根据这些编码的符号不同，信息沟通分为口头沟通、书面沟通及非言语沟通三种。

（2）信息的传递。信息的传递即通过一条连接信息发送者与接收者的渠道、通道或路径将信息发送出去。传送信息可以通过一席谈话、一次演讲、一封信函、一份报纸、一个电视节目等来实现。不同的沟通渠道适用于传递不同的信息。在现代通信技术迅速发展的今天，一条沟通渠道常可同时传送多种形式的信息，如可视电话会议和其他多媒体技术可将语言、文字、图像、数字等融合在一起传送，这大大便利了复杂信息的传递。

（3）信息的接收。严格地说，这是指信息的收受。从沟通渠道和路径传来的信息，需要经过接收者接收并接受之后，才能达成共同的理解。信息的收受实际上包括了接收、解码和理解三个小的步骤。首先，收受信息的人必须处于接收状态，才可能收受传来的信息。其次是解码，即将收到的信息符号恢复为思想，然后用自己的思维方式去理解这一思想。最后，只有当信息接收者对信息的理解与信息发送者传递出的信息的含义相同或近似时，才可能产生正确的信息沟通。

（4）信息的反馈。为了核实、检查沟通是否达到预期的效果，信息沟通过程往往还需要有反馈的环节。只有通过反馈，信息发送者才能最终了解和判断信息的传递是否有效。但并不是所有的信息沟通都会伴随着信息的反馈。我们将不出现反馈的信息沟通称为单向沟通，出现反馈的信息沟通称为双向沟通。在信息反馈过程中，信息的原接收者变成了发送者，原发送者成为接收者，而反馈信息传递的渠道则称为反馈渠道。不难看出，信息反馈过程中也同样可能面临信息传递过程的障碍。

三、沟通的形式、渠道与网络

在一个组织中，就像存在正式组织与非正式组织一样，也存在着两种类型的信息沟通：一是正式沟通；二是非正式沟通。

（一）正式沟通的形式与渠道

正式沟通是通过正式的组织程序，依照组织结构所进行的信息沟通。这种沟通的媒介物和线路都是经过事先安排的，因而被认为是正式而合法的。从信息的流通方向来看，正式沟通可以有如下几条渠道，如图 4－3 所示。

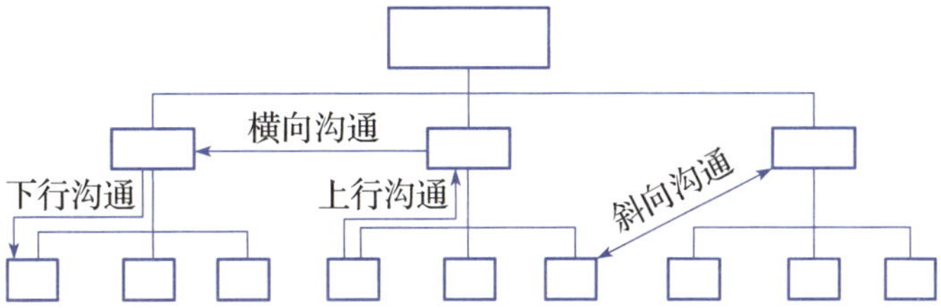

图 4－3 组织的正式沟通渠道

1. 纵向沟通

纵向沟通即沿着组织的指挥链在上下级之间进行的信息沟通。它可以区分为自上而下的和自下而上的两种形式。自上而下沟通亦称下行沟通，指组织内部同一系统内的较高层次人员向较低层次人员的沟通，如命令的发送、计划的下达和程序规则的颁布等。自下而上沟通亦称上行沟通，指组织内部同一系统内的较低层次人员向较高层次人员的沟通，如请示、汇报、要求和意见申诉等。在专制式领导方式下，上级与下级之间的沟通多是自上而下的单向沟通，纵然有一些自下而上的沟通，但也只限于工作报告，这种报告纯粹是为了便于领导者的监督和控制。专制式领导方式下的领导者与下属的沟通关系如图 4-4（a）所示。相反，放任式领导下的沟通方式则主要是自下而上的单向沟通，领导者与下属之间只是偶尔有些信息联系，且常处于被动地位。其沟通关系可表示为图 4-4（b）。

2. 横向沟通

这是指组织内部同一层次人员之间的沟通，亦称为平行沟通。这种沟通主要是为了促成不同系统（部门、单位）之间的协调配合和相互了解。例如，高层管理者之间、中层管理者之间、直线人员与参谋人员之间、生产工人与设备修理工之间以及任务小组和专案小组内部发生的沟通就属于此类。实行民主式领导的企业，不仅鼓励领导者和下属之间双向沟通，而且鼓励下属与下属之间相互沟通，因而沟通关系呈现出如图 4-4（c）所示的形态。

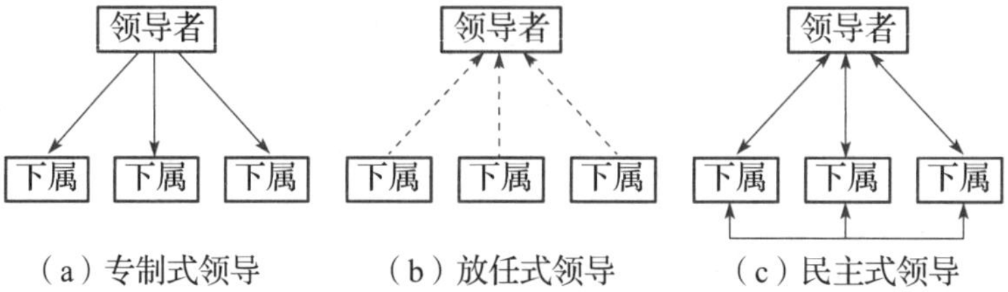

图 4-4　不同领导方式下的信息沟通

3. 斜向沟通

这是组织内部的不同系统、不同层次的人员之间的沟通。斜向沟通对组织中的其他正式沟通渠道会起到一定的补充作用。例如，一家大公司的审计师要进行一项销售成本分析，倘若以销售人员与审计师之间的直接沟通取代传统的经由销售部门主管传递信息的办法，则沟通线路和传递时间会大大缩短。但斜向沟通容易在部门之间，尤其是在直线职权与参谋职权之间造成矛盾。

以上横向沟通和斜向沟通都是脱离组织的指挥链而跨系统发生的。在一些严格、正规的机械式组织中，它们并不被认为是正式的、法定的沟通形式，因而常常被作为非正式沟通渠道来看待。

（二）非正式沟通的特点和作用

所谓非正式沟通，包括非正式组织内部的沟通和正式组织中不按照正式的组织程序而进行的沟通两种。非正式沟通的特点是，其信息传递的媒介和路线均未经过事先安排，具有很强的随意性、自发性。尤其在非正式组织中，成员间的社会交往行为主要通过非正式沟通渠道，各种传闻或小道消息就是其具体表现。非正式沟通的主要优缺点是，信息传递速度快，但失真比较严重。

非正式沟通经常发生于人与人之间的社会交往中，但它也可用来辅助组织中工作关系的协调。对非正式沟通，组织的管理者宜采取一种管理的态度来进行引导和利用，以更好地扬其所长而避其所短。

（三）沟通的网络

领导者除了要在日常工作中选择合适的沟通渠道进行有效的信息沟通外，还要善于将其周围相关人员借以沟通信息的渠道妥善地整合起来，形成一个相互关联的网络，以改进和提高整个组织的沟通效果。信息沟通网络实际上是由若干信息沟通渠道按一定的方式集结而成的。具体集结方式有链式、轮式、Y 式（伞式）、环式和星式几种。前三种网络的信息传递需经过某个中心人物（图 4－5 中的“⊗”），并在此处形成信息的集中，因此称此类的沟通网络为核心网络，如图 4－5 所示。

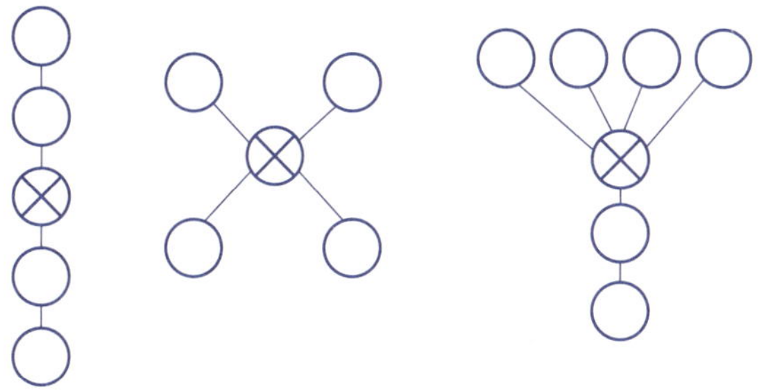

图 4－5 核心网络示意

其中，链式网络的信息是按顺序单线传递的，沟通保密性较好。在轮式和 Y 式网络中，信息都是经由中心人物而同时向周围多线传递，两者不同的方面在于，前者沟通的中心环节是领导者本人，而后者则是所增添的帮助筛选信息的秘书或助理等。Y 式网络实际上可被看作由轮式网络与链式网络混合而成的一种伞状网络，所以亦称为伞式网络。以上沟通网络的基本特征是，组织成员在获得和传递信息方面具有不同的机会，沟通网络在中心人物处容易出现信息超载。

与核心网络不同，非核心网络在沟通过程中不存在任何中心人物，每个成员都有均等的机会参与沟通，彼此分享信息，因而可以获得较高的满足感。其具体形式有环式和星式（亦称全通道式或全方位式）两种，如图 4－6 所示。在环式网络中，信息是按圆圈方向依次传递的，因而沟通速度较慢，准确性也较低。星式网络可以多渠道和全方位地传递信息，成员之间直接、全面沟通的结果是信息传递速度和准确性获得提高。与核心网络相比，非核心网络中很难有某个人能成为沟通过程的关键人物，也没有哪个成员会有特别的信息超载的感觉。如果说核心网络适用于解决相对简单的例行性问题，那么需要充分信息的、较为复杂的问题则适宜以非核心网络进行沟通和解决。非核心网络是在民主式的群体决策中经常采用的一种沟通模式。

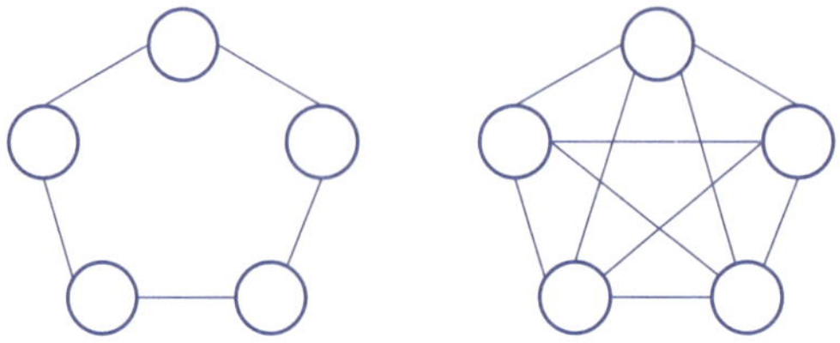

图 4－6　非核心网络示意

参考案例

有效沟通的十六字诀

1. 运用反馈

很多沟通问题都是由理解不准确或者误解造成的。通过反馈可以有效改善这些问题。因此，管理者在沟通时不要唱独角戏，不要以为你说的话别人都能听懂听全。说完一两个要点后，可以问一问对方是否理解或让对方复述下，这种反馈可以有效地促进理解和提高理解的准确性。

2. 简化语言

很长的话，过多的术语、行话，过分的书面语、车轱辘话等，都会让听者不知所云。所以要注意措辞和逻辑，力求使欲发送的信息清楚、明确，要努力用最简单的、对方能够听得懂的话来表达你想表达的意思。

3. 抑制情绪

过分的激动、焦虑或哀伤，既不利于说，也不利于听。情绪会使信息的传递严重受阻或失真。所以要使沟通有效，就要善于调节和控制情绪，力求使之保持在一个平和的状态。当处于大悲或大喜中时，可以暂时停止沟通，直到自己平静下来。

4. 积极倾听

将“沟通”与“说”连在一起是一种误区。“我们长了两只耳朵、一张嘴，目的是多听少说。”沟通是信息的交流，是意义的传达。沟通不仅是能说，还要会听。单纯的听还不够，还要能够倾听。单纯的听是被动的，倾听是对含义的一种积极主动的探寻，具体做法包括：使用目光接触；注意表情和动作；集中注意力；提问；复述；避免打断说话者和少说多听。

第四节　组织气氛与组织文化

一、组织气氛的含义与意义

组织气氛或组织氛围就是组织成员所感觉到的组织内部环境的某种特性或特质。它不是组织中某一成员的偶尔的感觉，而是组织内所有成员共有的总的感觉，如对组织结构和程序规则的感觉、对领导风格的感觉、对工作评价手段和奖惩制度的感觉，等等。这种感觉一旦趋于稳定或达成共识，就会对组织成员的士气和行为产生强烈的影响。

组织气氛就像一座桥梁，桥的一端是组织的内部环境，另一端是员工的士气与行为。员工士气与行为并不是特定领导风格或奖惩制度作用的直接结果。实际的情况是，各种管理措施或内部环境因素需要经由组织成员对其产生的知觉或意识，才影响到员工工作的动机和行为。领导者不仅要能对下属的动机和激励因素做出正确反应，而且要能积极创造并维持一种良好有力的组织气氛、组织文化，使组织中的各个成员都能在其中充满热情而又密切配合，为实现组织目标做出积极的贡献。

二、组织文化的内涵

组织文化代表着组织成员的一种共同认知与行为规范。广义的组织文化通常也包括组织气氛这方面的含义，但组织文化最本质的含义应该是指组织成员共同或共享的价值观体系。这种价值观是深深根植于组织成员的脑海中的，并对组织成员的思想和行为产生重大的影响。

任何企业从筹备建立时便开始逐步形成某种特定的组织文化。根据对员工行为影响的力度不同，组织文化可以区分为强文化与弱文化两种。强文化意味着组织的关键价值观被其成员广泛认同，成员的所思所想、所作所为都具有鲜明的特征。他们会在组织生活中秉持这样一些信念："在这个公司里，我们是这样思考的""在这个公司里，我们对这件事采用这样一种方式来处理"等。相对来说，弱文化对组织成员思想和行为的影响力要弱一些。

根据美国学者迪尔和肯尼迪在《公司文化》一书中的概括，强有力的组织（企业）文化由五个因素组成：（1）企业环境，它决定着企业文化建设的特色；（2）价值观，它是企业文化的核心，是一家公司成功哲学的精髓；（3）英雄人物，通过他们使公司价值观得到人格化的体现，使公司员工具有学习的样板；（4）礼仪和范式，这些象征性的事物规范着员工行为，展示着企业文化；（5）文化网络，它是传播公司价值观的非正规的形式和渠道。

在拥有强文化的企业中，组织核心价值观得到了成员广泛的认可和强烈的认同，这种共享和高度认同会在组织内部创造出一种很强的行为控制氛围，从而引导和塑造员工的态度与行为，确保组织运行的稳定性，同时增进组织的凝聚力。另外也应该看到，过强的组织文化也有可能潜存着某种负面作用，比如会给企业兼并和收购带来融合的困难，会使组织变革面临更大的阻力，以及会给致力于培植多样化员工队伍和跨国界经营的企业带来单一文化与多元文化的两难问题。种种情况表明，对于组织文化的作用应该辩证地加以看待，而不能简单地以好或坏来评判某一种组织文化。

三、组织文化建设与变革

组织文化是看不见、摸不着的，但又是有心人可以感知到的，是企业管理工作中居中心地位的“软”因素，是藏于组织“冰山”深层次中的“管理之魂”。组织文化是沉积在广大员工的心中以及他们身体力行的东西，是相对根深蒂固、不易更改的。但是，随着企业面临的经营环境的变化、企业使命和目标的转移，企业固有的组织文化（即使当初促进企业取得了成功）如果不变革，就会成为企业有效竞争和发展的桎梏。所以，组织文化不仅包括加强文化影响力等文化建设的内容，还包括文化变革的内容。而且通常情况下，组织既有的文化影响力越强，向新式文化改变和转化的难度与阻力往往越大。从本质上说，组织文化是一种“慢变量”。即使在相对有利的条件下，组织文化的变革也常常需要进行多年，才能看出其变化，而不是几周或几月。因此，领导者对于组织文化建设和变革应该有一个长远的规划，使组织在一个持之以恒、循序渐进的过程中建立起与组织的环境、战略和结构相匹配的适宜而有效的文化。

对组织文化进行分类通常有两个维度：一是经营环境对组织灵活性或稳定性要求的程度；二是战略焦点是集中在组织的内部还是外部。依据这两个维度的特征，可以区分出四种类型的组织文化，如图 4－7 所示。

战略焦点＼环境要求		灵活性	稳定性
战略焦点	外部	适应 / 创新型文化	使命型文化
	内部	团体型文化	行政机构型文化

图 4－7　环境、战略与组织文化的关系

（一）适应 / 创新型文化

适应 / 创新型文化以战略焦点集中在外部环境为特征，属于这一文化类型的组织常通过提高灵活性和变革自己来满足顾客的需要。这种文化倡导支持组织提高探查和解释环境的能力，并将环境中的信号转化成所要采取的反应行动等行为的规范和信念。不过，这种文化类型下的组织试图积极地创造变化，而不是对环境变化做出快速的反应。因此，它看重和奖励革新、创造和冒险行为。

（二）使命型文化

对那些关注满足外部环境中特定顾客的需要但无须做出快速的反应和调适的组织来说，使命型文化更合适。其特征是，强调对组织的宗旨和目的要有清晰的认识，并注重通过销售增长、盈利能力或市场份额目标的达成来促进组织宗旨和目的的实现。组织希望每个员工都对一个特定领域的绩效负责，同时也允诺对取得预期成果的员工给予一定的奖赏。管理者通过设定和沟通组织预期的未来状态来引导员工的行为。因为所面临的环境是稳定的，管理者可以将组织的目的转化成可衡量的目标，并根据这些目标实现的情况评价员工的绩效水平。一般来说，这种文化代表了强势竞争和利润导向的行为。

（三）团体型文化

这一文化类型下的组织注重组织成员的介入和参与，以及对外部环境的变化迅速做出反应。与其他类型的文化相比较，它更强调满足员工的需要是组织取得高绩效的关键。而介入和参与会使人产生责任感和主人翁意识，因而会使员工对组织做出更多的承诺和更大的贡献。可以说，这种组织最重要的价值观就是关心员工，确保提供员工所需要的一切，以便使他们获得满足感并产生高的生产率。组织通过处处关心员工并激发员工的创造性，得以在高度竞争和多变的经营环境中获得适应和发展的能力。

（四）行政机构型文化

这类组织更多地关注组织内部，它依据外部环境相对稳定的特性而注重强调组织内行为的一致性。这类组织文化的基本特点是，更注重业务经营的方式和方法。它使用仪式、象征物、英雄人物的事迹等来促进员工的合作，接续组织的传统，以及促使人们遵守既定的政策、惯例，以此作为实现目标的手段。在这种组织中，成员个人的参与程度比较低，相对更强调组织成员行为的一致性、循规蹈矩和合作等。这种组织是依靠高度的整合能力和效率而取得成功的。

总之，不同文化类型下，组织文化与战略、结构及环境之间有着各具特色的匹配关系。管理者在建设组织文化过程中首先要明确的是，他所领导的组织力图建设和强化的文化是否与其所处的环境条件及所选用的战略和结构等相匹配。这是确保组织运营取得良好绩效的基本前提。

参考案例

韩都衣舍的“本草文化”

韩都衣舍成立之初，借鉴了代购制和买手制模式，在淘宝开店代购韩国的奶粉、日化用品、汽车用品等，但未成气候。后来代购韩国服装，在韩剧流行时代赚了第一桶金。一次销量的爆发，使韩都衣舍冲到了淘宝网女装品类交易额的前三名。不到一年时间，韩都衣舍就已在淘宝网上声名鹊起。对企业组织来说，业绩永远都是营造团队氛围的晴雨表，工作乐趣离开了任务目标无异于擿埴索涂。

要说韩都衣舍工作场所的乐趣的具体表现，还得说起韩都衣舍的“本草文化”。本草文化源于中国传统的中药学。在中药学中，讲究各种适宜的草药相配合，才能真正发挥药效，甚至发挥奇效。单一草药，往往既不能“治病”，还会有很大的风险。韩都衣舍在进行小组制创新变革时，就是在发挥每一位员工的能力，希望可以产生出乎意料的绩效。除此之外，韩都衣舍的“本草”力量，无论是在硬性办公环境里，还是在软性的工作氛围上都有体现。

韩都衣舍的员工，平均年龄在27岁左右。团队成员彼此间的沟通频繁，大多数时间，都在会议室里开着小会，他们可以一边头脑风暴，一边讲着有趣的段子。即便身着热裤，甚或戴着花哨的耳钉，也不会被同事指指点点。会议室都是用名山命名的，寓意为“名药出名山”。就是在这样轻松、自由的环境下，这些“名药”没有受到任何束缚，所以药效才得到最大的发挥。

从管理层到一线员工，韩都衣舍的每位成员都用《本草纲目》中一味中药作为自己的“花名”。一位高管对此的解释是，每一味中药都有独特的药效，这和每一位员工都有自己的价值一样，多味中药搭配可成千金要方。同样，一家企业的员工凝聚在一起，发挥各自的特长就能成为超强团队。譬如创始人赵迎光的花名“百两金”是一味解毒消炎的中药，在管理中寓意消弭矛盾、解决问题。

创始人与普通员工之间非常平等，韩都衣舍每个成员的花名都见证了韩都衣舍企业文化的创新。当我们再次走近韩都衣舍，会进一步感受到其团队创新的魅力。韩都衣舍一个小组的三位年轻人，他们的“花名”分别叫金达莱、阳桃和山柰。三人都是“90后”，是职场上所能见到的最有活力的面孔。听到他们的花名，让人联想起这三味中药加减配伍熬制在一起，会产生什么疗效。

金达莱是三人小组的组长，沉稳而成熟，负责总体运营和利益分配；阳桃阳光而开朗，一脸的幸福和自豪，是第一个打开沉默的氛围开口讲故事的人，她是优秀的服装设计师，科班出身、专业对口；山柰比较文静，学的是电子商务专业，负责网页制作。尽管每个人的专业有别、能力各异，但他们组建成了一个个和谐的工作团队，就像协调行动的有机整体，围绕着共同的目标各负其责，融洽相处。花名叫梧桐的员工说：“如果说跟韩都衣舍的相识是缘分，那么对韩都衣舍的信任则是信念，当韩都衣舍成为你的骄傲，所有理由都不会成为你的牵绊。所以在面对人生中无数次的选择时，我坚持了自己的信念，继续追逐与韩都衣舍的梦想，继续着我的亲眼所见！”

企业文化的最高境界，就是企业拥有能够与其相互信赖、风雨同舟的员工，人力资源是生产力中最活跃的因素，对人力资源进行投资是明智的抉择。韩都衣舍和它的员工们在共同成长。

资料来源：石冠峰，刘学民，姚波兰，等. 韩都衣舍：小组制团队创新成就了一个电商品牌. 中国管理案例共享中心案例库，2019.

第五节　领导效能的相关理论

如前所述，领导就是领导者运用权力或影响力来对他人施加影响的过程。领导者的行为、行动能否产生预期的效能或效果，有领导特质理论、领导行为理论和领导权变理论三方面的解释。

一、领导者

领导者所拥有的职位权力和个人权力的大小，对领导效能有着十分重要的作用。领导者的职位权力是由组织制度客观规定的，它与组织的健全程度有关。关于这点，我们已经介绍过。而领导者个人权力的大小则与领导者的素质、品质或个性特征密切相关。从古至今一直有人在尝试着说明，领导者的个人特质是决定领导效能的关键因素。这种研究被称为领导特质理论。

领导特质理论的研究主要集中在领导者与非领导者以及有效的领导者与无效的领导者之间的素质差别上。研究认为，伟大的人物与普通人有很大的差异，正是这些与众不同的特质使伟人们发挥杰出的领导作用。比如，有的研究将有效领导者的特质归纳为身体特质（如外貌、身高、精力）、背景特质（如受教育程度、经历、社会地位、社会关系）、智力特质（如判断能力、语言能力）、性格特质（如热情、开朗、自信、机敏）、工作相关特质（如进取心、忍耐性、创造性）以及社交特质（如合作性、人际技巧、声望、老练程度等）。中国传统中也有这样一种认识，认为领导者必须大智（有谋略）、大勇（有魄力、敢干）、大度（气量大、宽以待人）。对有效领导者特质的归纳，不同的国家、不同的学者各不相同，但都有这样的认识：领导者是先天赋予的，而不是后天培养的，即使某些特质可以通过“学习”而来，人们学习能力的差异也是与生俱来的。

领导特质理论对领导行为和现象的解释显然是不完善的。这表现在：一是对有效领导者所应具备的特质的内容及相对重要性的认识很不一致，甚至相互冲突。二是认为领导者是先天的，这有片面性。现代领导行为学家普遍认为，领导行为的有效性是一种后天的习惯，是一系列实践的综合，而实践总是可以学会的。三是忽视了被领导者及其他情境因素对领导效能的影响。

二、领导风格

20 世纪四五十年代对领导效能的研究侧重于领导者的个人特质方面，但进入 60 年代以后，对领导研究的重点开始从领导者可能具有哪些特质转向领导者的行为。与领导特质理论不同，领导行为理论认为，个人可以通过合适的、最优的领导行为的学习和培训更加有效地开展领导工作。

领导行为可以有不同的方式、形态或作风、风格。人们在现实中常会有这样的感受：有的领导和蔼可亲、平易近人，给下级以充分的信任和自主权；有的领导则严厉粗暴、高高在上、独断专行。领导风格的差异不仅因为领导者的特质存在着不同，更由于他们对权力运用方式及对任务和人员之间关系有不同的理解、态度和实践。不同的人以及同一个人在不同的时期和场合，都可能表现出不同的领导风格。例如，一名与科研人员打交道的领导可能在科研人员探究和实验过程中给予其充分的自主权，但同样这个领导在执行有关处理危险化学品必须穿戴保护衣物的规定时，就可能非常专断。这种现象屡见不鲜，它不能从领导者的特质中得到解释，而只能从领导风格因时而异（即所谓的“权变”）中寻找答案。领导风格到底有什么样的不同和变化呢？

（一）基于权力运用的领导风格分类

早期研究领导行为的学者主要是从领导者如何运用其职权的角度来划分领导方式、风格或形式的。最基本的分类有专制式、民主式和放任式三种，在此基础上还有仁慈专制式和支持式两种变种。现分述如下：

（1）专制式亦称专权式或者独裁式，这种领导者独自负责决策，然后命令下属予以执行，并要求下属无条件地遵从命令。专制式领导主要凭借发号施令和实施奖惩的权力进行领导。这种领导行为的主要优点是，决策制定和执行速度快，可以使问题在较短的时间内得到解决。主要缺点是，下属依赖性大，领导者负担较重，容易抑制下属的创造性和工作积极性。鉴于这些优缺点，专制式领导适用于任务简单且经常重复，领导者只需与部属保持短期的关系，或者要求问题尽快得到解决的场合。例如，在救火过程中的领导者，以及每次都雇用新工人完成特定项目施工的建筑队领导，可以采用专制式领导风格以取得较好的效果。

（2）民主式亦称群体参与式，指领导者在采取行动方案或做出决策之前听取下属意见，或者吸收下属参与决策的制定。举例来说，民主式的销售经理往往允许并要求销售员参与制定销售目标，而专制式的销售经理则仅仅向各销售员分配指标。民主式领导者通常在做出决策之前与下属磋商，得不到下属的一致同意便不采取行动。这种领导风格有利于集思广益，制定出质量更好的决策，同时还能使决策得到认可和接受，从而减少执行的阻力，并增强部属的自尊心和自信心，增加他们的工作热情和工作满足感。其不足之处是，决策制定过程耗用时间多，领导者周旋于各派意见之间，容易优柔寡断、唯唯诺诺。虽然民主式领导备受推崇，但它也不是无条件适用的，而需要考虑领导工作所处的具体情境，以便扬其所长避其所短。

（3）放任式领导者极少行使职权，而留给下属很大的自由度，让其自行处理事情。他们撒手不管，听凭下属自己设定工作目标和决定实现目标的手段，很少或基本上不参与下属的活动，只是偶尔与他们有些联系，且常处于被动地位。这种领导方式虽能培养下属的独立性，但由于领导者之无为，下属各自为政，容易造成意见分歧，决策难以统一。因此，放任式领导很难得到提倡，只有被领导者是专家且具有高度的工作热情，才可采取这种“无为而治”的领导方式。

关于以上三种领导方式何者优越，美国有学者做了一项实验，将一群儿童分成三组从事堆雪人活动，各组的组长事先分别被训练进行专制式、民主式和放任式领导。实验结果表明，放任式领导下的第一小组工作效果最差，所制作的雪人在数量和质量上都不如其他小组。专制式领导下的第二小组，堆的雪人数量最多，工作效率最高，但质量不如民主式领导下的小组。最后一个小组采用民主式领导，由于孩子们积极主动发表意见，显示出很高的工作热情和较多的创造性思维，小组长又在旁引导、协助和鼓励，结果堆出的雪人质量最高，但工作效率不及第二组，因为孩子们在商量如何堆出最像样、最好看的雪人时花了大量时间进行讨论才达成了一致意见。这次实验验证了专制式和民主式领导是利弊并存的，而放任式领导通常弊多利少，不宜采用。

以领导者职权运用的程度为依据划分的领导行为风格，实际上是一个连续变化的系列，专制式和民主式只代表着两种极端形态的领导行为，在它们之间还可能存在多种中间形态的领导行为，如图 4－8 所示。

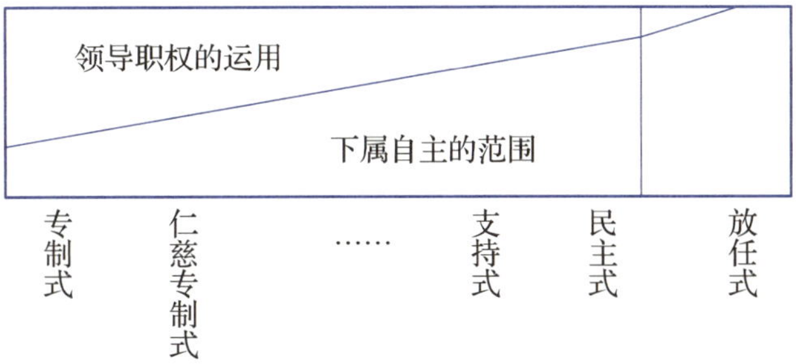

图 4－8 领导行为风格的连续变化

下面介绍的仁慈专制式和支持式就是领导行为连续统一体中的两种中间形态：

（1）仁慈专制式亦称开明专权式，是专制式领导风格向民主式方向的一种变异。这种风格的领导者虽然在做决策时可能仔细听取下属的意见，宣布执行命令时允许下属提出疑问并以说服方式使下属接受决策，但在做出最终决定的时刻往往表现得非常专断，不顾意见的不统一毅然做出决定，因此称这种领导风格是专制式的变种。

（2）支持式是靠近民主式的另一种变种，这种领导者对下属抱有相当大但并不是完全的信任，允许下属做出具体问题的决策，并在某些总体的、主要的决策中进行协商，鼓励下属积极参与决策的制定，并且尽最大的可能帮助下属完成任务。这种领导风格对于感受到挫折的员工将起极大的支持和引导作用。

（二）基于态度偏向与行为倾向的领导风格分类

从领导者态度偏向和行为倾向的角度，可以将领导风格区分为关心任务与关心人员，或者说以任务为中心和以人员或人际关系为中心两种基本类别。在此基础上还有关心任务和关心人员相结合的领导风格。

（1）以任务为中心（或关心任务）的领导风格。这种类型的领导者最关心的是工作任务的完成，他们总是把工作任务放在首位，而对人际关系却不甚关心，有时为了完成任务甚至不惜损害与上下左右的关系。受这种认识、态度和价值观的影响，这类领导者可能利用自己的法定权力和施予奖赏或惩罚的权力，命令下属去做某项工作并指挥他们做好这项工作，同时还可能密切关注和掌握下属工作的进程及工作中的表现。因此，以任务为中心的领导者往往在实际领导行为中表现为专制式的。这种领导风格通常可以带来较高的工作效率，但会降低组织成员的满意度和影响群体团结。

（2）以人员或人际关系为中心（或关心人员）的领导风格。这一类型的领导者把主要精力放在下属身上，关注他们的感情和相互之间的人际关系，以及员工个人的成长和发展。其领导的权力多是建立在个人的专家特长和模范表率作用的基础之上。这类领导者与其说是通过指令（指示命令），还不如说是通过指向（指明努力的方向）来使下属人员完成预期的目标。他们尊重、体谅、关心和支持其下属，通过建立良好的人际关系去推动工作任务的完成。这种领导风格能够提高组织成员的满意程度，并加强群体的团结，但对工作效率的作用并不总是呈正比的。换句话说，领导者多关心体谅下属未必就能保证提高工作的效率。

（3）关心任务和关心人员相结合的领导风格。上述以任务为中心和以人员为中心的领导风格反映了两种最基本类型的领导行为。在这两种基本类型之间，也存在着多种中间形式。管理方格论指出，以任务为中心和以人员为中心这两个方面并不是相互排斥、非此即彼的，它们可以按不同的程度结合在一起。如图 4－9 所示，9.1 型和 1.9 型就分别代表了以任务为中心和以人员为中心这两种领导方式。但管理方格论主张，关心任务和关心人员是两个不同的方面，而不是一面的两极。对人关心并不意味着必定忽视任务；同理，对任务的重视也不意味着必定缺少对人的关心。领导者可以根据现实需要和可能，对二者或其中一者表示强烈的、较不强烈的或稍有偏重的关心。

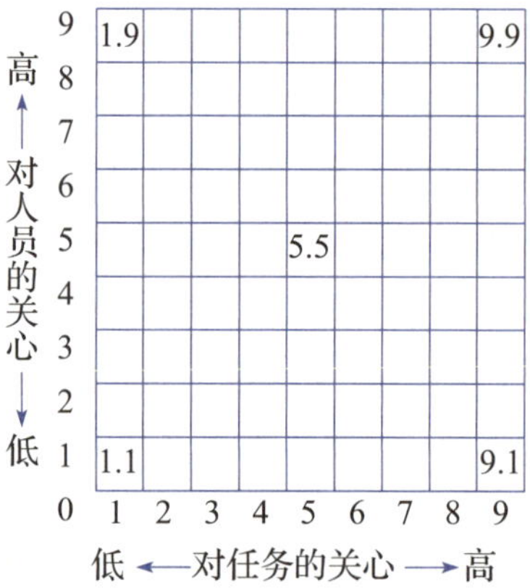

图 4－9 管理方格

图 4－9 所示的管理方格标出了五种比较典型的领导方式。除 9.1 型和 1.9 型是截然相反的两个极端（要么关心任务，要么关心人员，分别称为任务式和乡村俱乐部式）外，1.1 型、5.5 型和 9.9 型是在均衡方向上达到的不同水准。其中，1.1 型既不关心任务，也不关心人员，因而是不良的贫乏式，类似于自由放任式。5.5 型和 9.9 型都力图避免在领导工作中采取极端的方式，认为应该在关心任务与关心人员之间寻求妥当的平衡。不过，5.5 型是以两者的折中来求得平衡，领导者对任务和对人员的关心程度都适中，这虽然可获得正常的工作效率和合乎要求的员工士气，但绝非出类拔萃，因此称这种妥协平衡的领导方式为中庸式。9.9 型的领导者对任务和人员的关心都有高标准的要求，通过鼓励互信、互敬及相互协作的团队精神来取得关心任务和关心人员两方面的高程度的、有效的结合，故称为团队式。管理方格论认为，9.9 型团队式领导是一种最理想的领导风格，应该以此作为领导者检讨和改进现有领导方式的努力方向。

三、领导工作的情境

前述对领导行为的研究提出了各种不同的领导方式、领导风格。究竟哪一种领导方式最好？不同的领导行为研究者有不同的主张。从工业发展的历史来看，早期的领导者倾向于采用以任务为中心的领导风格，后来批判者提出了与之对立的以人员为中心的领导风格，管理方格论又提出了关心任务和关心人员相结合的领导风格，孰是孰非一时难成定论。从表面上看，关心任务和关心人员相结合似乎是最可取的，但要在复杂的现实中真正实现关心任务与关心人员的高程度结合又谈何容易。而且，领导者在态度方面的关注并不意味着在行动上就一定表现出这样的倾向。美国俄亥俄州立大学的教授在将领导行为研究的着眼点从态度取向转向行为表现的实证调研中发现，对领导行为有效性的评价，实际上并不取决于领导者所采用的某一特定领导方式，而是根据该领导方式所应用的情境而定。由此，提出了领导方式对特定情境的适用性标准：与特定情境相适应的领导方式，可以认为是有效的；而不适合特定情境的领导方式，则往往是无效的。研究发现，在一种情境下具有相当效能的领导方式，在另一种情境下可能失去效能。因此，并不存在一种普遍最好的领导方式，有效的领导方式是因情境而权变的。由此就形成了领导权变理论的各种研究成果。

现实中，到底在什么样的情况下采取何种领导方式最适宜、最有效能呢？总的来说，领导工作情境包括被领导者素质和环境条件两大方面。

(一) 依被领导者素质而权变的领导方式

领导者在选择合适的领导方式之前，必须考虑被领导者的素质特征，这样才能使所采取的领导行为产生应有的效能。领导生命周期理论就是将被领导者的成熟程度作为一个情境因素，考察能够取得最好效能的领导方式是怎样因不同情境而权变的，如图 4 - 10 所示。

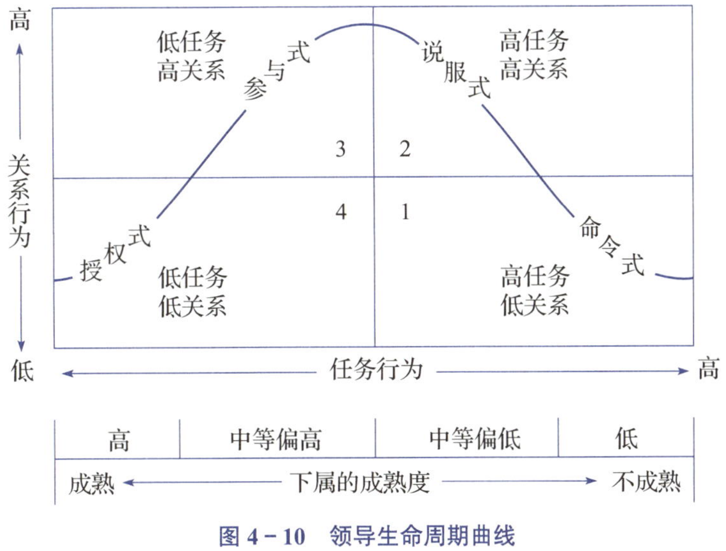

图 4 - 10 领导生命周期曲线

图 4 - 10 中，下属成熟程度反映被领导者在执行某一特定任务时承担起指导自己行动的责任的能力和意愿。它可以划分为低、中等偏低、中等偏高和高这四个程度；与此相对应，能够取得成功的、合适而有效的领导行为也就表现出不同的方式、风格或

形态。

（1）命令式。这是一种高任务与低关系组合的领导方式，适用于下属成熟程度很低的情形，即被领导者既无能力也无意愿承担责任。这时，领导者需要为被领导者确定任务，并以下命令的方式告诉他们做什么、如何做、何时何地做。

（2）说服式。这是一种高任务与高关系组合的领导方式，适用于下属成熟程度中等偏低（较低）的情形。这时，由于被领导者虽有意愿承担责任但缺乏应有的能力，所以需要领导者对其任务做出决策，但在决策下达过程中宜采取说服的方式让被领导者了解所做出的决策，并在决策任务执行中给予大力的支持和帮助，使其高度热诚又充满信心地产生预期的行动。

（3）参与式。这是一种低任务与高关系组合的领导方式，适用于被领导者有能力但不愿意承担责任的中等偏高（较高）成熟程度的情形。这时需要让被领导者参与做出决策，领导者则从中给予支持和帮助。

（4）授权式。这是一种低任务与低关系组合的领导方式，只能适用于被领导者既有能力也有意愿承担责任的高度成熟的情形。领导者既不下达指令，也不给予支持，而是让被领导者自己决定和控制整个工作过程，领导者只起监督的作用。

总之，随着下属从不成熟逐渐向成熟过渡，领导行为应当按着命令式、说服式、参与式和授权式方向逐步推移和权变。因为这种趋势类似于产品生命周期曲线的变化，所以这种权变领导理论被称为领导生命周期理论。

（二）依环境条件而权变的领导方式

领导的随机制宜理论指出，领导行为的有效性受环境条件的强烈影响。从领导行为取向的角度来看，究竟是采用以任务为中心还是以人员为中心的领导行为更有效，取决于领导工作所面临的环境条件。这种要求领导行为随机制宜的环境条件由三方面因素构成：一是职位权力，即领导者所拥有的正式权力的大小及上级和组织对他支持的程度；二是任务结构，即下属所承担任务的明确化和常规化的程度；三是上下级关系，即下属对领导者的信任和忠诚程度。这三个因素的组合形成了八种环境情形，依其对领导工作的有利程度可分为三种状态：有利、不利和中等状态，如图 4－11 所示。面对有利和不利环境的领导者，宜采用以任务为中心的领导行为；反之，领导者若处在中等程度有利和中等程度不利的环境中，则采取以关系为中心的领导行为，这样匹配会取得较好的领导效能。

上下级关系	好				差			
任务结构	明确		不明确		明确		不明确	
职位权力	强	弱	强	弱	强	弱	强	弱
环境的有利程度	有利			中等状态				不利
适宜的领导行为	以任务为中心			以关系为中心				以任务为中心

图 4－11　领导方式的随机制宜

总而言之，领导者的行为方式可以有多种，它们没有绝对的优劣之分，而只有与领导者所面临的特定情境是否适合的问题。下属的个人特点和工作环境的特点都可能影响领导行为取得预期的效果，因此它们都是决定领导行为有效性的权变因素。如图 4－12 所示，有效的领导者必须充分认识情境因素对领导效能的潜在影响，并采取如下两方面措施改进其领导效能：一方面是改变自己的领导行为，使之适应特定的领导情境。有位著名的军事家这样说过："只有糟糕的将军，没有糟糕的士兵。"这说明一名优秀的领导者应该具有良好的素质，学会和掌握多种领导方式，并针对不同的情况做出恰当的选择。另一方面，在可能的条件下也要设法改变领导工作所面临的具体情境，以便使领导者习惯采取的领导方式能更好地发挥出效能。也就是说，对领导行为与领导情境的适应关系，应该持一种动态的观点，在领导行为风格和领导情境因素的发展变化中不断改进和提高领导效能。

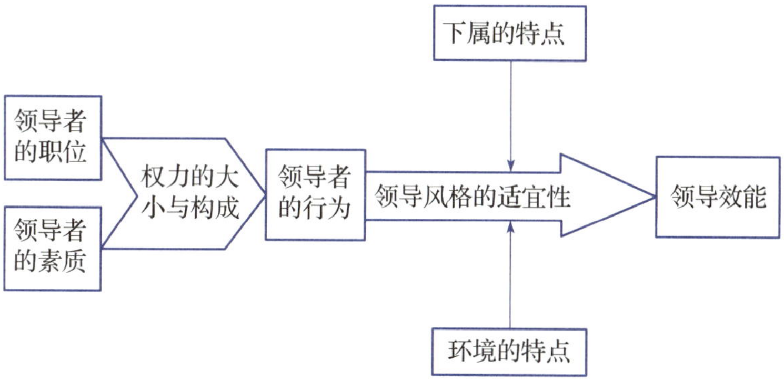

图 4－12　领导效能的影响因素

小结

1. 领导是管理过程中的一项重要而独特的职能。领导工作具有人与人互动的性质，领导者正是通过其与被领导者的双向互动过程，促使组织成员更有效地实现组织的目标。这一点使领导职能与其他管理职能构成了明显的区别。

2. 领导的本质就是通过人与人之间的相互作用，使被领导者能义无反顾地追随他前进，自觉自愿而又充满信心地把自己的力量奉献给组织。

3. 权力是领导者对他人施加影响的基础。按来源不同，权力可分为法定权力、奖赏权力、强制权力、专家权力、参考权力等。前三者主要与领导者所居的职位相关，其他则与领导者的个人因素相关，所以它们常被分别称为职位权力（或制度权力）和个人权力。正式组织中的有效的领导者应该兼具职位权力和个人权力。

4. 领导作为一种人际交往和相互作用的过程，由以下几方面的工作构成：激励；沟通；营造组织气氛，建设组织文化。

5. 激励是领导工作的一个有机组成部分。有效的领导者必须能充分地调动员工的积极性，使其潜能最大限度地发挥出来。因此，领导者要切实了解员工的需要和动机是什么，并通过一定的激励手段和激励过程使其个人需要的满足与组织目标的达成能同时得到实现。

6. 内容型激励理论研究组织应该提供哪些方面的刺激或激励因素，使其与员工的内在需要相匹配并发生共鸣，以产生激励作用。在人的需要和动机研究中，最具影响力的主要是需要层次理论和双因素理论。

7. 与内容型激励理论关注什么推动着人的行为不同，过程型激励理论主要考察人如何产生特定的行为，因此研究的是从动机产生到采取行动满足需要的内在心理和行为过程。期望理论、公平理论是其中两个具有代表性的理论。

8. 行为修正型激励理论把个人看作“黑箱”，试图避免涉及人的复杂心理过程而只讨论人的行为，研究某一种行为及其结果对以后行为的影响。强化理论就是这类研究中的一个典型代表。

9. 沟通在管理人员的工作中占有非常重要的地位，但不是所有的沟通都是有效的。有效的沟通是指发出的信息与对方收到的信息在内容上达到相互一致或基本上接近的这样一种状态。信息沟通过程的各步骤、各要素都可能对有效沟通构成某种障碍或不利的影响。

10. 根据信息发送者与接收者在组织中所处的位置以及信息传递和流通的方向不同，信息沟通可分为下行沟通、上行沟通、横向（或平行）沟通、斜向沟通几种形式。在不同的组织设计和领导方式下，沟通的典型表现形式是不一样的。

11. 将沟通放在整个组织中加以考察，就需要研究沟通的网络。信息沟通网络实际上是由若干信息沟通渠道按一定的方式集结而成的，其具体集结方式包括链式、轮式、Y式（伞式）、环式和星式等。

12. 组织中员工的士气与行为并不是特定领导风格或奖惩制度作用的直接结果。实际的情况是，各种管理措施或内部环境因素需要经由组织成员对其产生一种“组织气氛”“组织文化”层面的知觉或意识，才能影响员工工作的动机和行为。因此，领导者要注重对组织气氛、组织文化的营造和建设。

13. 领导工作能否产生预期的效果，取决于领导者自身的素质、领导者对被领导者的领导方式或风格、领导工作所面临的情境这三大因素。据此可以将有关领导工作及其效能的研究，划分为领导特质理论、领导行为理论和领导权变理论三类。

14. 领导特质理论主要研究领导者与非领导者以及有效的领导者与无效的领导者之间的素质差别。

15. 领导行为理论则将研究重点从领导者可能具有哪些特质转向领导者的行为方面，并对领导方式或风格做了各种角度的区分。

16. 与领导行为理论主张存在某种最优的领导行为方式不同，领导权变理论认为：有效的领导方式是因不同情境而权变的，只有与特定情境相适应的领导方式才可能是有效的，而不适应特定情境的领导方式则往往是无效的。

思维导图

- 领导
  - 领导的本质与内容
    - 有效的领导者应该兼具职位权力和个人权力，前者包括法定权力、奖赏权力和强制权力，后者包括与个人因素相关的专家权力、参考权力。
    - 领导包括以下内容：激励；沟通；营造组织氛围，建设组织文化；等等。
  - 激励
    - 激励就是通过一定的手段使员工的需要和愿望得到满足，以调动他们的工作积极性，使其主动而自发地把个人的潜能发挥出来，奉献给组织，从而确保组织达成既定的目标。
    - 根据行动者的利益考量，可以区分经济人、社会人、自我实现人、复杂人四种假设。
    - 内容型激励理论包括需要层次理论、双因素理论；过程型激励理论有期望理论、公平理论；行为修正型激励理论的典型代表是强化理论。
  - 沟通
    - 人际沟通不是单纯的情报和信息的交流，还包括情感、态度、思想和观念的交流。
    - 沟通包含四个基本的要素：信息的发送者、信息的接收（受）者、信息沟通的内容以及信息沟通的渠道。
    - 组织中存在正式沟通（横向、纵向、斜向），也存在随意性、自发性的非正式沟通。
    - 沟通存在链式、轮式、Y式（伞式）、环式和星式几种形式的网络。
  - 组织气氛与组织文化
    - 组织气氛就是组织成员所感觉到的组织内部环境的某种特性或特质，它影响员工工作的动机和行为。
    - 组织文化代表着组织成员的一种共同认知与行为规范，由五个因素组成：企业环境、价值观、英雄人物、礼仪和范式、文化网络。
    - 按照环境要求和战略焦点的组合，可以区分四种组织文化：适应/创新型文化、使命型文化、团体型文化、行政机构型文化。
  - 领导效能的相关理论
    - 领导特质理论关注领导者的特质，包括身体特质、背景特质、智力特质、性格特质、工作相关特质和社交特质。
    - 领导行为理论研究领导风格，将其分为基于权力运用的领导风格：专制式、民主式、放任式、仁慈专制式和支持式；基于态度偏向与行为倾向的领导风格：以任务为中心、以人员或人际关系为中心、关心任务和关心人员相结合。
    - 领导权变理论认为：有效的领导方式是因不同情境而权变的，只有与特定情境相适应的领导方式才可能是有效的。

课后习题

一、单项选择题

1. 关于管理和领导的关系，下列阐述中哪一个是正确的？（　　）

A. 二者是同一个概念，只不过是论述角度不同而已

B. 领导的内涵大于管理的内涵，管理是领导的一部分

C. 管理的内涵大于领导的内涵，领导是管理的职能

D. 二者的权力基础相同

2. 有个企业创始人留下一条遗嘱，即希望在自己的墓碑上刻下“躺在这下面的人知道怎么让下属比自己更能干”。试问这位企业创始人在企业中是个什么样的人？（　　）

A. 自己的能力比下属差，但创办了企业，从而可以发号施令的人

B. 不害怕其他人的长处，且善于激励和培养他人的人

C. 认识到自己的成就和能力不如他人，且敢于承认自己所短的人

D. 虽不具备领导才能，但具有实施直接控制的管理能力的人

3. 当一个管理者责骂一个不好好做事的下属时，通常而言，谁的行为需加以考察？（　　）

A. 责骂者　　B. 挨骂者

C. 两者都需要　　D. 两者都不需要

4. 在会议进行中，管理者不希望下属不停地提出各种问题干扰会议的进程，于是，在有人举手要发言时便无视他们的举动，只顾自己把话讲完。这种影响下属行为的方式是（　　）。

A. 正强化　　B. 负强化　　C. 自然消退　　D. 惩戒

5. 你的员工希望你对他们的工作进度进行调整。过去你一直鼓励和支持他们提建议。这次，你的员工已清楚地意识到需要做出更改，并且已经准备好另一进度方案，建议你试行。你的员工都十分能干，而且作为一个群体配合得非常好。此时，你应当怎么做？（　　）

A. 准许员工参与制定新的进度方案并支持小组成员的建议

B. 你独自设计和推行新的进度方案，但听取员工们的建议

C. 允许员工们自己制定和执行新的进度方案

D. 你独自设计新的进度方案，并严密地指导它的实施

6. 在（　　）领导方式下，组织沟通通常以下行沟通为主。

A. 专制式　　B. 民主式

C. 放任式　　D. 支持式

7. 下述关于信息沟通的认识中，错误的是（　　）。

A. 信息传递过程中所经过的层次越多，信息的失真度就越大

B. 信息量越多，就越有利于进行有效的沟通

C. 善于倾听能够有效改善沟通效果

D. 信息的发送者和接收者在地位上的差异也是一种沟通障碍

二、简答题

1. 领导的内容包括哪些?
2. 领导者对待不成熟的下属与对待成熟的下属，在绩效评估结果的反馈方面，各自应该如何进行有效的沟通?
3. 职位权力与个人权力有哪些联系和区别? 如果你是组织中最基层的工作人员，你会有哪些权力?
4. 按照任务行为与关系行为的组合可区分出哪几种领导方式?
5. 团队式领导的成功运用需要什么样的组织文化与之匹配?

三、案例思考题

案例 1　李英的困惑

李英现已年届不惑。回首这十几年的奋斗历程，他为自己早年艰苦而又自强不息的日子感叹不已。想当初自己没有稳定的工作就结了婚，妻子是位孤女，有父母留下的一栋虽然面积不小但很破旧的平房。妻子在待业之中，两人常为生计发愁。后来，李英在某企业找到了一份固定的工作，并很快被提拔为工段长，接着又成为车间主任，进而晋升为生产部长。对他个人和公司来说，那段日子都是极其重要的转折期。他拼命地为公司工作，为自己是其中的一分子感到自豪。他的付出也给他带来了丰厚的回报，他的工资收入已相当可观，更重要的是，他在不断的提拔、晋升中获得了权力和地位，妻子很为他感到自豪。有段时间，他自己也沾沾自喜过，可现在细细想来，他觉得自己并没有什么成就，心里老是空落落的。他现在是企业生产的总指挥官，可他看着企业一年比一年不景气，很想在开发新产品方面为企业做出更大的贡献，但是，他在研发和销售方面并没有什么权力。他多次向企业领导提议能否变革组织设计，使中层单位能统筹考虑产品的生产、销售及研发问题，以增强企业的活力和创新力，可领导一直没有这方面的想法。所以，李英想换个单位，换到职务虽不太高但能真正发挥自己潜能的地方。可自己都步入中年了，“跳槽”的决定又谈何容易。

思考题

1. 请运用有关激励理论，对李英人生历程中所体现的个人需要的满足情况以及他目前的困惑心境进行分析。

2. 如果李英有意跳槽到你所领导的单位来工作，你应该在哪些方面采取措施以吸引他并给他提供所看重的激励? 请说明理由。

案例 2　三个领导，三种风格

吴君在公司给张总经理做秘书。张总经理可谓日理万机，因为公司的大小事情都必须向他汇报，得到他的指示才能行事。尽管如此，吴君感到工作还是比较轻松。因为任何事情他只是需要交给总经理，再把总经理的答复转给相关负责人，就算完成任务了。

可是好景不长，张总经理因为每天太过奔波劳累，最终病倒了。

这时，王总经理上任了。王总经理对吴君无论大小事宜都要请示提出了批评，让他学会分清轻重缓急，有些事情可以根据他的判断，直接交其他副总经理处理。这样，王总经理有更多的时间考虑公司长远目标，然后召开高层领导者会议进行研讨决策。自王总经理上任以来，公司出台了新的发展战略、市场定位以及多项规章制度，业绩也有了很大的提升。同时，吴君也很忙碌，有时需要跑很多的部门去协调工作，但他觉得学到了很多东西，也充实了不少。因为业绩突出，王总经理干了一年就被调到总公司去了。

之后，来了李总经理。相对于张总经理的事必躬亲以及王总经理的有张有弛，李总经理就随意多了。他到任之后，了解了公司的总体情况，感到非常满意，就对下面的经理说："公司目前的运营一切顺利。我看大家都做得比较到位，总经理嘛，关键时刻把把关就可以了，不是很重要的事情你们就看着办吧。"这样一来，吴君享受到了自工作以来没有过的轻松，因为一周也没有几件事情要找李总经理决策。

思考题

1. 这家分公司前后三任总经理的领导风格各是怎么样的？
2. 试分别从吴君的角度和公司发展的角度来分析不同领导风格的利弊。

第五章

控　　制

学习目标

1. 了解控制的含义、作用与基本特点。
2. 了解控制的基本过程和控制系统的构成要素。
3. 掌握控制的不同类型与方法。
4. 掌握控制的基本原则。

素养目标

引导学生掌握控制的含义和方法，形成全局观点和系统思维，从整体利益出发来实施控制，使局部和目标协调一致；在工作过程中保持警惕、及时纠偏，努力取得具有更高质量、更有效率、更可持续的工作成果。

导入案例

先干好工作还是先提高工资

在某大型电子零件批发公司的一家连锁商店里，刚出任经理的李尔正为一些事而心烦意乱。店里两位售货员每天上午轮流去隔壁的自助餐厅喝咖啡。因为少了一位售货员，顾客们对在店里等候服务已经司空见惯。更令人头疼的是，这家零售商店的营业额一直达不到公司的平均水平。当李尔对售货员们谈及这两件事时，他们不屑一顾地答道："你看看公司付给我们多少工资！你还能要求什么么？"

李尔对他们回应道："在我们讨论工资的事并且谈出点眉目之前，有一件要紧的事，就是要你们明确知道我对你们的工作有什么要求。让我们来确定三件事：第一，在安排好的上班时间内，谁也不可以离开商店。当然，在你们的午餐时间里，你们干什么都行。第二，如果商店还要营业，不搬到别处去的话，每天的平均营业额应该是10 000元。总公司的记录表明，每位顾客大约购买50元的商品，也就是说，一天要接待大约

200位顾客。我们是两位售货员当班，平均一下，我要求你们每人每天接待100位顾客。第三，就是你们怎样接待顾客。我希望你们做到一丝不苟、礼貌周到。他们想了解什么，你们要有问必答。这三件事你们清楚了吗？如果你们都做到了，那么工资自然会提高。”

在这个案例中，顾客服务和营业额都未能达到预期水平，而员工却在抱怨公司付给他们的工资太少了。到底哪一方面出了问题？有效的控制需要预先订立并让当事人明确要求他们达到的绩效标准是什么，可是这家电子零件批发公司的前任经理却一直没有做到这一点。李尔接任后对员工说的三件事使员工认识到了自己行为的差距，从而为其工作绩效的改善奠定了基础。没有标准，控制工作就很难取得理想的效果。

控制是管理工作的第四大职能。在管理过程循环中，如果说制订计划是管理工作的第一步，然后是组织和领导计划的实施，那么，接下来的问题便是考虑计划实施的结果如何，计划所确定的目标是否得到顺利实现，甚至目标本身制定得是否科学合理。要弄清楚这些问题并采取妥善的处理措施，就必须开展卓有成效的控制工作。

第一节　控制的含义、作用与基本特点

一、控制的含义

“控制”一词最初来源于希腊语中的“掌舵术”，意指领航者通过发号施令将偏离航线的船只拉回到正常的轨道上来。由此说明，维持朝向目的地的航向，或者说维持达成目标的正确行动路线，是控制概念的最核心含义。所谓控制，从其最传统的意义方面来说，就是“纠偏”，即按照计划标准衡量所取得的成果，并纠正所发生的偏差，以确保计划目标的实现。

企业在开展生产经营活动中，由于受外部环境和内部条件变化的影响，实际执行结果与预期目标不完全一致的情况是时常发生的。对管理者来讲，重要的问题不是工作有无偏差，或者是否可能出现偏差，而在于能否及时发现已出现的偏差或预见潜在的偏差，采取措施予以预防和纠正，以确保组织的各项活动正常进行，从而使组织预定的目标能够顺利实现。

二、控制在管理工作中的作用

控制是管理工作过程中不可缺少的一个环节。虽然管理者可以制订出周密的计划，将组织结构设计得非常有效，通过领导工作充分地调动员工的积极性，但是这些往往并不足以保证所有的行动都能按计划执行，不能保证管理者追求的目标都一定能够达成。控制通过监视或监测组织各方面的活动和组织环境的变化，保证组织实际运行状况与组

织计划要求保持动态适应。控制是管理过程中一项不可或缺的职能。

在现代管理活动中，控制的作用主要有两个：

（1）限制偏差的累积。一般来说，任何工作的开展都不免会出现一些偏差。虽然小的偏差和失误不会立即给组织带来严重的损害，但在组织运行一段时间后，随着小差错的积累和放大，它们最终可能对计划目标的实现造成威胁，甚至导致组织酿成灾难性的后果。防微杜渐，及早地发现潜存的错误和问题并进行处理，有助于确保组织按预定的轨迹运行下去。所以，有效的管理控制系统应当能够及时地获取偏差信息，采取矫正偏差的措施，以防止偏差的累积影响组织目标的顺利实现。

（2）适应环境的变化。组织计划和目标在制定出来后，总要经过一段时间的实施才能够实现。在实施过程中，组织的内外环境可能会发生一些变化，如组织内部人员和结构的变化、政府出台新的政策和法规等。这些变化的内外环境不仅会妨碍计划的实施，甚至可能影响计划本身的科学性和现实性。因此，任何组织都需要构建有效的控制系统，帮助管理人员预测和把握内外环境的变化，并对这些变化带来的机会和威胁做出正确、有力的反应。

上述两个作用的发挥实际上是与控制的两大功能联系在一起的。如图 5 - 1 所示，控制通过其“纠偏”功能，使计划执行中的偏差得以防止或减小，从而确保组织的稳定运行；同时通过其“调适”功能，积极修改原定标准或重新制定新的标准，以确保组织对内外运行环境的适应性。这两类控制功能的不同作用在图 5 - 2 和图 5 - 3 中得到了清楚的说明。

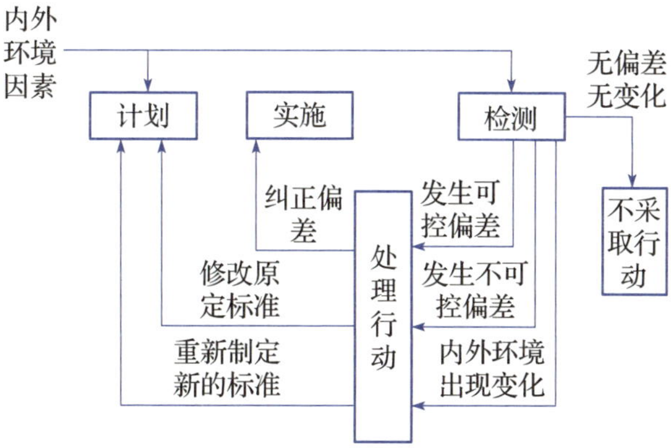

图 5 - 1　管理工作循环简图

现实中，组织的运行往往是“非零”起步的，这样，上一阶段控制的结果就可能导致组织确立新的目标、提出新的计划，并在组织结构、人员配备和领导等方面做出相应的改变。可以说，控制既是一个管理工作过程的终结，又是一个新的管理工作过程的开始。

如果我们将管理工作过程简略地看作 PDCA 循环的过程［这里，P——计划（plan），D——实施（do），C——检测（check），A——处理行动（action）］，那么，控制在管理工作循环中的地位和作用如图 5－1 所示。

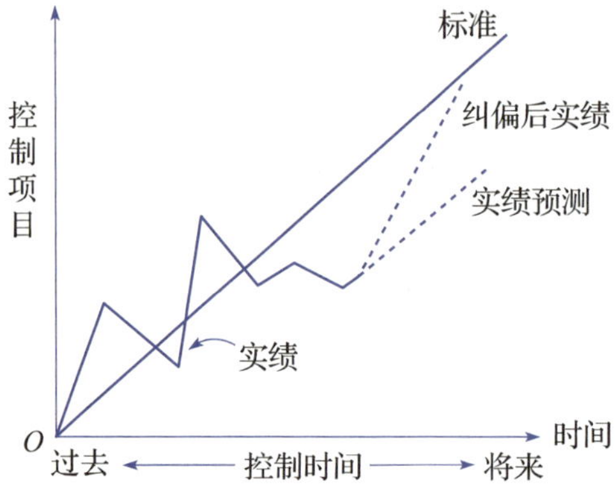

图 5－2 控制的“纠偏”作用示意

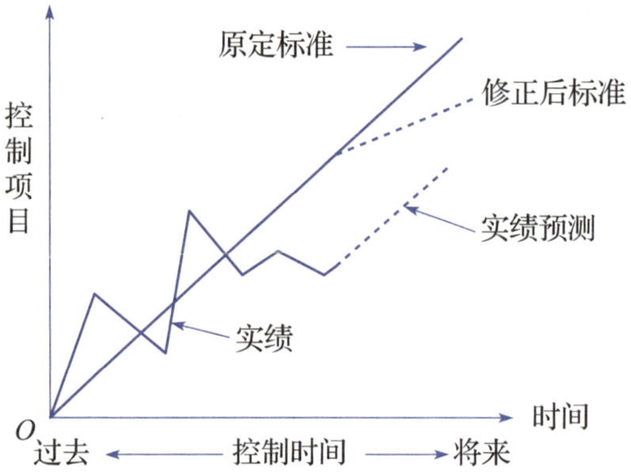

图 5－3 控制的“调适”作用示意

图 5－2 说明，控制通过检查或检测计划执行中发生的偏差以及内外环境出现的变化，并进而采取处理措施，就可以促使管理工作过程成为一个闭环的系统。正是从这种循环的角度看，控制职能也可以说是下一阶段管理工作过程的起点。至于管理学教材中概括的以计划职能为起点的“计划—组织—领导—控制……”模式，很明显是以组织的运行从“零”起步作为假设的。在管理工作的实际过程中，很难区分出计划与控制究竟哪个是开始，哪个是结束。可以说，控制既是一个管理工作过程的终结，又是一个新的管理工作过程的开始。而且，计划与控制的内容还常常相互交织在一起。管理工作本质上就是由计划、组织、领导、控制等职能有机地联系而构成的一个不断循环过程。

三、控制的基本特点

（一）目的性

无论是着眼于纠正执行中的偏差还是适应环境的变化，控制都是紧紧地围绕组织的目标进行的。与其他管理工作一样，控制也具有明确的目的性特征。换言之，控制并不是管理者主观任意的行为，它总是受到一定的目标指引，服务于达成组织特定目标的需要。控制的意义就体现在，它通过发挥“纠偏”和“调适”两方面的功能，促使组织更有效地实现其根本的使命目标。

（二）整体性

控制的整体性特点体现在以下两个方面。

首先，从控制的主体来看，完成计划和实现目标是组织全体成员共同的责任，控制应该成为组织全体成员的职责，而不仅仅是管理人员的职责。让全体成员参与到控制工作中来，这是现代组织中推行民主化管理思想的重要方面。

其次，从控制的对象来看，控制覆盖组织活动的各个方面。人、财、物、时间、信息等资源，各层次、各部门、各单位、每个人的工作，以及企业生产经营的各个不同阶段等，都是控制的对象。不仅如此，控制中需要把整个组织的活动作为一个整体来看待，使各方面的控制能协调一致，达到整体的优化。

（三）动态性

管理工作中的控制不同于冰箱的温度调控，后者是一种高度程序化的控制，具有稳定性特征；组织则不是静态的，其外部环境和内部条件随时都在发生着变化，从而决定了控制标准和方法不可能固定不变。控制应具有动态性特征，这样可以保证和提高控制工作的有效性与灵活性。

（四）以人为中心

控制本质上是由人来执行的，而且主要是对人的行为的一种控制。与物理、机械、生物及其他方面的控制不同，管理中的控制不可忽视其中的人性方面的因素。管理中的控制应该成为提高员工工作能力的工具。控制不仅仅是监督，更重要的是指导和帮助。管理者可以制订偏差纠正计划，但这种计划要靠员工去实施。只有当员工认识到纠正偏差的必要性并具备纠正能力时，偏差才会真正被纠正。通过控制工作，管理者可以帮助员工分析偏差产生的原因，端正员工的工作态度，指导他们采取纠偏的措施。这样，既能达到控制的目的，又能提高员工的工作水平和自我控制能力。

参考案例

海尔通过“三张表”实现转型

海尔通过“倒三角”的组织再造和“自主经营体”的创新，使企业竞争力进一步提升。但是，如果没有经营成果评价方式的改变，结构和流程的再造难免会回到老路上。海尔的做法是，通过自主经营体的“三张表”把转型持续进行下去。这三张表就是损益表、日清表、人单酬表。

海尔的损益表和传统的财务报表不同。传统的损益表，就是收入减成本、减费用，等于利润。而海尔的损益表则是全新的理念：“收入”，与传统财务报表的收入项目相同；“益”（收益），指的是通过做自主经营体为用户创造价值而获得的收入；两者的差，就是

“损”(损失)，也就是那些不是通过做自主经营体而获得的收入都不能算数，因为这些数不一定为用户创造了价值，是不可持续的。损益表中的“损”，就是当前工作的差距。

消除差距的主要方式是创新平台、创新流程、创新机制，把这些创新的工作形成每天的预算，进行日清，于是有了第二张表——日清表。

最后的关键是，怎样把每个人为用户创造价值的积极性调动起来。这就需要靠机制保障，于是在海尔又有了第三张表——人单酬表。海尔内部称它为“温度计”。也就是，把给用户创造的价值按竞争力水平在“温度计”上分成5段，最好的叫分享，往下依次是提成、挣工资、亏欠、破产。每个人根据在温度计上的位置，即为用户创造的价值，来确定自己的收入。

按照海尔高层领导的说法，推行自主经营体的“三张表”的目的，是以员工为中心，通过“人单合一”的机制激发员工的创新力，让员工创造用户价值，创造市场资源，达到用户、企业、员工的“三赢”。

第二节　控制的过程与要素

一、控制的基本过程

作为管理工作中相对独立的一个环节，控制也是由若干步骤组成的。管理工作中的控制过程可以划分为如下几步（见图5-4）。

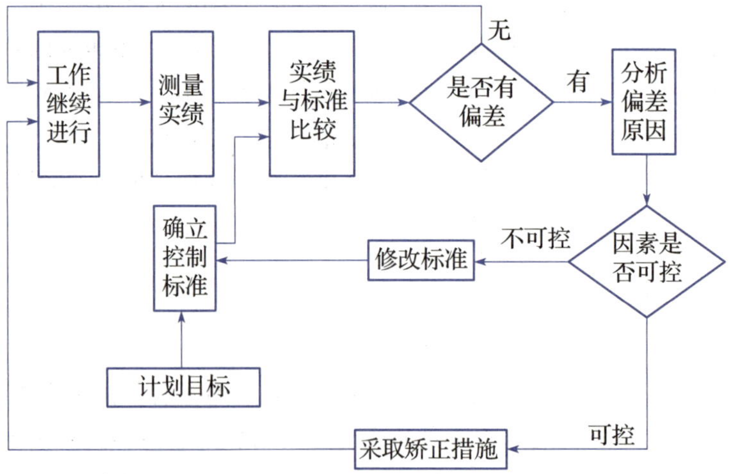

图5-4　控制的基本过程

（一）确立控制标准

控制标准的确立对计划工作和控制工作实际起着承上启下或连接的作用。计划是控制的依据，但各种计划的详尽程度是各不相同的。有些计划已经制定了具体的、可考核的目标或指标，这些指标就可以直接作为控制的标准。但大多数的计划相对比较抽象、概括，这时需要将计划目标转换为更具体的、可测量和考核的标准，以便于对所要求的行为结果加以测评。

任何一个组织的针对某一工作的控制标准都应该有利于组织整体目标的实现。在此前提下，对每一件工作确立的控制标准都必须有明确的时间界限和具体的内容要求。企业控制工作涵盖的范围很广泛，因此，为实行控制而制定的标准也就有多种层次和多个方面。从最基层的工作任务控制角度来说，常用的控制标准有四类：一是时间标准，如工时、交货期等；二是数量标准，如产品产量、废品数量等；三是质量标准，如产品等级、合格率、次品率等；四是成本标准，如单位产品成本、期间费用等。举例来说，对企业生产工作的控制，可具体检查产品在时间上是否按期生产出来并如期完成交货，产量是否达到数量标准，原材料规格和产品合格率是否达到质量标准，原材料消耗及员工工资是否超出成本费用限制，等等。通过这种全方位的控制，就可以确保按质、按量、按时和低成本地完成计划规定的任务。

（二）测量实绩与界定偏差

对照标准测量实绩是控制过程的第二步，它又分为两个小步骤：一是测量或预测实绩；二是进行实绩与标准的比较。在获取有关实绩方面的信息时，管理者需要全面地考虑需要测量什么（测量的项目）、如何测量（测量的方法）、间隔多长时间进行测量（测量的频率）和由谁来测量（测量的主体）等问题。

测量到实绩后，就可以将其与标准进行比较，确定有无偏差及偏差的大小。当然，并非所有偏离标准的情况均要作为问题来处理，这里有个容限的问题。所谓容限，就是准许偏差存在的上限与下限范围，在这个界限范围内，即使实际结果与标准之间存在差距，也被认为是正常的。表 5－1 是控制标准与容限示例。如果计划执行中没有偏差发生，或偏差在规定的容限之内，则该控制过程暂告完成。若执行中出现了不能容许的偏差，则控制过程进入下一步骤。

表 5－1 控制标准与容限示例

控制标准	容限
全勤	每月准许请假 2 天
上午 8:00 开始工作	迟到不得超过 5 分钟
等候时间 1 分钟	可再加 15 秒
工作场所表面皆擦拭干净	显见微疵以 2 个为限

（三）分析原因与采取措施

解决问题需要先找出产生偏差的原因，然后采取措施纠正偏差。例如，销售收入下降到底是销售部门营销工作中的问题，还是对销售部门授权不够引起的；是生产部门制造质量下降和不能按期交货，还是技术部门新产品开发进度太慢致使产品老化、竞争力下降，抑或是宏观经济调整造成的；如此等等。每一种可能的原因与假设都不容易通过简单的判断确定下来。而如果对造成偏差的原因判断得不准确，纠正措施就会无的放矢，不能奏效。

对偏差原因做了彻底的分析后，管理者就要确定该采取什么样的纠偏行动。具体纠偏措施有两种：一种是立即执行的临时性应急措施；另一种是永久性的根治措施。对于那些迅速、直接地影响组织正常活动的急性问题，多数应立即采取补救措施。例如，某一种规格的部件在加工过程中出现了问题，一周后如不能生产出来，其他部门就会受其影响而出现停工待料。此时不应花时间追究责任，而要采取措施确保按期完成任务。管理者可凭借手中的权力，采取如下行动：一是要求工人加班加点，短期突击；二是增添人员和设备；三是派专人负责指导完成；等等。危机缓解以后，则可采用永久性的根治措施，如更换车间管理人员，变更整个生产线，或者重新设计部件结构等。

以上是从控制着眼于纠正偏差方面而言的。但积极的控制还会引致计划的修改或重定，从这个角度来看，控制工作过程的步骤会有些变化，如第二步就不是测量实绩，而是检测计划执行中内外环境已发生或将发生的变化；界定偏差也不是进行实绩之间的比较或者实绩与实绩（历史水平或横向水平）的比较，而是主要进行标准与标准的比较（查看有关标准、指标或目标之间是否平衡一致）、标准与将来的比较（查看决策前提的变化及决策本身的连续控制）。此外，针对偏差采取措施也不是着眼于纠正计划执行不力所引起的偏差，而更多地考虑原控制标准制定不合理或内外环境变化这些方面的问题；其行动措施的结果不是促使实绩向目标、标准靠近，而是使控制标准本身发生变化。

二、控制系统的构成要素

从控制过程的步骤分析中可以看出，有效的控制必须满足以下条件：

（1）具有明确的控制目的。控制的目的性可以表现为使实绩与控制标准、目标相吻合，或者使控制标准、目标获得适时的调整。有效的控制系统不仅要能使执行偏差得到及时纠正，还应该能够促使管理者在现实情况（内外环境）发生较大变化时对原定标准或目标做出正确的修正和更改。

（2）具有及时、可靠、适用的信息。信息是控制的基础。只有掌握了有关执行偏差或环境变化的足够信息，管理者才有可能做出有针对性的决策。

（3）具有行之有效的行动措施。管理者应能够通过落实所拟定的措施、方案，使执行中的偏差得到尽快矫正，或者形成新的控制标准和目标。

总而言之，控制系统是由控制的标准和目标、偏差或变化的信息以及纠正偏差或调整标准和目标的行动措施这三部分要素构成的。这三个构成要素共同决定了控制系统的效率和效能，因此，它们也就是有效控制的基本条件。

参考案例

信息化对材料供应控制工作的影响

赵宝艳是洗衣机事业部一名普通的材料员，是在海尔集团工作12年的老员工。在这12年间，她不断地经历着海尔信息化的浪潮。提起海尔集团信息化的推进过程，赵宝艳最大的体会是：手中的单据越来越少，信息的流通越来越快！

赵宝艳回忆说：10年前，她要接触很多单据，比如领料单、物料信息单、物料账本……工作中的“信息”，就在这些单据上传递。当时的工作最明显的特点是：手工领料、手工记账、手工对账。“所以，”赵宝艳说，“不用多久，我手头的账本就会有厚厚一沓！那时候，我最怕对账了，因为太容易出差错！”

后来，集团推进了信息化。2000年下半年，赵宝艳用上了SAP系统。信息化提高了工作效率，物料信息都在系统里流通，过去十几个人才能做的工作只需要几个人做就行了。但是，当时的信息化系统还没有将销售、生产、采购等环节“打通”。

现在集团信息化系统升级后，只要事业部的生产计划一导入，系统就会自动根据订单分配所需物料，物料采购员、物流立体库都能直接获取这些相关的信息。

赵宝艳说：新系统对自己的素质要求越来越高了，因为现在的信息化系统与前端的市场、后端的采购都是紧密相连的，系统中的信息会越来越准确，自然就要求事业部的订单执行越来越精准。

“这虽然是一个挑战，但我很欢迎信息化！”赵宝艳说，“因为它能让我的工作与市场越来越合拍，越来越有价值！”

第三节 控制的类型与方法

一、控制的类型

控制活动可以从不同的角度进行分类。以下我们介绍几种典型的控制分类。

（一）负馈控制与正馈控制

前面我们已经从控制目的和对象的角度，将控制工作划分为纠正执行偏差和调整控制标准两种类型。前者是使执行结果符合控制标准的要求，为此需要将管理循环中的实施环节作为控制对象；后者则是为了使控制标准发生变化，以便更好地符合内外现实环境条件的要求，其控制作用的发生主要体现在管理循环中的计划环节，也就是这种控制的对象包括了标准本身。用控制论的术语来说，这两类控制实际上就是负馈控制和正馈控制。这里，“负馈”意味着使偏差得到缩小，“正馈”意味着使控制标准和目标发生振荡或变动。正馈控制和负馈控制应该得到并重使用。

参考案例

冷战时期的美苏军备竞赛

冷战时期，美苏双方为了确保本国的国防安全，都力图降低对方对己的军事威慑力。以此作为控制的标准，双方都努力通过增加军备投资，来提升自己的国防能力。这一举措能够使本国抵御对方威胁的军事实力与感知到的对方威慑力保持平衡，因此是一种负反馈（图 5－5 中以左、右两个闭环来表示两国内部的负馈路线）。但是，双方增加军备投资，除了形成一条各自的闭环回路外，还有一条可能被各方忽略的重要的反馈路线，那就是：伴随一方国防能力的增强，对方感知到的威慑力也增大（如图 5－5 中的上、下两条线所示）。这是作用于对方控制标准的正馈回路。由于这种交互作用，被两国视为控制标准的降低对方威慑力的“目标”本身实际上就处在不断调高的变动中。这种正馈解释了苏联与美国两个军事大国之间为什么会在冷战时期形成军备投资不断升级的“竞赛”局面。

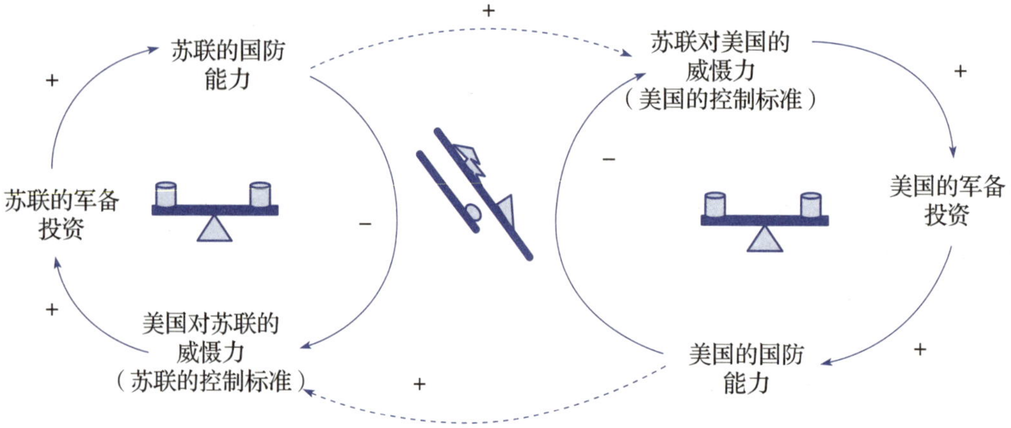

图 5－5　负馈与正馈的并存

（二）外在控制与内在控制

这是按控制力量的来源来分类的。外在控制是指一个单位或个人的工作目标和标准的制定，以及为了保证目标和标准的顺利实现而开展的控制工作，它由其他的单位或个人来承担，自己只负责检测、发现问题和报告偏差。例如，上级主管的行政命令监督、组织程序规则的制约等，都是这种外在强加的控制。与之不同，内在控制不是“他人”控制（无论是来自上级主管的“人治”，还是来自程序规则的“法治”），而是一种自动控制或自我控制（称为“自治”）。自我控制的单位或个人不仅能自己检测、发现问题，还能自己订立标准并采取行动纠正偏差。例如，目标管理就是让低层管理人员和工人参加工作目标的制定（上下协商确定目标），并在工作中实行自主安排（自己决定实现目标的方法手段）、自我控制（自己检查评价工作结果并主动采取处理措施）的一种管理制度和方法。目标管理通过变“要我做”为“我要做”，使人们更加热情、努力地去实现自己参与制定的工作目标。当然，只有在个人目标与组织目标差异较小、员工素质普遍较高时采用，目标管理才容易奏效。而在目标差异较大、员工素质较低时，较多的外在强加控制则是更加需要的。

（三）直接控制与间接控制

按照受控的客体不同，控制方式还可区分为直接控制和间接控制。直接控制是将改进工作的注意力放在工作人员上。它基于这样的假设，即计划实施的结果取决于执行计划的人。一项工作的主管人员及其下属的素质越高，工作目标的实现就越有保障。因此，这种控制方式注重通过提高人员素质来确保计划目标的实现。其优点一是有利于组织形成一支素质优良的员工队伍；二是可促进自我控制方式更多地被采用。主要的问题是，人无完人，即使非常优秀的员工，也有做事不周全或者犯错误的时候。把控制的着眼点从“人”转到“事”上，即采取间接控制，一方面可以及时地发现问题，防微杜渐；另一方面可以避免因直接对人施控而产生的关系紧张状态。控制工作中通常倡导的“对事不对人”原则就是强调要更多地使用间接控制方式。当然，这种控制要达到预期的效果，需要满足以下假设条件：（1）工作成效是可测量的；（2）人们对工作成效的好坏具有个人责任感；（3）查清事态及偏差原因的时间有保障；（4）有关人员或部门会采取纠正措施。若这些条件不具备，组织就要启用直接控制方式，通过管“人”来达到管“事”的目的。

（四）反馈控制、前馈控制和现场控制

这是按照控制信息获取的方式和时点的不同来分类的。反馈控制是在活动完成之后，通过对已发生的工作结果的测定来发现偏差和纠正偏差（此为负反馈），或者是在企业内外环境条件已经发生了重大变化，导致原定标准和目标脱离现实时，采取措施调整计划（此为正反馈）。反馈控制实际上是一种事后的控制，故反馈亦称为后馈或事后控制。企业中使用最多的反馈控制包括财务报表分析、产成品质量检验、工作人员绩效测评等。反馈控制对于本次所完成的活动已不再具有纠偏的作用，但它可以防止将来的行为再出现类似的偏差。

与反馈控制以过去的信息为导向不同，前馈控制旨在获取有关未来的信息，依此进行反复认真的预测，预先确定可能出现的执行结果与计划要求的偏差（此为负前馈），或者事先察觉内外环境条件可能发生的变化（此为正前馈），以便提前采取适当的处理措施预防问题的发生。前馈控制亦称预先控制，它由于未雨绸缪地采取了防患于未然的行动，从而可以克服反馈控制系统的滞后性问题。例如，司机驾车上山，如果上坡时等速度表显示车速下降后再去踩油门，那就未免太晚了。有经验的驾驶员知道，上坡是影响速度的变量，因此需要上坡前就先踩油门，以提前消除变量因素的影响。同理，猎人打飞鸟时，总是把瞄准的方向定在鸟儿飞行前方的某一预估距离。而企业在经营管理中，在原料进厂之前或投入生产过程之前便对其进行把关检验，要求工作人员“持证上岗”，确保其能力和素质，以及对设备进行预防维修等，都是前馈控制的例子。

关于正、负馈和前、反（后）馈概念的区别和联系，这里归纳如下：

（1）正前馈是在预测环境条件变化基础上调整控制标准；

（2）正反馈是在比较控制标准与现实条件及环境要求的差距后调整控制标准；

（3）负前馈是在预测工作实绩变化基础上矫正执行活动；

（4）负反馈是在比较现有工作实绩的差距后矫正执行活动。

与前馈控制和反馈控制都不同，现场控制则是一种同步、实时的控制，即在活动进行的同时就实施控制。管理者亲临现场进行指导和监督，就是一种最常见的现场控制活动。

现场（同步）控制的方法可分为两种：一是驾驭控制，如驾驶员在行车当中根据道路情况随时使用方向盘来把握行车方向。这种控制是在活动进展过程中随时监视各方面情况的变动，一旦发现干扰因素介入，立即采取对策，以防执行中出现偏差。二是关卡控制，它规定某项活动必须经由既定程序或达到既定水平后才能继续进行下去。如企业规定某产品售价是否可以调整或某项投资是否继续都要经过有关主管人员的同意，以及生产过程中对在制品质量进行分段检验等，都起着关卡控制的作用。日本汽车业在20世纪70年代末80年代初以价低质优的产品有力地冲击了美国汽车制造商，一条重要的经验就是充分使用了关卡控制法。在日本的汽车厂中，装配线上的每个工人同时又是产品质量检查员，负责对其前一道工序的产品质量进行检查、筛选、剔除，及时发现不合格品，而美国的汽车装配厂总是等到汽车装配完了再进行总检查，不合格品返工的损失就大多了。

参考案例

巧妙安排提供帮助的时机

“微管理”在当今职场是个贬义词。过于频繁干预下属行为或对他们管得太宽的老板不会有好名声，而且大多数有远见的组织都更看重员工的自主性，而非监管。研究表明，人们会对不必要或不需要的帮助产生强烈的负面情绪和生理上的负面反应，而且人际关系可能因此受到影响。

不过，管理者也不能彻底放任自流，与下属不在同一个地点办公时尤其如此。从事复杂工作的员工往往不需要肤浅的建议或鼓励，而是需要在恰当的时机对解决问题有实际意义的协助。大量研究表明，相对于放任员工独自工作，为员工提供协助的组织业绩更好。那么，管理者如何在不损害员工的效率和独立性的前提下，为他们提供所需的帮助？

干预下属工作的时机很重要。传统观点认为，防患于未然是最好的策略。然而，那些被认为最能提供帮助的管理者，不会试图预先解决每一个问题，也不会一发现问题便立刻干预。相反，他们会观察、倾听，等到确定下属认为有必要寻求帮助并准备听取他人建议时才会出手。他们明白，员工在已经投入一项任务或项目并亲身感受到困难时，会更愿意接受帮助。

一项针对以协助型企业文化闻名的设计咨询公司的研究表明，在一个案例中，管理者与一个人手不足的团队定期沟通，发现了一些在他看来属于项目范围的基本问题。不过，他没有立即插手提供帮助或建议，只是告诉项目团队领导者，他随时可以提供帮助。

另一项对124个创业决策团队的研究证实了在适当时机出手相助的重要性。我们发现，在团队工作过程中，等问题出现之后再给出建议，会比事先给出建议更容易让团队成员接受，也更容易引起重视。相比在讨论最初就得到更多指导，问题出现后再获得建议会让团队成员真正利用这一帮助、改善流程、分享更多信息并客观地做出更好的决策。

促使员工乐于接受帮助的具体因素可能因情况而异。但管理者在下属了解相关任务并表达自己观点之前不要提供意见。在很多情况下，选对时机的帮助措施或许强于早一分的预防。

资料来源：费希尔，阿玛比尔，菲尔勒默．提供有效帮助，避免微管理．哈佛商业评论，2021（1）．

（五）任务控制、绩效控制和战略控制

这是从问题的重要性和影响程度来划分的。任务控制亦称运营控制、业务控制，主要是针对基层生产作业和其他业务活动而直接进行的控制。任务控制大多采用负馈控制法，其目的是确保有关人员或机构按既定的质量、数量、期限和成本标准要求完成所承担的工作任务。

参考案例

家具生产任务的控制

一家家具制造厂为一条组装流水线设定了如下工作标准：每天完成 500 件家具的生产，每星期（每周为 5 日、每日为 8 小时工作制）的人工成本是 4 000 美元，次品率为 1.5%。该厂还建立了一套管理信息系统，用它来测定一星期的数据。本周它测出每天的产量是 480 件家具，人工成本是 3 800 美元，而产品的次品率为 2%。次品原因是一台铆接机出了问题。将实际结果与标准要求相比较，可以发现：

日产量差距 $=480-500=-20$（件）

周产量差距 $=-20\times 5=-100$（件）

$$单位产品成本差距 =\frac{3\,800}{480\times 5}-\frac{4\,000}{500\times 5}=1.583-1.6$$

$$=-0.017（美元）$$

次品率差距 $=2\%-1.5\%=0.5\%$

以上偏差信息表明，成本指标完成得相对较好（权且不考虑次品增加可能造成的返工损失及其他浪费），但生产量和次品率都有待改进。对于次品超标准问题，如果是铆接机出了毛病，可向厂里维修部门申请速来修理或更换机器。产量落后的情况如若决定以周末加班方式来处理，则全班人马需要在以后的每周加班 1 小时 40 分钟，即按每小时 60（480 ÷ 8）件的生产率，一周产量差距 100 件需加班 100 分钟才能完全补偿（这里未考虑弥补第一周已发生的产量偏差的需要）。

绩效控制是一种财务控制，即利用财务数据来观测企业的经营活动状况，以此考评各责任中心的工作实绩，控制其经营行为。此种控制亦称为责任预算控制或以责任发生

制为基础进行的控制。从一般的企业来看，其内部组织单位通常可以区分为以下四类责任中心：

（1）成本责任中心。这类组织单位只对成本负责，而不对收入、利润和投资负责，因而是成本责任中心。成本责任中心的应用范围最广。任何对花费负有责任的产品生产单位均可成为成本责任中心，如工厂、车间、工段、班组等。有些不进行生产的服务部门，如会计、人事、法律、总务等部门，也可成为费用中心，也就是广义的成本责任中心。成本责任中心只对本单位发生的可控花费（责任成本）负责，对其评价和考核以开支报告为依据，通过衡量责任成本的实际数与预算数的差异来作为其工作好坏的标志。

（2）收入责任中心。这类组织单位只对其销售过程所实现的收入情况及为取得这些收入所花费的直接费用负责，因而称为收入责任中心。收入责任中心体制通常在不负盈亏责任但相对独立的销售机构中采用。这类机构一般自身无权为扩大销售额而降低价格，也无权控制产品的质量和设计，主要依靠增加的销售费用来增强人员推销而不是用来做广告宣传。对这种部门的绩效考评，就要看它是否使用既定的直接销售费用完成了预算中的销售定额，而不考虑其所销售产品的制造成本，因而它不能直接作为利润责任中心。

（3）利润责任中心。作为利润责任中心的单位既对经营成本负责，又对经营收入及利润负责。这意味着它既要能控制责任成本的发生，也要能对应当取得的经营收入进行控制，因而主要适用于企业中有独立收入来源的较高层次的单位，如分厂、分部、分公司等。对利润责任中心的评价与考核是以成果报告为依据进行的，主要衡量其实际销售收入和销售成本是否达到目标销售额和目标成本水平。其考评指标有两个：一个是贡献毛益，指销售收入扣减变动成本后的余额；另一个是销售利润，即将贡献毛益再减去该利润责任中心直接发生的固定成本和从总部管理费用中分摊来的间接固定成本后的余额，也就是销售收入与全部变动成本和固定成本的差额。将销售利润除以销售收入，可以得到销售利润率这一相对指标。

（4）投资责任中心。投资责任中心既对成本、收入、利润负责，也对投入和使用的资金负责，即它不但要能控制收入和成本，也要能控制生产经营过程所占用的全部资金（包括流动资金和固定资产及长期投资等）。投资责任中心限于在拥有较大经营自主权的部门（如规模较大的分公司）以及企业最高层次（包括总公司、子公司等）中采用。对投资责任中心的考评也以成员报告为依据，主要衡量指标是投资回报率，它是销售利润率与投资周转率（即资金周转次数）的乘积。具体计算公式如下：

$$\begin{aligned}投资回报率 &= \frac{销售利润}{投资总额} = \frac{销售利润}{销售收入} \times \frac{销售收入}{投资总额} \\ &= 销售利润率 \times 投资周转率\end{aligned}$$

可见，投资回报率高低与销售利润率水平成正比，投资责任中心是比利润责任中心更高一级的责任中心。同理，销售利润率高低也与其内部单位的成本花费水平有密切关系，这说明利润责任中心又比成本责任中心高一个层级。三种责任中心之间是相互嵌套的关系。

为明确区分和计算上面提及的各项绩效考评指标，现将它们之间的关系归纳如下（见图 5－6）。

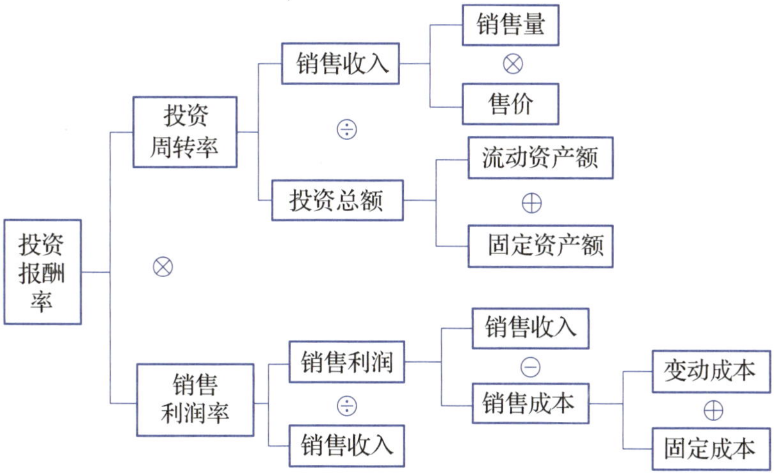

图 5－6　各项绩效考评指标关系

战略控制是对战略计划和目标实现程度的控制。战略控制中，不仅要进行负馈控制，而且常需要进行正馈控制。也就是说，在战略控制过程中常有可能引起原定战略方案的重大修改或重新制定。也正因为这个缘故，人们倾向于将战略的计划与控制系统笼统地称作战略计划系统，而将任务的计划与控制系统称作任务控制系统。这说明，在较低层次的管理控制中，以负馈为手段的常规控制占主要地位；随着组织层次的提高和考虑环境变化的需要与责任的增加，正馈控制的比重越来越大。

参考案例

战略控制的原理和方法

某公司拟订了一个五年的战略计划，欲成为一家提供高质量产品的、以用户服务为中心的企业。现在时间过去了两年，该公司经理希望对计划的执行情况做一审查，以便商讨将来的对策。表 5－2 是关于该公司五年战略计划头两年执行情况的一份简要报表。

表 5－2　某公司战略计划执行情况一览表

战略成功因素	经营目标		执行情况（头两年实绩）	偏差鉴定（“+”为有利，“－”为不利，“?”为不确定）	偏差原因分析及处理
	五年目标	头两年目标			
1. 成本控制：					是间接费用削减幅度过大，还是计划目标过于保守？在销售额增加情况下，直接费用是否超标？是否因质量问题引起毛利下降？
• 间接费用占直接费用的比率（%）	10	15	12	+（?）3	
• 销售毛利率（%）	39	40	40	0	

续表

战略成功因素	经营目标		执行情况（头两年实绩）	偏差鉴定（“+”为有利，“–”为不利，“?”为不确定）	偏差原因分析及处理
	五年目标	头两年目标			
2. 产品质量： • 退货率（%） • 合格率（%）	1.0 100	2.0 92	2.1 80	-0.1 -12	产品质量问题严重。在产品合格率较低的情况下较好地控制了退货率，说明服务人员在其中起了重要的作用。但是否会导致其工作压力加大而离职?
3. 用户服务： • 安装周期（天） • 用户服务人员占销售人员比例	2.5 3.2	3.2 2.7	2.7 2.1	+0.5 +（?）0.6	服务人员工作效率较高。但在人数减少的情况下是否任务压力太大了?
4. 服务人员士气： • 缺勤率（%） • 离职率（%）	2.5 5	3.0 10	3.0 15%	0 -5	服务人员规模难以维持与间接费用降低有密切关系。服务人员离职可能是因工作量太大，责任过重、压力过大，还可能与公司用人、奖惩制度有关。
5. 总体绩效： • 公司人均月销售额（美元） • 新产品数	12 500 6	11 500 3	12 100 5	+（?）600 +（?）2	销售额增加是否因为市场增长迅速? 市场占有率如何? 企业提高生产率的同时是否忽视了产品质量? 新产品开发目标是否过于保守?
6. 竞争形势： • 竞争对手新投放市场的产品数	6	3	6	-3	竞争对手力量相当雄厚，对本企业很不利。

根据偏差分析结果，这家公司高层管理人员可能采取如下两种措施：一是负反馈，在继续执行原计划的前提下采取偏差纠正行动，即着眼于改进对用户的服务和产品质量。这时，确保产品合格率就比追求销售额增长更重要，而为了保持期望的用户服务水平和服务队伍的规模，适当提高间接费用开支和强化对服务人员的激励就成为必须采取的基本对策。二是正反馈。鉴于公司现有经营实力与既定战略方向和目标的要求相距甚远，而且外部面临强大的竞争对手，这时可以考虑采取修正战略计划的正馈控制措施。即将公司战略方向从原定的提供高质量产品、优质服务转变为提供标准化、低价格的产品，在继续现有成本控制努力的同时，适当放宽对产品质量、用户服务和新产品开发的要求，这样调整标准的结果就是现在的偏差问题不显得那么突出、严重了，从而对纠偏措施的需要相对降低。

以上案例说明，正反馈和负反馈的侧重点是极其不同的，管理者进行战略控制应该站在更高的角度看待问题，而不能像低层次的控制活动那样仅局限于矫正眼前的、内部的具体执行工作。

二、控制的专业方法

控制工作可以按其所发生的专业领域进行分类。诚然，不同类型组织中开展的具体专业活动是不一样的，所以控制的内容也不尽相同。从企业组织来看，其专业控制工作主要有以下几种。

（一）库存控制

这主要是对量大面广的原材料、燃料、配件、在制品、半成品和产成品等存货品种和数量的控制。库存增加不仅需要占用生产面积，还会造成保管费用上升、资金周转减慢、材料腐烂变质等。但库存过少，又容易造成生产过程因停工待料而中断，产成品因储备不足而造成脱销损失，等等。因此，库存应当保持在适当的水平，以保证生产和销售的需要。

（二）进度控制

这是根据产品生产或项目建设的进度计划要求，对各阶段活动开始和结束的时间进行的控制。网络分析的思想告诉我们，进度控制可以从一系列相互关联的活动中挑选那些时间冗余幅度小的关键活动路线加以密切关注，以免某关键活动的一次延误就影响后续各项活动乃至总体进度按时完成。

（三）质量控制

质量是由产品使用目的所提出的各项适用特性的总称。对产品质量特性按一定的尺度、技术参数或技术经济指标规定必须达到的水平，就形成了质量标准，它是检验产品是否合格的技术依据。质量控制就是以这些技术依据为衡量标准来检验产品质量的。为保证产品质量符合规定标准要求和满足用户使用目的，企业需要在产品设计、试制、生产制造直至使用的全过程中，进行全员参加的、事后检验和预先控制有机结合的、从最终产品的质量到产品赖以形成的工作的质量全方位抓的质量管理活动，即“全面质量管理”。

（四）预算控制

预算是用财务数字或非财务数字来表示预期的结果，并以此作为标准控制执行工作中的偏差的一种计划和控制手段。企业中的预算包括销售预算、生产预算、费用预算、投资预算以及反映现金收支、资金融通、预计损益和资产负债情况的财务预算等内容。预算控制的好处是，它能把整个组织内所有部门的活动用可考核的数量化方式表现出来，以便查明其偏离标准的程度并采取纠正的措施。预算与会计是有区别的，会计只记录组织活动进行的状况，而预算则不仅告诉人们目前活动进行的状况，而且将各方面指标限定在既定的范围内。但预算无法反映组织中那些难以用数量表示的因素，也不能说明表面上的数字偏差背后的原因。

（五）人事管理控制

管理者除了对本组织的预算、财务和生产销售进行控制外，还必须注意对人事方面的管理进行控制。从本质上讲，人事方面的管理控制主要集中在对组织内人力资源的管理上。具体有两大方面：一是主要人事比率的控制。即分析组织内各种人员的比率（如管理人员与职工的比率、后勤服务人员与生产工人的比率、正式职工与临时工的比率以及人员流动率和旷工缺勤率等）是否维持在合理的水平上，以便采取调整和控制措施。比如，反映进入和离开本单位的职工占职工总数比例的人员流动率如果太高，会影响职工队伍的稳定和增加培训费用，但如果人员长期不流动，也会使组织缺少新的血液和活力，因此流动率需要控制在一定的限度内。二是对管理人员和一般员工在工作中的成绩、能力和态度做出客观公正的考核、评价和分析鉴定，这既有利于激励原来表现好的员工继续保持和再接再厉，也有利于使原来表现差的员工朝着好的方向转化和发展。

参考案例

步步高的大数据舞弊风控平台

步步高集团于1995年在湖南省湘潭市设立，属于批发和零售业。2008年，其子公司步步高商业连锁股份有限公司在深交所上市，致力于成为中国领先的商业及服务业的运营商。步步高的主营业务为商品零售，以超市、百货双业态的组合方式，为广大消费者提供商品零售服务。

步步高近年来一直致力于数字化战略的落实，运用大数据思维和技术逐步完善了Oracle、翔龙ERP等一系列信息系统。然而，步步高业务众多，大量的业务数据在不同业务部门和员工之间进行流动，整个过程非常复杂，但员工登录系统的方式仅为账号与密码登录，并未实施严格的保密措施，同时未对登录系统人员的权限进行严格规定。此外，公司也未对非权限人员登录账号的行为进行及时监督。员工在系统操作环节可能会通过盗取他人账户与密码等违规操作手段来非法获利，在利益的驱使下篡改采购数据或者销售数据，甚至产生索贿受贿、损公肥私的行为，造成公司严重的经济损失。

步步高门店众多，随着门店数量的增加，员工也增加，这对员工管理提出了更高的要求。但是步步高在实际运营过程中，未对授权批准与业务经办、业务经办与稽核检查、授权批准与监督检查等不相容职务分离进行严格规定，为员工在系统中虚开订单提供了可能。同时，考核奖惩机制不健全，公司对门店监督范围不广，监督力度不够，使得整个监督流程流于形式，效果大打折扣。门店员工可能利用不相容职务分离规定的漏洞，通过虚假报销业务支出、隐瞒业务收入等方式侵占公司资产，损害公司利益。职务侵占是最常见的舞弊行为之一，如果步步高对这种风险反应滞后，不能及时防控，除了损失原有的财产外，还将会花费其他人力、财力去进行补救。

为防控企业可能发生的舞弊风险，内控部提出了初步的解决方案：建立大数据舞弊风控平台。该平台主要包括两层，第一层是流程层，第二层是制度层。流程层主要是企业从数据测试到舞弊风险的确认、报告再到舞弊风险模型优化，最后又回到数据测试这样一个循环的过程，在数据测试中运用了一系列的大数据的技术来分析数据情况，以便及时发现企业舞弊的风险。这些大数据技术包括云数据存储技术、数据采集技术、数据分析挖掘技术和可视化技术等，它们共同构成了流程层。制度层为流程层做了完善与补充，这些反舞弊制度能使反舞弊流程正常运行。在制度层中，反舞弊制度分为机构设置、文化建设、风险评估、控制活动、信息技术、强化监督、严厉查处等方面，使得整个制度层面变得有条理。

此外，步步高通过新增与优化反舞弊制度、将舞弊纳入内控考评和开展反舞弊培训等措施完善制度建设，营造诚信的内部氛围，为反舞弊工作的执行提供了制度保障。大数据舞弊风控平台通过完善反舞弊管理流程与制度建设，使得大数据技术与反舞弊工作有效结合，丰富了监督管理职能，加强了反舞弊工作力度，全面升级反舞弊工作体系。

资料来源：周兰，张阳，马岚，等.有控则强，弊绝风清——步步高公司大数据舞弊风控平台建设之路.中国管理案例共享中心案例库，2020.

（六）内部和外部审计

审计是对组织中的经营活动和财务记录的准确性与有效性进行检查、监测、审核的一种反馈控制工具。审计的内容很多，财务审计是其中最重要的部分。按其开展的方式，审计可分为外部审计和内部审计两种。前者是指由非本单位的专门审计人员和机构（如国家审计部门）对某一单位的财务程序和财务经济往来进行有目的的综合检查审核，以监督其行为的合法性，如有无偷漏税、贪污和其他侵吞国有资产等违法行为。内部审计则不仅仅考虑合法性要求，更着眼于改进企业生产经营活动的绩效。执行内部审计的人主要是本企业的高层管理人员和财务人员，有些大企业还常配备专门的审计人员，以便定期开展审计工作，确保组织活动的正常和顺利进行。

第四节 控制的基本原则

为确保控制工作取得更好的成效，下面将控制中遵循的主要原则归纳如下。

一、控制应该与计划和组织的特点相适应

管理的各项职能相互关联、相互制约。既然控制的目的是保证计划得到顺利实施，它就需要依靠组织中的各单位、各部门及全体成员来实施。所以，控制系统和控制方法应当与计划和组织的特点相适应。不同的计划具有不同的特点，因而控制所需的信息也各不相同。例如，对成本计划的控制信息主要是各部门、各单位甚至各种产品在生产经营过程中发生的费用；对产品销售计划的控制则要收集销售的产品的品种、规格、数量和交货期的情况。控制工作越是考虑到各种计划的特点，就越能更好地发挥作用。

同样，控制还应当反映组织结构的类型和特征。组织结构既然明确规定了企业内每个人所担任的职务和相应的职责权限，它也就可以成为确定计划执行的职权所在和产生偏差的职责所在的依据。由此也说明了，有效的管理控制必须能够反映一个组织的结构状况并通过健全的组织结构予以保证。健全的组织结构有两方面的含义：一方面，要能在组织中将反映实际情况和工作状态的信息迅速地上传下达，保证联络渠道的畅通；另

一方面，要做到责权分明，使组织结构中的每个部门、每个人都能切实担负起自己的责任。否则，偏差一旦出现就难以纠正，控制也就不可能得以实现。

二、控制应该突出重点，强调例外

在一个完整的计划执行过程中，组织通常需要选出若干关键点，把处于关键点的工作预期成果及其影响因素作为控制的重点。按照“次要的多数、关键的少数”原理，管理人员不必完全了解计划执行中的全部具体细节，就可能达到对组织活动的有效控制。而且，由于控制的对象减少了，控制工作的成本也相应降低。因此，控制要突出重点，抓住关键。

控制也应当强调例外原则。管理者将控制工作的重点放在计划实施中出现的特别好或特别坏的“例外”情况上，可以使他们把有限的精力集中在真正需要引起注意和重视的问题方面。当然，例外并不能仅仅依据偏差数值的大小来确定，还要考虑客观的实际情况。在同一个组织中，对于不同类别的工作，一定额度的偏差所反映的事态严重程度并不一样。有时，管理费用比预算高 5% 可能无关紧要，而产品合格率下降 1 个百分点却可能出现产品严重滞销问题。所以，在实际工作中，例外原则必须与控制关键问题的原则结合起来，注意关键问题上的例外情况。

三、控制应该具有灵活性、及时性和经济性

灵活的控制是指控制系统能适应主客观条件的变化，持续地发挥作用。控制工作本是动态变化的，控制所依据的标准、衡量工作所用的方法等都可能随着情况的变化而调整、变化。如果事先制订的计划因为预见不到的情况而无法执行，而事先设计的控制系统仍按部就班地如期运转，那么企业将会在错误的道路上越走越远。

控制工作还必须注意及时性。信息是控制的基础。为确保控制的及时性，信息的收集和传递必须及时。如果信息的收集和传递不及时，信息处理时间又过长，偏差便得不到及时矫正。更有甚者，实际情况已经发生了变化，这时采取的滞后的矫正措施则可能不仅没有积极作用，反而会带来消极的影响。

为进行控制而支出的费用和由控制而增加的收益，都直接与控制的程度相关。这意味着，控制工作一定要坚持适度、适量的原则，以便提高控制工作的经济性。换句话说，从经济性角度考虑，控制力度并不是越大越好，控制系统也不是越复杂越好。控制系统越复杂、控制工作力度越大，只意味着控制的投入越大。在许多情况下，这种控制投入的增加并不一定会导致计划的更顺利实施。

四、控制过程应避免出现扭曲问题

组织在将规则程序和预算这些低层次的计划作为控制标准时，最容易发生目标与手段相置换的问题。本来，规则程序和预算只是组织实现高层次计划目标的手段，但在实际控制过程中，有关人员对这些手段的关注可能超过对实现组织目标的关注，或者忘记了这些手段性措施只是为实现组织目标服务的，以致出现了为遵守规定或完成预算而不

顾实际控制效果的种种刻板、僵硬、扭曲的行为，控制的机能障碍也就由此产生。当人们丧失了识别组织整体目标的能力时，往往会出现“不是组织在运用控制职能，而是控制在束缚着组织”的不正常现象。因此，管理者在控制工作过程中特别要注意到次一层级控制标准的从属性和服务性地位，这一点对于成功、有效地实施控制至关重要。

五、将财务绩效控制与非财务绩效控制有机地结合起来

有效的管理控制系统应该是一个综合性的完整的控制体系，它能将企业各方面的情况以整合、一体的方式反映给高层管理者及有关人员，使他们对组织的绩效有全面的把握。

平衡计分卡法就是将传统的财务评价与非财务方面的经营评价结合起来，从与企业经营成功关键因素相关联的方面建立绩效评价指标的一种综合管理控制系统和方法。它涵盖四个主要的绩效评价领域：财务绩效、顾客服务、业务流程及组织学习和成长能力。在这四个评价领域，管理者要确定组织力争实现的关键绩效指标。一般而言，每个领域的评价指标限定在 5 项之内，这样就至多会有 20 项绩效控制指标。其中，财务绩效指标集中反映组织活动对改善短期和长期财务绩效的贡献，具体包括净收益、投资回报率等传统的绩效指标。顾客服务指标则衡量诸如顾客如何看待这个组织以及顾客保持率、顾客满意度等。业务流程指标集中反映内部生产及业务绩效统计状况，如订单履约率、单位订货成本等。最后一个领域考察组织学习和成长能力，它侧重评价组织为了未来的发展而对人力资本及其他资源的管理状况，具体衡量指标包括员工队伍稳定状况、业务流程改进程度以及新产品开发水平等。

平衡计分卡法对这些衡量各个领域绩效的指标进行一体化的设计，确保各指标间相互配合，并使企业当期的行动与长期的战略目标联结起来。这样，平衡计分卡法就有助于管理者将注意力集中在决定一个组织未来成功的关键性战略绩效指标上，同时也有助于管理者将这些绩效指标清晰地传达至整个组织中，使有关人员关注组织的总体运营情况，而不仅仅是眼前的财务指标实现情况。

六、控制工作应注重培养组织成员的自我控制能力

广大员工在生产和业务活动的第一线，是各种计划、决策的最终执行者，所以，员工进行自我控制是提高控制有效性的根本途径。比如，要提高产品质量，仅靠市场监督管理部门监督和新闻报道是不够的，重要的是企业改善管理、加强控制；而在企业中，仅靠管理者重视和完善控制制度也是不够的，广大员工应加强质量意识，并对产品生产的每个环节严格把关，这才是提高产品质量的最终保证。

自我控制具有很多优点。首先，自我控制有助于发挥员工的主动性、积极性和创造性。自我控制是员工主动控制自己的工作活动，是自愿的。这样，他们在工作中便能潜心钻研技术，对工作中出现的问题会主动设法解决。其次，自我控制可以减轻管理人员的负担，减少企业控制费用的支出。最后，自我控制有助于提高控制的及时性和准确性。

实际工作人员可以及时准确地掌握工作情况的第一手材料，因而能及时准确地采取措施，矫正偏差。

当然，鼓励和引导员工进行自我控制，并不意味着对员工可以放任自流。员工的工作目标必须服从于组织的整体目标，并有助于组织整体目标的实现。管理者要从整体目标的要求出发，经常检查各单位和员工的工作效果，并将其纳入企业全面控制系统之中。

小结

1. 控制是指管理人员对组织实际运行是否符合预定的目标进行测定并采取措施确保组织目标实现的过程。从传统的意义上理解，控制指的是“纠偏”，即按照计划标准衡量计划的完成情况，针对出现的偏差情况采取纠正措施，以确保计划目标得以顺利实现。这是一种狭义的控制概念。从广义的角度来看，控制并不仅限于按照既定的计划标准来衡量和纠正计划执行中的偏差，它还包括在必要时修改计划标准，以使计划更加适合实际情况的进一层的含义。因此，完整的控制包括“纠偏”和“调适”这两方面的含义。

2. 与物理、机械、生物及其他领域的控制相对照，在企业管理中实施的控制具有目的性、整体性、动态性和以人为中心的显著特点。

3. 就旨在纠正偏差的传统意义上的控制——负馈控制而言，控制过程一般包括确立控制标准、测量实绩与界定偏差、分析原因与采取措施这几个工作步骤。

4. 控制系统是由控制的标准和目标、偏差或变化的信息以及纠正偏差或调整标准和目标的行动措施三部分要素构成的。

5. 如果说负馈控制是力图使偏差得到缩小，以保持组织的稳定运行，那么，正馈控制就是通过对控制标准和目标的适当的修正，确保组织对内外运行环境的适应性。有效的控制系统应实现“纠偏”和“调适”，也就是负馈控制和正馈控制这两种功能的有机统一。

6. 控制的力量不但来源于执行者外部，也来源于执行者自身。如上级主管的行政命令监督、组织程序规则的制约等，都是外在的控制。员工的自我控制在现代社会中日益显示出重要性，因为它不仅体现了控制的人性面要求，也使员工从被动的“要我做”转变为“我要做”，从而激发员工的工作热情和主动性，实现行为控制与行为激励的融合。

7. 按照控制信息获取的方式和时点的不同，控制可区分为反馈控制、前馈控制和现场控制三种。反馈控制是在活动完成之后进行的事后控制，具有亡羊补牢的作用；前馈控制则是活动开始前进行的预先控制，能防患于未然；现场控制是在活动进行的同时实施的控制，因此是一种同步、实时的控制。各种控制方式都有其各自的优缺点和适用的条件。

8. 按照控制问题的重要性和影响程度不同，可将控制划分为任务控制、绩效控制和战略控制。任务控制的目的是确保有关人员或机构按既定的质量、数量、期限和成本标准要求完成所承担的工作任务。绩效控制是一种财务控制，即利用财务数据来测评企业中各责任中心（如成本责任中心、收入责任中心、利润责任中心、投资责任中心）的实绩，实现对其经营行为的控制。战略控制是对战略计划和目标实现程度的控制。战略控制过程中常常可能引起标准和目标的重大修改或重新制定。所以，现实中常将战略的计划与控制系统称作战略计划系统，而将任务的计划与控制系统称作任务控制系统。这说明，在较低层次的管理控制中，以负馈为手段的常规控制占主要地位；随着组织层次的提高和考虑环境变化的需要与责任的增加，正馈控制的比重越来越大。

9. 企业对各专业领域开展的工作也要进行控制。但在不同领域的专业活动中，由于控制的内容不一样，控制工作也各具特色。企业专业控制主要包括库存控制、进度控制、质量控制、预算控制、人事管理控制以及内部和外部审计等。

思维导图

- 控制
  - 控制的含义、作用与基本特点
    - 控制是指管理人员对组织实际运行是否符合预定的目标进行测定并采取措施确保组织目标实现的过程。
    - 控制的作用：限制偏差的累积和适应环境的变化。
    - 控制的基本特点：目的性、整体性、动态性和以人为中心。
  - 控制的过程与要素
    - 控制的基本过程：确立控制标准、测量实绩与界定偏差、分析原因与采取措施。
    - 控制系统的构成要素：控制的标准和目标、偏差或变化的信息以及纠正偏差或调整标准和目标的行动措施。
  - 控制的类型与方法
    - 典型的控制分类：
      （1）负馈控制与正馈控制；
      （2）外在控制与内在控制；
      （3）直接控制与间接控制；
      （4）反馈控制、前馈控制和现场控制；
      （5）任务控制、绩效控制和战略控制。
    - 控制的专业方法：库存控制、进度控制、质量控制、预算控制、人事管理控制、内部和外部审计。
  - 控制的基本原则
    - （1）控制应该与计划和组织的特点相适应；
      （2）控制应该突出重点，强调例外；
      （3）控制应该具有灵活性、及时性和经济性；
      （4）控制过程应避免出现扭曲问题；
      （5）将财务绩效控制与非财务绩效控制有机地结合起来；
      （6）控制工作应注重培养组织成员的自我控制能力。

课后习题

一、单项选择题

1. 某公司的管理者常在签订大批量销售合同之前就已经开始招聘人员。这是一种（　　）。

A. 前馈控制行动　　B. 反馈控制行动
C. 现场控制行动　　D. 无效的管理行动

2. 通过事先考虑各种可能的障碍来预测和预防偏差的产生，这种控制方法是（　　）。
A. 前馈控制　　B. 现场控制
C. 反馈控制　　D. 审计控制

3. “治病不如防病，防病不如讲卫生。”根据这一说法，下列哪种控制方式最重要？（　　）
A. 现场控制　　B. 反馈控制
C. 目标控制　　D. 前馈控制

4. 管理者在视察中发现一员工操作机器不当，立即指明正确的操作方法并告诉该员工在以后的工作中要按正确的方式操作。这是一种（　　）。
A. 反馈控制　　B. 现场控制
C. 前馈控制　　D. 指挥命令

5. 航行于波涛汹涌的大海上的船只依靠舵手对航向的不断修正，方能平安到达目的地。球队教练在赛前给球队确定的赛场战术、赛中换人或利用“暂停”指示队员改变战术、赛后总结经验教训，都是为了球队取得期望的“成就”。企业生产中，若发现某产品的单位变动成本超过既定标准，管理者则要分析原因是原材料涨价，还是工人劳动生产率降低，抑或是加工中浪费材料等，以便采取一定措施，使成本降下来。这些（　　）。
A. 分别是管理的计划、领导和控制职能　　B. 分别是管理的领导、组织和控制职能
C. 分别是管理的领导、组织和计划职能　　D. 都是管理的控制职能

6. 某年我国大部分地区发生严重干旱，不少地区用两种方法进行抗旱：一是引入黄河水进行灌溉，以补充雨水量的不足；二是改种耐旱作物，使粮食损失降到最低限度。这两种做法分别属于（　　）。
A. 调整计划和纠正偏差　　B. 纠正偏差与调整计划
C. 前馈控制与反馈控制　　D. 反馈控制与前馈控制

7. 北美地区冬天气温很低，但室内取暖极好，开着小轿车上班的人很少穿厚衣服。在一个寒冷的天气，有个住在郊外的年轻人身穿薄衣驱车进城，不巧在半路上因汽油用完附近又找不着加油站，只好将车抛下，步行十多分钟找到个无人的电话亭通知朋友紧急救援。可是等朋友赶到时，她已经快冻僵了。有了这次教训，她后来每次出门前都仔细检查汽车的油量有多少。这种出门前仔细检查油量的行为，以及此行为习惯形成的过程，属于哪种类型的活动？（　　）
A. 均为反馈控制
B. 均为前馈控制
C. 前者是前馈控制，后者是反馈控制
D. 前者是计划安排，后者与管理活动无关

二、简答题

1. 控制是为了使不希望的行为更少产生，还是更多着眼于使所希望表现出的行为更多地产生？
2. 正馈控制与旨在纠正执行中的偏差的负馈控制相比较，有什么相同和不同之处？
3. 你是否认为控制越全面、越严格越好？按照控制的关键点原理和例外原理进行控制，是否有可能导致控制工作的无效或不力？在你看来，成功地运用控制关键点原理和例外原理的关键是什么？
4. “每位员工都在组织控制中起到了作用。”你同意这一观点吗？或者，你赞同“控制仅仅是管理者的责任”的说法吗？请陈述理由。

三、案例思考题

案例 1　工位上的“笑脸”也有你的一半

唐朝荣，贵州海尔冰箱事业部总装线经营体的工艺经理。曹碧华，总装线经营体的贴铭牌员工。按照海尔的员工互检制度，贴铭牌工位在给完工的产品贴上有关铭牌标签之前，必须先行检查产品表面是否有缺陷，以免不合格品进入下道工序。

唐朝荣一直以来负责考核产品总装线上各工位的操作是否符合工艺要求。通常，员工出现工作差错后，巡查的质检员会在出错工位的上方挂上一个醒目的“哭脸”图标，以示其工作不合格。如果曹碧华对冰箱台面的互检不到位，在得了“哭脸”后，工艺经理就会给她一个“负”激励。

最近，贵州海尔冰箱事业部推出了一种新的机制：员工与工艺经理的“双向”评价。唐朝荣和曹碧华的状态都发生变化了。对此，工艺经理唐朝荣解释说：“按照新实行的制度，员工工作出错，质检员给挂上了‘哭脸’后，工艺经理要马上去现场对员工的操作进行指导和培训；要是 4 小时内不再出错，质检员就会给换上一个‘笑脸’。‘哭脸’既是质检员代表市场对操作工的评价，也是对工艺经理的评价。工艺经理‘日清’(对每日之事的清查和控制）的优劣，在很大程度上取决于操作工所得到的‘哭脸’的数量！”

在实行“双向”评价的机制后，唐朝荣很快来到了被挂上“哭脸”的曹碧华的工位上。观察几次后，唐朝荣找到了其台面漏检的原因：曹碧华因为个子不高，在大型号冰箱面前往往要踮起脚才能看到冰箱的台面。考虑到曹碧华对自己岗位的操作已很熟练，唐朝荣没有简单地提议给她调换岗位，而是在她的工位上添了一把小板凳。从此，曹碧华的台面漏检事件几乎不再发生了。曹碧华对唐朝荣感激地说：“我工位上的‘笑脸’，有我的一半，也有你的一半。”

思考题

1. 企业要求完工的产品在贴上铭牌标签前要先检查其表面是否有缺陷，这种做法属于什么类型的控制？

2. “双向”评价机制的引入有什么好处？

案例 2 产品开发中出了质量问题，该怎么办?

海梅事业部是海尔集团的直属事业部。20 世纪 90 年代初，海尔与意大利梅洛尼公司合资成立了海梅事业部，专门生产海尔牌滚筒洗衣机。

2004 年，海梅事业部一批出口欧洲的滚筒洗衣机出了质量问题：负责开发工作的型号经理在一个部件上做了改进，自己验证没问题后，就发给了客户。后来厂内抽检发现了问题，连忙通知调整，才未造成市场损失。这一事件表明，刚刚“出海”进入欧洲的海梅事业部还立足不稳。

发生了这样的事，该由谁对客户负责?

海梅事业部部长秦广林就此事很快写出了报告，分析出现质量问题背后的机制和观念问题，并设立了 4 个警示台提醒相关责任人，还就产品实验流程做了新规定。

作为海梅海外市场部部长兼开发部部长的李海，对秦广林抓质量体系所做的这一切根本一无所知。秦广林对此的解释是：“这事儿，我没告诉李海。”

对此，《海尔人》的一位记者报道说：“按市场链流程，有质量问题影响了市场，首先跳起来的应该是海外市场部部长李海，可是秦广林都跳起来了，李海还一无所知。秦广林没有‘经营’好李海，又怎么能经营好产品？！”

这篇报道中对比性地列举了海尔冰箱产品本部部长张智春的做法：这位部长把出口产品的质量指标挂到其属下的海外市场部部长李绿林身上，责成他代表市场，对提供不合格产品的各冰箱事业部直接追究责任，并且有权给不改进者“断炊”——取消其内部订单，改由能确保产品质量的其他冰箱事业部来生产。

这位记者评价说，张智春“经营人”的做法使海外市场部部长李绿林与各产品事业部建立了市场咬合关系，体现了“优秀的产品是优秀的人生产出来的”这一理念。可是，海梅事业部部长秦广林呢?

思考题

1. 依你看，秦广林亲自抓质量体系，错了吗?

2. 按照海尔集团实施的“市场链”流程关系，产品开发出现质量问题时，负责开发工作的型号经理应该被追究责任，也就是受到“索赔”处罚。在海梅事业部，李海作为开发部部长，是型号经理的直接上司，而作为海外市场部部长，又代表海外客户。你认为，身兼两职的李海是否应该被索赔？或者，是否应该改变这种兼职的体制?

3. 对这位记者所持的抓质量要从“经营人”入手的观点，你是持赞成还是反对的态度？为什么?

第六章

管理思想与前沿实践

学习目标

1. 了解管理思想的演变。

2. 了解当代管理的前沿实践，包括企业社会责任与可持续发展、变革与学习以及创新管理。

素养目标

通过介绍管理思想发展史和前沿管理实践，学生应更好地运用理论知识认识实践问题，并结合时代背景理解管理理论的内涵，正确认识管理工作所伴随的伦理道德与社会责任，树立在管理工作中履行社会责任的意识，培育开拓创新、锐意进取的精神。

导入案例

海尔：物联网时代的生态品牌战略创新

纵观全球企业发展史，实际上是一个不断创新的历史。100 年前，美国弗雷德里克·温斯洛·泰勒（F. W. Taylor）的科学管理掀起了“效率革命”；50 多年前，日本企业的精益生产掀起了“质量革命”。不同的商业时代诞生了不同的管理模式。时至今日，随着数字技术的迅猛发展，物联网时代已经来临。新经济时代必然带来新的管理理念和范式。

2021 年 6 月 21 日，2021 年 BrandZ™ 最具价值全球品牌榜在法国戛纳揭晓，中国品牌入选 18 个，海尔集团作为全球唯一物联网生态品牌连续 3 年上榜，这标志着生态品牌成为商业实践领域中新的风向标。全球商业界的种种实践表明：以万物互联为主要特征的物联网时代呼唤一种能够打破传统行业 / 品类壁垒，有效促成动态多边合作的模式。符合这种模式的品牌，可以称为生态品牌。

从企业的发展看，自身的惰性或熵增是阻碍基业长青的关键症结，表现为缺乏各个方面的创新。创新是一家企业持续发展的动力。创立于1984年的海尔集团，走的正是一条创新之路。创业初期，海尔抓住中国国内机遇，强调质量意识，依靠高品质的产品赢得了中国用户的信赖；之后海尔开启国际化、全球化品牌战略，在全球市场快速发展，如今海外业务收入已突破千亿元。2019年12月，海尔进入生态品牌战略阶段，提出搭建开放的生态体系，创造持续迭代的用户体验和与生态方增值分享的价值循环，颠覆传统时代的零和竞争，从而获得物联网时代的高质量发展。

与众不同的是，海尔集团董事局主席、首席执行官张瑞敏既是一位企业创新的践行者和引领者，又是一位管理思想家。作为唯一入选全球“50大管理思想家”的中国企业家，张瑞敏主导了海尔战略转型背后的组织变革，从“砸冰箱”、“激活休克鱼”到“人单合一”再到“生态品牌”，一系列管理前沿理论的探索在海尔成为现实。

资料来源：何刚，廖琦菁 . 张瑞敏：物联网时代的生态品牌战略创新 . 哈佛商业评论，2021（10）.

管理思想的产生发展与管理实践活动有着密切的关系。管理思想是在对管理实践中积累的经验进行总结、提炼以后而形成的对管理活动的体系化的认识，但这种认识反过来又对管理实践活动起指导和推动作用。所以，我们这里有必要对管理思想的演变做简要介绍，并展示当代的重要管理实践。

第一节　管理思想的演变

一、古典管理思想

19世纪末20世纪初产生的古典管理思想使管理实践活动从经验管理跃升到一个崭新的阶段。对古典管理思想的产生和发展做出突出贡献的人物主要有泰勒、法约尔、韦伯，他们分别对生产作业活动的管理、组织的一般管理、行政组织（或称官僚组织）的设计提出了成体系的管理理论。

（一）科学管理理论

美国的弗雷德里克·温斯洛·泰勒是最先突破传统经验管理格局的先锋人物。泰勒出生于美国费城一个富裕的律师家庭，从小醉心于科学研究和实验。22岁时他进入米德维尔钢铁公司当工人，担任过车间管理员、工长、技师、总工程师等职。对生产现场活动的长期亲身观察使泰勒认识到，落后的管理是造成生产率低下、工人“磨洋工”和劳资冲突不断的主要原因。他在1911年出版的《科学管理原理》一书中，提出了通过对工作方法的科学研究来改善生产效率的基本理论和方法。在这本书中，泰勒总结出了四条基本的科学管理原理：

（1）通过动作和时间研究法对工人工作过程的每一个环节进行科学的观察分析，制定出标准的操作方法，用以规范工人的工作活动和工作定额。以前，工人们都是按自身的经验和体会来开展工作，无标准的方法可循。

（2）细致地挑选工人，并对他们进行专门的培训，使他们能按照规定的标准工作方法进行操作，提高生产劳动的效率。

（3）真诚地与工人们合作，以确保劳资双方都能从生产效率的提高中得到好处。为此，泰勒建议实行“差别工资制”，对完成工作定额的工人按较高的计件工资率水平来计算和发放工资，对未完成工作定额的工人按较低的计件工资率来算发工资。通过金钱激励，促使工人最大限度地提高生产效率。而在生产率提高幅度超过工资增加幅度的情况下，雇主也就从“做大的馅饼”中得到了更多的效益。

（4）明确管理者和工人各自的工作和责任，实现管理工作与操作工作的分工，并进而对管理工作也按具体的职能不同进行细分，实行职能制组织设计，并贯彻例外管理原则。具体内容是：第一，把计划职能从作业职能中分离出来，由专门的部门来承担，此即“脑体分离”。第二，将管理工作予以细分，使每个管理者只承担一两项专门化的职能。“脑力分工”后，企业共设立 8 个职能工长，其中 4 个设在计划部门，负责工艺流程、指示卡片、工时成本、纪律，另外 4 个设在车间，负责工作分派、工作速度、修理、检验。第三，实行例外原则，即主张高层管理人员将一般的日常事务授权给下级去处理，自己只保留对例外事项（如有关企业重大政策的制定和重要的人事任免等）的决策权和例外状态的监督权。

泰勒提出科学管理思想，目的是改变传统的一切凭经验办事（工人凭经验操作机器，管理人员也凭借经验进行管理）的落后状态，使经验的管理转变为一种科学的管理。泰勒的主张被认为是管理思想史上的一次革命。它使劳资双方关注的焦点从盈余的分配比例转向了如何设法通过共同努力把盈余的绝对量做大，从而使盈余分配比例的争论变得不必要。同时，泰勒还提出了提高劳动生产率的一系列科学的作业管理方法。

（二）一般管理理论

当泰勒及其追随者正在美国研究和倡导生产作业现场的科学管理原理和方法时，在大西洋彼岸的法国诞生了关于整个组织的管理理论，被后人称为“一般管理理论”或者“组织管理理论”。与泰勒等人主要侧重于研究基层的作业管理不同，一般管理理论站在高层管理者角度研究整个组织的管理问题。该理论的创始人是亨利·法约尔，他是法国一家大矿业公司的总经理。以自己在工业领域的管理经验为基础，法约尔在 1916 年出版了《工业管理与一般管理》一书，提出了适用于各类组织的管理的五大职能和有效管理的十四条原则。

法约尔将工业企业中的各种活动划分成六类：技术活动、商业活动、财务活动、安全活动、会计活动和管理活动。管理活动是企业运营中的一项主要的活动。法约尔认为，管理活动本身又包括计划、组织、指挥、协调、控制五大职能。管理不仅是工业企业有效运营所不可缺少的，也存在于一切有组织的人类活动之中，是一种具有普遍性的活动。法约尔认为，管理的成功不完全取决于个人的管理能力，更重要的是管理者能否灵活地贯彻管理的一系列原则。这些原则是：

（1）劳动分工。法约尔认为，实行劳动的专业化分工可提高雇员的工作效率，从而增加产出。

（2）权责对等。即管理者必须拥有命令下级的权力，但这种权力又必须与责任相匹配，不能责大于权或者权大于责。

（3）纪律严明。雇员必须服从和尊重组织的规定，领导者以身作则，使管理者和员工都对组织规章有明确的理解并实行公平的奖惩，这对保证纪律的有效性非常重要。

（4）统一指挥。这是指组织中的每个人都应该只接受一个上级的指挥，并向这个上级汇报自己的工作。

（5）统一领导。每一项具有共同目标的活动都应当在一位管理者和一个计划的指导下进行。

（6）个人利益服从整体利益。任何雇员个人或雇员群体的利益不能够超越组织整体的利益。

（7）报酬。对雇员的劳动必须支付公平合理的报酬。

（8）集权。集权反映下级参与决策的程度。决策制定权是集中于管理层还是分给下属，只是一个适度的问题，管理层的任务是找到在每一种情况下最合适的集权程度。

（9）等级链。从组织的基层到高层，应建立一个关系明确的等级链系统，使信息的传递按等级链进行。不过，如果顺着这条等级链沟通会造成信息延误，就应允许越级报告和横向沟通，以保证重要信息的畅通无阻。

（10）秩序。无论是物品还是人员，都应该在恰当的时候处在恰当的位置上。

（11）公平。管理者应当友善和公正地对待下属。

（12）人员稳定。每个人适应自己的工作都需要一定的时间，高级雇员不要轻易流动，以免影响工作的连续性和稳定性。管理者应制订出规范的人事计划，以保证组织所需人员的供应。

（13）首创性。应鼓励员工发表意见和主动地开展工作。

（14）团结精神。强调团结精神将会促进组织内部的和谐与统一。

法约尔提出的一般管理的职能和原则实际上奠定了 20 世纪 50 年代兴盛起来的管理过程研究的基本理论基础。本书介绍的许多管理实务和思想在某种程度上也可直接追溯到一般管理理论的研究。

（三）行政组织理论

行政组织理论是科学管理思想的一个重要组成部分，它强调组织活动要通过职务或职位而不是个人或世袭地位来设计和运作。这一理论的创立者是德国社会学家马克斯·韦伯，他在社会学研究中提出了“理想的”行政组织，为 20 世纪初的欧洲企业从不正规的业主式管理向正规化的职业性管理过渡提供了一种纯理性化的组织模型，对当时新兴资本主义企业制度的完善起了划时代的作用。

韦伯是德国柏林大学的一位教授。他认为，理想的行政组织应当以合理－合法权力作为组织的基础，而传统组织则以世袭的权力或个人的超凡权力为基础。所谓合理－合法权力，就是一种按职位等级合理地分配，经规章制度明确规定，并由能胜任其职责的人，依靠合法手段而行使的权力，通称职权。以这种权力作为基础，韦伯设计出了具有明确的分工、清晰的等级关系、详尽的规章制度、非人格化的相互关系、人员的正规选拔及职业定向等特征的组织系统，他称其为“行政组织”(或译为“官僚组织”，但这里并不带有任何贬义)。

韦伯甚至以工业生产的机械化过程来比喻组织机构的行政组织化过程，认为一个组织越是能完全地消除个人的、非理性的、不易预见的感情因素或其他因素的影响，它的行政组织特征也就发展得越完善，从而越趋于一种“理想的”“纯粹的”状态。而这种状态的组织和其他形式的组织相比，犹如机械化生产之于非机械化生产，在精确性、稳定性、纪律性和可靠性方面具有绝对的优势。正因为如此，行政组织被后来人通称为“机械式组织”。

以上介绍的三种管理理论虽然各有不同的侧重，但有两个共同的特点：一是都把组织中的人当作“机器”来看待，忽视人的因素及人的需要和行为，所以有人称这些管理思想下的组织实际上是“无人的组织”；二是都没有看到组织与外部的联系，关注的只是组织内部的问题，因此处于一种“封闭系统”的管理时代中。由于这些共同的局限性，20 世纪早期在西方建立起来的这三大管理理论被统称为古典管理思想。

参考案例

泰勒与法约尔

泰勒年幼时就爱好科学研究、调查与实验，在考入哈佛大学法律系不久因得了眼疾而被迫辍学，从而放弃了子承父业的理想。1875—1878 年，泰勒在费城一家小机械制造厂当学徒工，1878 年谋职于米德维尔钢铁公司，不久升任车间管理员，而后又升至工长、技师、总工程师等职。这样由下而上的经历，决定了他较注重基层生产技术等方面的现场管理并主要处理定额标准、时间动作分析等问题，形成了以劳动管理为主的科学管理理论。他在管理方面的著作很多，其中最著名的是《计件工资制》(1895 年)、《工厂管理》(1903 年)、《科学管理原理》(1911 年)，他的代表作《科学管理原理》一书的出版标志着科学管理理论的形成。

法约尔的成长经历与泰勒差异较大。他出生于法国，1860 年从圣艾蒂安国立矿业学院毕业后进入法国一流的康门塔里－福尔香堡采矿冶金公司工作，1888 年出任该公司总经理。他长期从事高层管理工作，对全面管理工作有深刻的体会和了解，积累了丰富的经验。法约尔具备了从一个较完整的角度来考虑管理问题的条件，自上而下考察管理实践的事实也体现于其一般管理理论中，为此法约尔的理论被称为一般管理理论，他较有影响力的论著有《论管理的一般原则》(1908 年)、《管理职能在指导营业中的重要性》(1917 年) 等。

二、行为管理思想

古典管理思想把人看作简单的生产要素，即像机器一样的“工具人”，只考虑如何利用人来达成组织的目标，忽视了人性的特点。20 世纪 20 年代中期以后产生的人际关系学说和行为管理理论开始注意到，“人”具有不同于“物”的因素的许多特殊的方面，需要管理层采取不同的方式来加以管理。对“人”的因素的重视首先应该归功于梅奥和他在霍桑工厂所进行的实验。

（一）霍桑实验与人际关系学说

霍桑实验是在美国西方电气公司的霍桑工厂中进行的。实验最初开始于 1924 年。当时实验的目的是根据科学管理理论中关于工作环境影响工人的劳动生产率的假设，进行照明度与生产效率关系的研究，试图通过照明强弱变化与产量变化之间关系的研究，为合理设定工作条件提供依据。结果却发现，工作环境条件的好坏与劳动生产率的提高并没有必然的联系，因为无论照明度是升是降还是维持不变，参与实验的人员的劳动生产率都获得明显提高，这是已有的管理理论所无法解释的。梅奥基于这种结果，进行了一系列的后续的调查、实验和采访工作，结果表明人的心理因素和社会因素对生产效率有极大的影响。梅奥在 1933 年出版的《工业文明中的人的问题》一书中对霍桑实验的结果进行了系统总结。其主要观点是：

（1）员工是“社会人”，具有社会心理方面的需要，而不是单纯地追求金钱收入和物质条件的满足。比如照明度实验中，参加实验的人员就是因为感到自己受到了特别的关注，所以表现出了更高的生产效率。因此，企业管理者不能仅着眼于技术、经济因素的管理，而要从社会心理方面去鼓励工人提高劳动生产率。

（2）企业中除了正式组织外，还存在非正式组织。正式组织是管理层根据实现组织目标的需要而设立的，非正式组织则是人们在自然接触过程中自发形成的。正式组织中人的行为遵循效率的逻辑，而非正式组织中人的行为往往遵循感情的逻辑，合得来的聚在一起，合不来的或不愿交往的就被排除在组织外。哪些人是同一非正式组织的成员，不取决于工种或工作地点，而完全取决于人与人之间的关系。非正式组织是企业中必然会出现的，它对正式组织可能会产生一种冲击，但也可能发挥积极的作用。非正式组织的存在进一步证实了企业是一个社会系统，会受到人的社会心理因素的影响。

（3）新的企业领导能力在于通过提高员工的满意度来激发“士气”，从而达到提高生产率的目的。

梅奥的这些结论导致了人们对组织中的“人”的一种全新认识。在此之后，人际关系运动在企业界蓬勃开展起来，致力于人的因素研究的行为科学家也不断涌现。其中有影响的代表人物及其主张包括马斯洛的需要层次论、赫茨伯格的双因素理论、麦格雷戈的 X-Y 理论、布莱克的管理方格论等。这里仅着重介绍麦格雷戈在人性假设方面提出的 X-Y 理论。

（二）人性假设理论

在哈佛大学和麻省理工学院长期从事心理学教学和研究工作的道格拉斯·麦格雷戈，

在1957年发表的《企业的人性面》一文中提出了著名的X-Y理论。麦格雷戈认为，管理者对员工有两种不同的看法，相应地，他们会采取两种管理办法。他将这两种不同的人性假设概括为X理论和Y理论。

1. X理论

麦格雷戈认为，支持X理论的管理者对人的基本判断有以下几个观点：

（1）一般人天性好逸恶劳，只要有可能，就会逃避工作。

（2）人生来就以自我为中心，漠视组织的要求。

（3）一般人缺乏进取心，逃避责任，甘愿听从指挥，安于现状，没有创造性。

（4）人们通常容易受骗，易受人煽动。

基于这种对人的"性本恶"的判断，持X理论观点的管理者就必然会在管理工作中对员工采用强制、惩罚、解雇等手段来迫使员工工作。这种对员工严加监督和控制的方式实际体现在泰勒科学管理思想的奉行者及其之前的传统的管理方式上。

2. Y理论

Y理论对人性的认识与X理论恰好相反，它对人性假设持一种"性本善"的判断。具体观点是：

（1）一般人天生并不是好逸恶劳的，工作中体力和智力的消耗就像游戏和休息一样自然，人们对工作的喜恶取决于他们对工作带来的满足和惩罚的理解。

（2）外来的控制和惩罚并不是促使人们为实现组织目标而努力工作的唯一方法，甚至可以说它不是最好的方法。相反，如果让人们参与制定自己的工作目标，则有利于实现自我指挥和控制。

（3）在适当的条件下，一般人是能主动承担责任的，不愿负责、缺乏雄心壮志并不是人的天性。

（4）大多数人都具有一定的想象力、独创性和创造力。

（5）在现代社会中，人的智慧和潜能只部分地得到了发挥。

基于这种对人性的乐观认识，持有Y理论观点的管理者会主张在管理行为上实行以人为中心的、宽容的、民主的管理方式，以使员工个人目标与组织目标很好地结合起来，并为员工发挥其智慧和潜能创造有利的条件。

参考案例

布告栏前的男子

在某厂布告栏前，两名治安巡察的保安发现一男子的双手正在一张刚粘贴不久的布告上做着什么。这张布告已经掉下来一半。于是，他们把该男子带到了厂治安办公室。

保安甲质问男子："你为什么要撕这张布告？"

男子回答："我没有啊！"

保安乙气愤地说："我们明明看到你撕布告的！当场被抓到，还想抵赖！"

男子辩解道："我丝毫没有要撕布告的意思！我是看到那张布告掉下来一半，想看看糨糊是否没干，还能不能粘上。"

保安甲、乙不约而同地说："别狡辩了。你肯定嫉妒 ××× 的事迹，想撕掉这张表扬他的布告。"

该名男子究竟是在撕布告，还是想试着把已掉下一半的布告重新贴上？在该事件原委并不清楚的情况下，持不同人性观的人可能会对该男子行为的动机做出不同的揣测。案例中两名保安的言行在相当程度上是"X 理论"观点的写照。

显然，X 理论、Y 理论代表了对人性的两种不同的假设。实际工作中，管理人员受自我价值观的影响，必然会在这两类理论所反映的人性假设中相对偏向于其中某一种，而对这两种不同人性假设的信奉则直接影响着管理者在执行管理职能活动中所采用的管理和领导方式。所以，了解人性假设理论有现实的意义。然而，这两种人性假设究竟谁对谁错，很难得出简单的结论，尽管从麦格雷戈本人的思想来看，他更推崇 Y 理论。

总而言之，行为管理思想的产生改变了人们对管理的思考方法，它使管理者把员工视为需要予以保护和开发的宝贵资源，而不是简单的生产要素，从而强调从人的需求、动机、相互关系和社会环境等方面研究管理活动执行结果对组织目标和个人成长的双重影响。

行为管理思想之所以会产生，是因为前期的科学管理思想虽然在提高劳动生产率方面取得了显著的成绩，但由于片面强调对工人进行严格的控制和动作的规范化，忽视工人的情感和成长的需要，引起了工人的不满和社会的责难。在这种情况下，科学管理已不能适应新的形势，需要有新的管理理论和方法来进一步调动员工的积极性，从而提高劳动生产率。毕竟组织是由一群人组成的，管理者是通过他人的工作来达成组织的目标，因此需要对人类工作的行为进行研究，由此说明了行为管理思想提出后为什么很快会在实践中得到广泛的重视和应用。但现实中人的行为的复杂性，使得对行为进行准确的分析和预测实际非常困难，因此在某种程度上说，行为科学的研究结论仍与现实有一定的距离。此外，行为科学的研究更多是围绕个体或群体进行的，对个体或群体的过度重视有时使人不免感到：行为管理思想虽然是在强调"组织中的人"，但实际中往往容易出现"无组织的人"的片面做法。

三、定量管理思想

定量管理思想是在第二次世界大战中产生和发展起来的。当时，英美军队为了解决战争中的一些问题，建立了由各种专家组成的运筹研究小组，取得了巨大的成效。例如，英国通过数学家建立的资源最优分配模型，有效地解决了如何以有限的皇家空军力量来抵抗强大的德国空军的问题。定量研究所取得的成效在战后引起了企业界的关注，特别是当运筹研究专家在战后纷纷到公司就业以后，定量研究方法日益在企业管理中得到推广应用。

定量管理思想的核心是把运筹学、统计学和计算机用于管理决策和提高组织效率。通过将科学的知识和方法用于研究复杂的管理问题，可以帮助组织确定正确的目标和合理的行动方案。因此，有不少人直接将数量方法在管理中的应用称为"管理科学"。但这种定量管理思想只是管理学的一大组成部分，并不代表作为整门学科的管理（科）学。可以认为，定量管理思想与其说是在探求管理本身的科学，不如说是努力把科学应用于管理。正是由于这一意义，我们这里称之为定量（数量）管理思想。

时代的发展要求管理人员改进他们的决策和管理方法，以便更合理地分配资源，取得更好的积极效果。因此，定量管理思想在管理决策中得到了广泛的运用，特别是辅助管理者做出计划和控制方面的决策。定量管理思想的特点是：力求减少决策中的个人艺术成分，依靠建立一套决策程序和数学模型来寻求决策工作的科学化；各种可行方案均以效益高低作为评判的依据，有利于实现决策方案的最优化；广泛使用计算机作为辅助决策的手段，使复杂问题能在较短时间内得到优化的解决方案。但定量管理思想并不能很好地解释和预测组织中成员的行为，有时还受到实际情境难以定量化的限制。

四、系统管理和权变管理思想

在前述几种管理思想进一步发展的同时，随着社会经济的迅速发展和科学技术的进步，许多新的管理思想不断地涌现出来，以致在 20 世纪 60 年代后出现了"管理理论丛林"。在观点纷呈、百花齐放的局面中，有两种思想最引人注目，那就是系统管理思想和权变管理思想，它们被认为是"管理理论丛林"中占主导地位的现代管理思想。

系统和权变管理思想的最大特点是，强调管理者要把其所在的组织看作一个开放的系统，因此要研究组织内外对管理活动有重大影响的环境或情境因素，希望通过对这些影响因素的研究找到各种管理原则和理论的具体适用场合。这两种管理思想实际上是相互关联、相互促进的。

（一）系统管理思想

20 世纪 60 年代中期到 70 年代中期，从系统角度分析组织与管理问题的思想、理论和方法得到了迅速的发展。所谓"系统"，就是由若干相互依存的部分以一定的形式组合而成的一个整体。如图 6-1 所示，每一个系统都包括四个基本方面：

（1）投入：从周围环境中获得这个系统所需要的输入物——资源。

（2）转换：通过技术和管理等过程促进输入物向输出物的转化。

（3）产出：向环境提供其转换处理后的输出物——产品或劳务。

（4）反馈：环境对组织所提供的产品或劳务做出反馈。

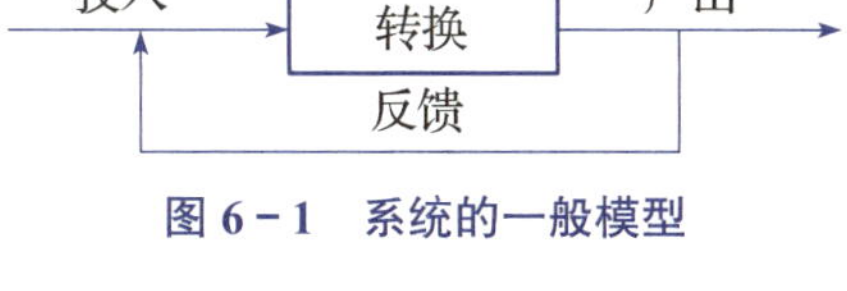

图 6-1　系统的一般模型

系统管理思想认为，组织作为一个转换系统，是由相互依存的众多要素组成的。例如，一个企业是由生产部门、市场营销部门、采购部门、财务部门和人事部门等组成的。生产部门生产的产品质量的好坏会直接影响产品在市场上的销售情况；采购部门采购来的原辅材料的质量好坏和成本高低，会影响生产部门的产品质量和成本，进而影响销售和利润等。局部最优不等于整体最优，管理人员的作用就是确保组织中各部分能相互协调和有机整合，以实现组织的整体目标。

系统管理思想还认为，组织是一个开放的系统。按照系统理论的观点，系统有两种基本类型：一种是封闭系统；另一种是开放系统。封闭系统不受环境的影响，也不与环境发生关系。前期的科学管理思想和行为管理思想都倾向于把组织看作封闭系统，没有注意到环境的影响作用。现代管理者则必须把组织视为一个开放系统，即与周围环境相互影响、相互作用的系统。现实中，企业是不可能作为封闭系统来运作的。劳动力市场中供应的劳动力的素质和工资水平、外部资金的宽裕程度、政府的政策、用户的需求变化等，都会影响企业的经营状况。正因为如此，一个组织的成败就往往取决于其管理者能否及时察觉环境的变化并做出正确的反应。

（二）权变管理思想

权变管理思想可以看作系统管理思想向具体管理行动的延伸与应用。所谓“权变”，就是相机而变、随机制宜、随机应变的意思。权变管理思想强调，管理者在采取管理行动时，需要根据具体环境条件的不同而采取相应的管理方式。但早期的管理研究由于持封闭系统观点，看不到其所面临的特定环境因素对管理工作的影响，从而倾向于寻找普遍适用的最佳管理方法。

权变管理思想包含以下三个方面的内涵：

（1）以何来变：说明可用以相机而变的管理方式或手段有哪些。比如，是采取 Y 行动还是 Z 行动。这里，Y、Z 代表了两种可供选择的管理方案。没有至少两个备选管理方案存在，就难以进行权变管理。

（2）因何而变：明确影响管理方案选择的权变因素。《三国演义》中诸葛亮建议刘备对曹营采取火攻之策，风向是影响这一策略有效性的权变因素。就我们前述的 Y、Z 管理方案来说，是否采取 Y 行动，取决于 f 这一情境状态是否出现。

（3）如何匹配：权变管理主张没有最优的管理方式，只有最合适的管理方式。“匹配”就强调了这种合适性。就火攻曹营来说，“万事俱备，只欠东风”，“东风”这一情境状态是否出现，是火攻策略能否达到预期效果的先决条件。诸葛亮英明地预料到在那个通常不刮东风的季节会有东风刮来，使火攻之策有了曹军没有料及的效力。就管理工作来说，我们前面所述的 Y、Z 管理之策也许都是可以采取的，但是在此时此境（f）下 Y 有效，在彼时彼境（g）下 Z 有效，就具体限定了特定管理方式所适用的条件或范围。管理决策过程中，对多个备选方案的理性选择就是谋求特定方案与情境状态的最优或最满意的匹配。

总的来说，权变管理思想是在继承以前的各种管理思想的基础上，把管理研究的重点转移到了对管理行动有重大影响的环境（情境）因素上，希望通过对环境因素的研究找到各种管理原则和理论的具体适用场合。权变管理思想的产生实际上是适应当代经济活动的国际化、组织的大规模化和组织环境的复杂多变等新形势而提出的对管理方式多样性和灵活性的要求。它告诉管理者，不仅需要掌握处理问题的多种模式和方法，还必须清楚各种模式和方法究竟要在什么样的条件下使用才会取得最好的效果。任何管理模式和方法都不可能是普遍最佳的，而只可能是最合适、最适用的。适合的才会是有效的。因此，管理者不但要注重学习和开发管理的新模式、新方法，还应该通过实践和自身的体会领悟各种模式或方法适用的场合，以便将管理的学问变成其卓越的管理业绩。

第二节 企业社会责任与可持续发展

组织作为一种“社会器官”，在追求自身利益最大化时，还要遵守社会的道德行为准则，履行社会责任并追求可持续发展的理念。

一、企业社会责任

企业社会责任是企业追求有利于社会长远目标实现的一种义务，它超越了法律与经济对企业所要求的义务。企业社会责任是对企业的道德要求。

美国学者卡罗尔（Carroll）提出的企业社会责任金字塔模型阐述了企业社会责任的具体构成。如图 6－2 所示，企业社会责任包括四个层次的内容：第一层次是经济责任，即企业要提供合乎社会需要的产品和服务，确保股东的利益，追求经济利益最大化，这也是企业社会责任的基础。第二层次为法律责任，即企业的生产经营活动要在符合法律规定和市场规则的框架内进行，要在遵纪守法的前提下追求利润最大化。第三层次为伦理道德责任，是指企业要遵守商业道德，公平、公正地展开竞争，避免违背道德准则的行为。第四层次为慈善责任，即企业要为社会、教育、文化活动等做贡献，要为慈善事业捐款捐物，要为社会的繁荣、进步和人类生活水平的提高做出自己应有的贡献。

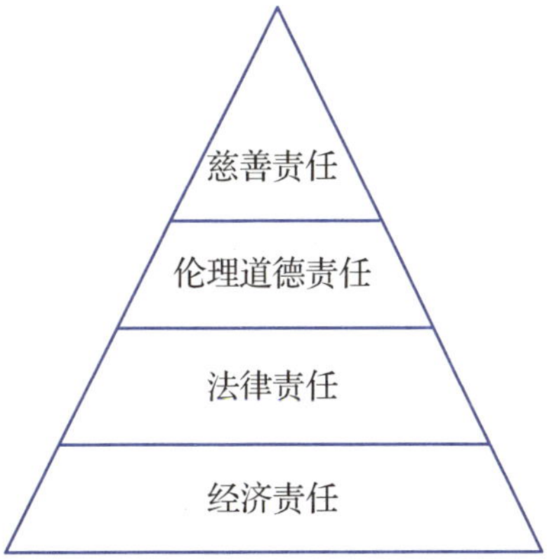

图 6－2 企业社会责任的金字塔模型

兰托斯（Lantos）区分了三种类型的企业社会责任，他称之为伦理责任、利他责任和战略责任。伦理责任在道德上是强制性的，它不仅仅是履行公司的经济和法律义务，而且包括有责任避免对社会造成伤害（例如，投资于产品安全或污染控制）。利他责任是慈善型社会责任，它涉及人道主义关怀，而不管企业是否会获得经济利益。例如，努力减少公共问题（例如贫穷、文盲），以增加社会福利和改善生活质量。战略责任是慈善事业与企业商业战略目标的深度融合，旨在实现战略性商业目标，同时促进社会福利。这是一种以盈利为动机的慈善行为。对于发展中国家的商业公司来说，企业社会责任的驱动力往往较弱，宏观经济的制约可能会推动公司关注基本生存能力和确保股东回报。战略性企业社会责任将慈善捐款与商业目标和战略有效地结合起来，从而实现社会和经济利益的协调。

企业社会责任实践已经成为企业界和其他各类组织的一项重要活动。许多国际组织制定了有关企业社会责任的标准、准则、指南，还有些国际组织建立了有关企业社会责任的认证制度，这些都极大地推动了全球的企业社会责任实践。例如，国际标准化组织的《社会责任指南》（ISO26000）、联合国的“全球契约”、英国社会与伦理责任研究所的AA1000AS标准、全球报告倡议组织的《可持续发展报告指南》等。许多著名的跨国企业都开始注重企业社会责任与可持续发展，并每年定期发布社会责任报告。我国国务院国有资产监督管理委员会于2007年出台了《关于中央企业履行社会责任的指导意见》，并于2012年成立国资委中央企业社会责任指导委员会，大大提高了我国国有企业对于社会责任的重视。

参考案例

字节跳动的企业社会责任

北京字节跳动科技有限公司（以下简称字节跳动）成立于2012年3月。作为一家迅速崛起的移动互联网高科技企业，字节跳动以建设“全球创作与交流平台”为愿景，自创立之日起就相继推出今日头条与抖音等多个爆款产品，公司发展迅猛。作为新兴移动互联网巨头，字节跳动依托自身的平台、海量数据以及推荐系统，精准分发、传播扶贫信息，推动了贫困地区的价值提升。

2017年下半年，一些贫困地区的扶贫企业发现抖音与今日头条这种新媒体形式传播效果不错，就想能不能通过字节跳动平台帮它们宣传当地的农产品，带动农户脱贫。字节跳动接收到较多类似诉求与信息后，决定利用公司在数字技术与信息分发方面的优势来帮助扶贫企业把产品卖出去，并专门起了个名字叫“山货上头条”。主要采取两种方式：一是通过西瓜视频进行直播；二是与一些三农内容的创作者合作，通过他们在微头条下发布信息并嵌入外部电商购买链接。

2018年，字节跳动商业化部门进行组织架构调整，开始筹划成立创新事业部，扶贫被作为创新业务纳入其中。扶贫部门成立以来，基于前期的经验教训，开始结合公司资源与能力在扶贫方式与模式上不断探索与创新。在“山货上头条”之后，又相继推出“山里DOU是好风光”“扶贫达人”“三农合伙人”等项目。2020年初，新冠疫情暴发后，扶贫部门快速整合资源，集中于直播业务，通过帮助贫困地区搭建优质直播平台来生产与传播优质产业内容，缓解疫情带来的不利影响。

2020年是国家扶贫攻坚战的收官之年，也是字节跳动扶贫的第三年。三年来，字节跳动已经帮助152个贫困县进行宣传推广，帮助超过10万贫困人口实现增收。其中，

“山货上头条”项目累计销售农产品 160.7 万件；“山里 DOU 是好风光”打造了 9 个贫困县文旅品牌；累计为全国乡村地区培训新媒体人才 4.3 万人次；新冠疫情期间，已有超过 105 位市长、县长走进直播间，联合多位平台创作者销售农产品超过 250.6 万件，销售额超过 1.2 亿元。

资料来源：邢小强，张竹．字节跳动扶贫：企业社会责任与共享价值创造．中国管理案例共享中心案例库，2020.

二、企业可持续发展

真正负责任的企业，不仅要在当下对范围宽广的利益相关者尽责，而且从长远看要立足于可持续发展。在 1987 年发表的《我们共同的未来》报告中，世界环境与发展委员会（WCED）对可持续发展进行了定义，即可持续发展活动既可满足当代人的需求，又不损害后代满足其需求的能力。

韦仕敦大学毅伟商学院的教授普拉提玛·班萨尔认为企业的可持续发展通常以需要转化为商业实践的一般原则来表达，包括环境、社会公平和经济三项原则。可持续发展正是位于这三项原则的交叉区域，如图 6－3 所示。

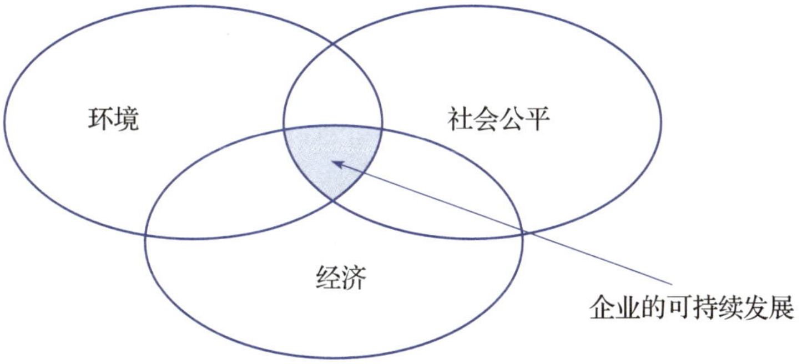

图 6－3 企业可持续发展的原则

环境原则包括三个子原则：环境保护、生态效率和产品管理。环境保护要求企业通过废物和能源管理系统负责任地管理资源投入和废物排放。生态效率要求企业使用更少的投入来获得相同的产出。为了实现生态效率，企业必须在各级决策中应用环境标准，并对过时的运营和流程进行重新设计。产品管理要求企业将环境保护的意识嵌入产品的整个生命周期内。例如，在“双碳”目标背景下，海尔旗下的海尔智家公司积极制定降碳策略，围绕研发、原材料、生产、包装和运输、产品回收以及其他减碳行动等方面，创新产品全生命周期减碳。

社会公平原则主要涉及利益相关者管理。企业必须识别其各类利益相关者，例如员工、政府与监管机构、股东与投资者、供应商、社区及公众，并提供流程创新且经济可行的解决方案。这一原则与社会责任的内涵较为贴近。例如，新冠疫情暴发后，上海的携程公司充分发挥平台型企业的责任，快速响应消费者的海量退单请求，推出了酒店、火车票、汽车票等产品的自助退订通道。疫情趋缓后，携程投放了大量低价的旅游产品刺激消费，与消费者、供应商、目的地、政府等平台上的合作伙伴和社会各界共渡难关，抗击疫情对旅游业带来的巨大冲击。

经济原则主要指公司层面的价值创造。企业旨在实现可持续发展的活动并不一定能够满足利润最大化的目标。因此，在短期内，企业的可持续发展可能是有代价的，要么是利润下降，要么是市场份额下降。然而，从长远来看，致力于可持续发展的企业会受益于一个更健康和可持续的经营环境。因此，在环境原则和社会公平原则的约束下，企业的目标应该从利润最大化调整到利润最优化，以实现经济原则。

这些原则中的每一个都代表了实现可持续发展的必要但不充分的条件，三项原则需要同时满足。然而，环境、社会公平和经济因素之间的深层相互联系所产生的复杂动态，对企业实现可持续发展提出了更加严峻的挑战。企业必须正确认识不同原则之间的矛盾与冲突，从整体和系统的视角来实现可持续发展。

参考案例

宜家的可持续发展模式

“可持续性”是宜家的DNA之一。宜家中国区总裁安娜·库丽佳在最近的一次采访中提道：我们致力于以可持续的方式经营公司，因为这对地球和人类来说具有积极意义。从产品设计开始，我们就非常重视可持续和环保，不仅要满足功能需求，也要在环保方面有所贡献。我们选择环保的产品材料，确保所有产品都采用可回收可再生材料；我们重视产品的可持续性能设计，如节水设计和节电设计，以帮助消费者过上可持续的家居生活。

两年前，宜家在上海实现了纯电动车配送，这是宜家在全球第一个实现绿色运营的地区。2020年，在整个中国市场，宜家实现了90%的电动车送货上门，以减少二氧化碳排放。另外，宜家在食品屋中推出植物蛋白肉丸，同样能减少碳足迹；还在商场引进了餐厨垃圾监督机制，以减少食物浪费。宜家设立了可持续循环中心，希望给家具带来第二次生命。几个月后，宜家将在中国北方地区推出太阳能供能的商场。到2030年，宜家所有的产品将由可回收或可再生材料制成，到那个时候，宜家有可能完全实现能源独立。

总而言之，可持续是宜家的业务支撑，这将永远不会改变。宜家过去、现在和未来都会向可持续看齐。“益于人类、益于地球”一直是宜家坚持的承诺。在宜家，可持续不应该是少数人的奢侈品，而应是大多数人都可以负担的服务和产品。

资料来源：廖琦菁．宜家中国区总裁谈全球转型的本土化实践．哈佛商业评论，2021（10）．

三、管理的伦理道德

（一）伦理道德的概念

人类是群居动物，但同时每个人都有自由意志。人类在社会中利用各自的智力和体力互相协作进行生产活动，共同生活在一起。但人性既有善的一面，如仁爱和自律，又有恶的一面，如贪婪和自利。因此，需要有共同遵守的行为规范，这种行为规范就是伦理。伦理的真谛是“本性上普遍的东西”，被称为伦理性的实体，即伦理性的共同体。在社会体系中，任何组织都首先是一个伦理实体，伦理关系是个人与共同体的关系，伦理行为的本质是个人作为共同体成员的行为。道德就是个体将共同体的普遍性、普遍品质或要求加以内化，形成个体内在的伦理普遍性，获得伦理上的造诣，造就精神同一性，从而使共同体成员达到同心同德。所以，伦理道德作为人类文明的基本因子，是评价人类行为善与恶的社会价值形态，在日常生活中具体表现为一定的行为规范和准则。任何组织要想长期生存，不仅需要遵守法律，同时还必须合乎伦理道德。

（二）合乎基本伦理道德的管理行为特征

（1）合乎伦理道德的管理不仅把遵守道德规范视为组织获取利益的一种手段，而且把其看作组织的一项责任。在遵守道德规范会带来利益或不遵守带来损失的情况下，组织会选择遵守道德规范；在遵守道德规范会带来损失或不遵守道德规范会带来利益的情况下，组织仍然会选择遵守道德规范，这就是责任。

（2）合乎伦理道德的管理不仅从组织自身角度，更从社会整体角度看待问题。有时为了社会整体的利益，甚至不惜在短期内牺牲组织自身的利益，如在经济危机、民族危机和其他严重社会危机来临的关键时刻，企业的救济、慈善等义举。

（3）合乎伦理道德的管理尊重所有者以外的利益相关者的利益，善于处理组织与利益相关者的关系，也善于处理管理者与一般员工、一般员工内部的关系。

（4）合乎伦理道德的管理超越法律的要求，能让组织取得卓越的成就。组织积极从事一些社会认可、利益相关者满意的行为，能够激发员工的责任感和使命感，赢得顾客、供应商、社会公众等利益相关者的信任和支持，因此可以取得卓越的绩效。

（5）合乎伦理道德的管理具有自律的特征。有时，社会舆论和内心信念能唤起人们的良知和羞耻感、内疚感，从而使之对其行为进行自我调节。

（6）合乎伦理道德的管理以组织的价值观为行为导向。组织的价值观不是个人价值观的简单汇总，而是组织所推崇的，并为全体成员所认同的价值观。

（三）提高企业伦理道德的途径

第一，在人员选拔上把关。不同的人处于不同的道德发展阶段，并拥有不同的个人价值体系。组织可以通过甄选过程来剔除那些在道德上不符合要求的人。但是真正做到这一点并非易事，需要加强对被选拔人的观察和了解，有时通过生活或工作中的某一个细节，就可能判断出对方的内心世界。

第二，制定道德行为准则。道德行为准则是表明组织的基本价值观和组织期望员工遵守的职业道德规范的正式与非正式规定。道德行为准则的内容要具体、符合企业实际，以便让员工明白以什么样的精神来从事工作、以什么样的态度来对待工作，同时也要比较宽松，让员工有判断的自由度。

第三，管理者在道德方面以身作则。高层管理人员应该是具有高尚道德的人，至少是以高尚道德标准要求自己的人。其率先垂范、一身正气、以身作则的道德型领导行为会比做更多指示、制定更多规范更重要。

第四，对绩效进行全面评价。企业作为社会组织，其目标不仅仅是经济绩效，还有包括伦理道德在内的社会绩效。如果仅以经济利益来衡量绩效，那么企业或企业内的员工则会为了经济利益而不择手段，从而有可能产生不符合道德的行为。因此，在对管理者和员工的评价中，不仅要考察其决策带来的经济绩效，更要考察其决策带来的道德后果。对任何人、任何部门、任何组织的绩效评价不能单看结果，还要看获得结果的过程是否符合伦理道德。

第三节　变革与学习

一、变革型管理

（一）变革型管理与事务型管理

在管理工作中，管理者实际上面临两类不同性质的管理使命：一类是事务型管理，即管理者为了保证企业系统的正常运行和日常生产经营工作的顺利开展而实施的管理活动；另一类是变革型管理，也就是为了推动企业系统的变革、革新或创新而实施的管理活动。这两类不同性质的使命对管理目标任务、工作内容以及方式方法的要求有所不同。

处于变化时代的管理者应该是革命性变革的推动者。变革型管理者是勇于突破现状的企业家式的创业型的管理者，率领所领导的组织抛弃一贯的传统做法，因此，与致力于维持现状的守业式的事务型管理者形成了鲜明的对照。

从国际上看，面对 20 世纪 80 年代中期后出现的日益严峻的环境变化的挑战，许多企业的管理者表现出了对变革型管理的无能或不重视。结果，便出现了事务型管理强而变革型管理弱的种种问题：

（1）强调短期框架，注重细枝末节，侧重回避风险，拘于理性，而很少注重长期性、全局性和敢冒风险的战略以及人的价值观念的重塑。

（2）重视专业化分工，强调人尽其职，遵循规则，而忽略综合性、工作中的合作配合和全身心投入。

（3）强调对人的行为的抑制、控制及预见性，而忽略人的能力的扩展以及授权和激励。

以上行为的结果导致了公司僵化，无革新性，无法应对其市场需求、竞争、技术环境的变化。这样的公司如果处于强有力的市场地位，其绩效表现会随着时间的推移而不断恶化；如果未处于有利的市场地位，则直接面临生存的威胁。IBM 在 20 世纪 80 年代后期开始的衰退过程就说明了其缺乏变革型管理。

当然，片面强调变革型管理而忽略事务型管理，也可能导致另外的问题：

（1）强调长期愿景，而忽略短期计划和预算。

（2）极其重视组织文化的作用，不注重专业化、结构体系和规章制度。

（3）鼓动那些不愿利用控制系统也不遵循解决问题的法则的员工，以非正式联系的方式集结在一起。

以上做法最终将使公司处于一种失控的状态，产品无法按时交付，预算目标无法达到，各种承诺都无法兑现，使企业陷入难以维系、昙花一现的境况。

如图 6－4 所示，为确保企业在日益复杂多变的环境中求得长期的生存和发展，企业的管理者必须既具有变革型管理的能力，又具有事务型管理的能力。虽然这两种能力很难在一个人身上同时得到体现，但对于组建能力互补、结构合理的管理班子的整个企业来说，这两种管理能力的结合是完全可以达到，也是有必要达到的。

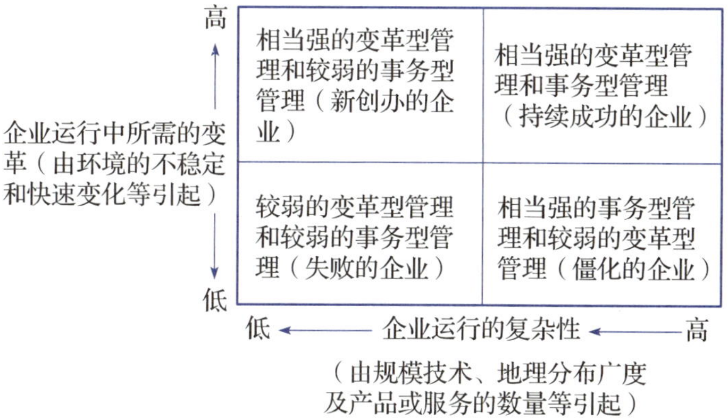

图 6－4　企业运行对变革型管理和事务型管理的需要

无论是在使命上还是在管理过程开展的具体职能上，变革型管理与事务型管理都有着显著的差别。从使命方面来看，变革型管理是为了带来有用的变革，使企业能以新的方式做以前没有做过的事情；事务型管理则是为了维持秩序，使企业系统高效、稳定地运行下去。由于基本使命不同，其管理工作的过程在职能方面的表现也不尽相同。如表 6－1 所示，变革型管理过程虽然也包含计划、组织、领导、控制这几大职能，但这些职能活动在具体内容和实施形式上与事务型管理存在明显的不同。

表 6－1　变革型管理与事务型管理过程的基本职能对比

职能	变革型管理	事务型管理
计划	确定经营方向，包括远景目标（3～20 年）和实现远景目标的战略（1～3 年）	编制短期（几周、几个月或者半年、1～2 年）、周密的计划方案和预算
组织	联合实现远景目标所需的所有相关者（包括企业的员工以及主要顾客和重要供应商），形成企业内外相互密切配合的关系网络	设计体现合理的分工协作关系和汇报关系的结构体系，并配备合适的人员执行结构设计所规定的角色任务

续表

职能	变革型管理	事务型管理
领导	通过与所有能提供合作和帮助的人进行大量的沟通交流，并提供有力的激励和鼓舞，率领员工朝着某个共同方向前进	借助指挥、命令，通过上级对下级的指导、监督，使各层次、各部门的人员能按部就班地开展工作
控制	应环境变化的需要而适时、适度地调整计划目标	尽量减少计划执行中的偏差，确保主要绩效指标的实现

总而言之，事务型管理与变革型管理是两类需要得到有机结合的管理。比如，在充满活力的创业型企业或小型企业中，其强有力的变革型管理如果能进一步与必要的事务型管理相配合，那么，它就能创造出更加有序的变革过程，使混乱的局面得到控制；而具有较强的事务型管理能力但行为刻板僵化、缺乏活力的大中型企业，如能利用变革型管理的力量，则有望在有秩序的运行中产生满意的变革。那些变革型管理与事务型管理两方面能力都不具备或者都很弱的企业，就犹如一艘无舵之船，而且船体上有一个大洞；仅有强有力的变革型管理而事务型管理微弱的企业，犹如一个好舵手在艰难地引导一艘随时都有翻覆危险的船航行；仅具备强有力的事务型管理而缺乏变革型管理能力的企业，就如拥有坚实的船体但无舵手的船，其境况也不会好过前者。事实证明，小企业在“成长的危机”中应该学习如何强化应有的秩序，而面临“发展中的危机”的大企业则要思考如何能更好地激发变革和创新。所有这些都在预示着变革型管理与事务型管理走向结合的趋势。

（二）变革的力量来源

管理工作性质的变化起源于组织内外环境的变化。正是环境的变化导致管理者的工作性质发生改变。如果环境未发生变化，管理者的工作要相对简单和容易得多。然而，在现代社会中，不变越来越难以实现，只有变化才是组织的现实。环境的变化向管理者提出了实施变革型管理的新任务。如前所述，管理者面临外部和内部两方面的限制力量。这两方面的力量产生了变革及对变革型管理的需要。

1. 外部力量

变化与变革需要的组织外部力量有多种来源。这里将之归纳为：

（1）市场。市场变化步伐的加快是当今环境的一大主要特征。其主要表现是：顾客的需要越来越变化多端，新产品不断推陈出新，产品的生命周期也不断缩短。市场变化的方式和速度甚至已不在企业的想象和控制范围之内。

（2）竞争。同业生产者、潜在进入者、替代品生产商以及具有较强讨价还价能力的供应商和顾客，都是企业经营和盈利过程中的竞争者。它们之间的竞争已不再是单纯的产品竞争，更是服务的竞争。竞争的手段已经从成本、价格越来越多地转向质量、品种、反应速度及其与成本因素的混合，甚至竞争的主体已经由单个企业转变为整条商品供应链的联合体。核心竞争力的培育和发挥日益成为新时期企业竞争战略研究的新内容。

（3）全球化。随着交通和通信技术的迅速发展，以及全球反对贸易保护、提倡自由贸易的浪潮的兴起，企业已经在国际化、全球化舞台上开展经营活动和进行竞争。我国企业不仅要注意开拓国际市场并研究如何与国外强劲对手竞争，同时也要意识到我国加入世界贸易组织（WTO）以后，我国企业在国内市场上将面临越来越广泛和激烈的竞争。

（4）信息社会的变化。计算机的普及和现代信息与通信技术的发展，把人们的生活和企业的经营都推向了一个新的时代。全球互联网络和电子商务等的应用、“地球村”的到来，在给企业的经营和管理带来新机会的同时，也产生了许多亟待解决的难题。

2. 内部力量

除了组织外部环境的力量外，组织内部也孕育着多方面引发变化、促进变革的力量。这些存在于组织内部的力量，有的可能最初就产生于组织内部的运营过程，有的可能产生于外部变化的影响。举例来说，组织的员工队伍就处于不断变化之中，尤其是随着员工受教育程度和职业流动意向的提高，他们对工作的自主性和能力发展的需要会增强，这样就要求管理工作做出相应的调整。技术的进步和新设备的引进也是变革的另一种内部力量。高层管理班子的改组、企业战略的重新制定或修订、企业之间的合并重组，这些事件常常也会引起管理政策和实践的变革。

二、学习型组织

（一）学习型组织及其产生背景

当今的管理者和组织仍在相当程度上受到一个多世纪前工业革命所产生的感知、认识和理解世界的基本思维方式的束缚。在工业革命之前，大多数组织从事的是与农业和手工业相关的活动，其沟通方式主要是面对面的，组织规模较小，结构简单，边界模糊，而且通常对扩张没有兴趣。然而，在现代化的工业时代，成长已成为成功的主要标准，组织变得巨大而复杂，职能部门间及组织间的界限分明。这一时代，资本的主要形式是货币、建筑物和机器设备。组织面临的环境相对稳定，技术上趋向于采用大批量生产的制造流程。管理工作依据的是僵化的管理原则，并且趋向于由管理者做所有的计划和思考工作，员工则从事体力劳动以换取工资和其他报酬。

在进入后现代社会的今天，环境相当不稳定。伴随着国际竞争、电子商务及其他的挑战，组织面临的环境已经很难预见。管理者不能用传统的方式去预测和控制组织内外出现的事件。资本的主要形式不再是建筑物和机器设备，而是信息和知识。员工不再是纯粹的被管理者，而可以成为管理的主体。组织之间的界限正日益模糊，甚至出现竞争对手为了在全球市场上竞争而结成伙伴的现象。在这种新的环境中，许多管理者正对他们的组织进行重新设计，使其转变成学习型组织（learning organization）。

所谓学习型组织，是指所有组织成员都积极参与与工作有关问题的识别和解决，从而使组织形成具有持续适应和变革能力的一种组织形态。在学习型组织中，组织内部的员工以及外部的参与者通过不断获取和共享新知识，参加到组织的知识管理中，并有意愿将其知识用于制定决策或做好他们的工作。这种在完成工作任务过程中的学习以及应用所学知识的能力，被认为是组织可持续竞争优势的源泉。习近平指出，“当今时代，新知识新事物层出不穷，有许多难题需要我们去破解，有许多挑战需要我们去战胜，有许多风险需要我们去应对”，为此需要我们“如饥似渴地学习，毫不懈怠地实践，与时俱进地提高”，“做到干中学、学中干，学以致用、用以促学、学用相长”[①]。

（二）学习型组织的特征及构建策略

一个学习型组织是怎样的？从图 6－5 中可以看出，学习型组织的特征表现在战略类型与过程、组织设计、信息共享、领导力以及组织文化方面。

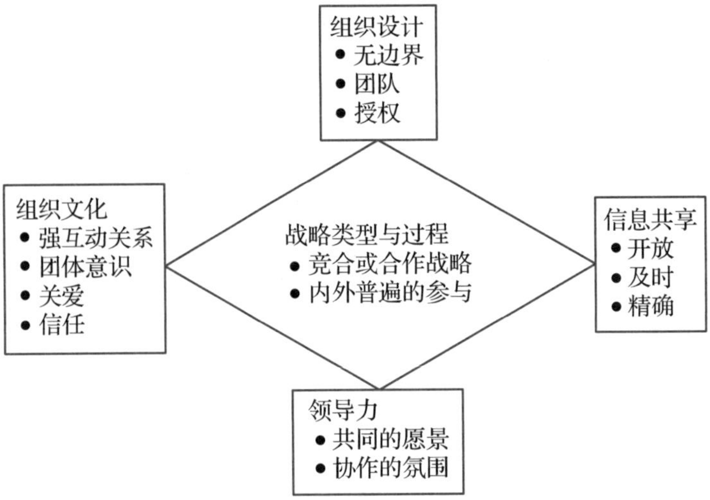

图 6－5　学习型组织的特征

第一，从战略类型与过程来看。在学习型组织中，组织内低层的员工，以及组织外部的利益相关者（如顾客、供应商以及合作伙伴等），都可以参与组织（企业）战略方向的形成及战略方案的制定。这样组织就能够持续不断地探索、改进和提高能力，以取得可持续竞争优势。在这种多方面的参与下，企业战略的性质也由原来的以竞争为导向转变为更多地体现合作的内涵。具体来说，与传统的组织相比，学习型组织战略方面的特征表现在以下几个方面：

（1）战略目标。它不是着眼于取得更高的绩效，而是着眼于持续的学习，即让组织的每一个相关者都关注如何能拥有识别和解决问题的意愿、知识和能力。

（2）战略过程。以往的战略是由高层管理者制定，而后在整个组织中推行，与之不同，学习型组织是由那些拥有充分信息并得到充分授权的员工，以其日积月累的行动为企业战略的发展做出贡献。另外，由于学习型组织中所有的员工都与顾客、供应商保持接触并了解新的技术，因而他们能帮助识别顾客的需要及其解决方案，这样也就可以联合外部利益相关者参与企业战略的制定。

① 中共中央党史和文献研究院，中央“不忘初心、牢记使命”主题教育领导小组办公室．习近平关于“不忘初心、牢记使命”论述摘编．北京：党建读物出版社，中央文献出版社，2019：205，209.

（3）战略方案。以往的组织是由高层管理人员动脑思考组织如何面对竞争并做出最好的反应，如何有效地使用资源和应对环境的变化。与之对照，在学习型组织中，战略往往产生于与供应商、顾客甚至竞争者的合作关系中，这样，组织的竞争者同时也是合作者，各方共同探索、寻找适应环境变化的最佳方式。

第二，从组织设计来看。在学习型组织中，成员必须在整个组织范围内跨越不同职能专长及不同组织层级，共享信息和取得工作活动自主协调，而这通常需通过削弱或消除已有的结构及物理（空间）边界才可能实现。因为在这种无边界的环境中，员工可以自由地在一起工作，并互相学习，以最佳的方式合作完成组织的任务。鉴于协作的需要，团队也就成为学习型组织结构设计的一个重要特征。员工在团队中工作，执行需要完成的各项任务。这些员工团队被授权制定有关其工作开展过程或解决出现的问题的各种决策，组织根本没有必要配备各级管理者来发布命令和实施控制。相反，管理者扮演着推动者、支持者和倡导者的角色。

第三，学习型组织需要确保信息共享的实现。没有信息，就不可能产生学习。学习型组织要想不断进行学习，就必须在成员间实现高度的信息共享，使组织的所有员工都参与知识管理。而这意味着信息的共享必须公开、及时，并且尽可能精确。因为学习型组织在设计中消除了结构和物理（空间）边界，这种环境对于开放式的沟通和广泛的信息共享具有建设性的作用。

第四，在企业向学习型组织转变的过程中，领导力起着重要的作用。学习型组织中的领导者应该促进企业内形成一个有关组织未来的共同愿景，并使组织成员朝着这一愿景努力奋进。另外，领导者还应该支持和鼓励在组织中创设一种有利于学习的相互协作和配合的氛围。如果企业缺乏这种强有力的、尽责的领导者，要想成为一个学习型组织是非常困难的。

第五，要想成功构建学习型组织，组织文化也是很重要的方面。在学习型组织中，其文化特征应该是：每个人都赞同某一共同的愿景，都认识到在组织工作过程、活动、职能及外部环境之间存在的固有的内在联系，彼此都有很强的团体意识，相互之间充满关爱和信任。在学习型组织中，员工感到可以自由地敞开交流，大胆分享、试验和学习，而不用担心会受到批评或惩罚。

总之，学习型组织是与传统组织形成了鲜明对比的一种新型组织模式。企业（及其他类型组织）需要在管理过程的各个方面做出根本性改变，以构建能帮助其所有成员学习，同时不断使其自身发生变革的一种全新的组织状态。

第四节 创新管理

党的二十大指出，创新是第一动力。当前新一轮科技革命和产业变革方兴未艾，对管理活动提出了新的挑战。企业只有不断创新，才能在激烈的竞争格局中谋求优势与成长。

一、创新的概念

“创新”一词源于拉丁语的“innovare”，意思是更新、创造新事物或改变现有的做事方式。管理学关注的创新并不是无目的的标新立异或者为显示差异而刻意与众不同，而是指能够产生新价值的新型解决问题方式。管理学之所以高度关注创新，是由于宏观和微观两个层面的原因：微观上，创新意味着企业找到了新的使命，或者更好地完成现有使命的途径，由此获得新的竞争优势和生存环境；宏观上，创新意味着社会获得一种新的价值，也就是获得了新的发展资源和进步动力。创新就是从新思想的产生、研究、开发、试制、制造，到首次商业化的全过程，更是一种具有远见、洞悉环境变化和富有冒险精神的能力。

1912 年，经济学家约瑟夫·熊彼特（Joseph A.Schumpeter）在《经济发展理论》一书中首次提出创新理论，研究资本主义经济发展的实质、动力与机制，他认为“创新”就是建立一种新的生产函数，即把一种前所未有的关于生产要素和生产条件的“新组合”引入生产体系，企业家创新的目的在于获取新的潜在利润。这种新的组合包括五种情况：

- 引入一种新的产品或提供产品的新质量。
- 采用一种新的生产方法。
- 开辟一个新的市场。
- 获得一种原料或半成品的新的供应来源。
- 实行一种新的企业组织形式。

熊彼特对创新的定义为技术创新理论研究奠定了基础。此外，也有其他学者给出了创新的不同定义。著名管理学家彼得·德鲁克认为，创新是企业家把变化作为不同业务与服务的机遇的特殊工具。创新出现在企业的各个阶段，发生在企业的所有领域、所有部门、所有活动中。英国学者克里斯托夫·弗里曼认为，创新是指在第一次引进某项新产品、新工艺过程中，所包含的技术、设计、生产、财政、管理和市场活动的诸多步骤。

从管理学的一般角度来看，创新活动是相对于维持活动的另一类管理活动，它是在探究人类创新活动规律的基础上，改变管理活动的过程，是一种产生新的管理思想和新的管理行为的过程。

二、创新的类型

从创新的定义可以发现，创新存在于企业活动的各个环节。早期对创新的关注主要集中在研发与技术创新，而后延伸至企业的不同阶段。从不同角度来看，创新的基本类型有以下几种：

（1）根据创新的内容分为产品创新、工艺流程创新、商业模式创新。

产品创新是企业最基本的创新活动，体现在开发一种能够满足顾客需要的新产品，例如苹果公司研发的无线耳机 AirPods、华为公司推出的新款折叠屏手机 Mate X。工艺流程创新是企业在生产流程、工艺路线和设备改造方面的创新，旨在提高产品加工或服务提供方面的效率，降低成本，从而增加企业盈利。商业模式创新是一种系统性创新，相比前两类创新，商业模式创新更带有综合性：商业模式创新既可能包含产品技术、服务内容方面的创新，由此带来顾客价值创新的效果；也可能包含工艺流程、外部合作等方面的创新，由此增加顾客满意度。

（2）根据创新的程度划分为渐进性创新和突破性创新。

企业的创新程度可高可低。渐进性创新是在不偏离已有技术框架的情况下进行的微小改进和提升。例如，各类手机 App 会不定期发布新的版本，解决旧版本的问题或增加新的功能，大部分的版本更新都不会带来显著的使用改变。因此，渐进性创新对现有产品的改变相对较小，同时带来的收益也往往需要长期积累才能有效评估。相比之下，突破性创新带来的改变较大，影响市场规则和产业版图的构建，甚至导致一个新的行业产生。例如，滴滴打车的兴起导致了网约车行业的涌现，抖音的火爆催生了整个短视频产业。

（3）根据创新涉及的范围划分为局部创新和整体创新。

企业的创新活动既可以发生在局部，也可以在整体层面部署。局部创新是指在系统性质和目标不变的前提下，系统活动的某些内容、某些要素的性质或其相互组合的方式，以及系统的社会贡献的形式或方式等发生变动。整体创新则往往改变系统的目标和使命，涉及系统的目标和运行方式，影响系统的社会贡献的性质。

三、创新的典型方法

（一）二次创新方法

二次创新是指为那些建立在技术引进基础上，囿于已有技术范式，沿着原始创新所定义的技术轨道进行的创新，是基于引进技术的消化吸收再创新（见图 6－6）。二次创新根据技术来源可以分为成熟技术引进、新兴技术引进和实验室技术引进三种。以成熟技术引进（如引进国外企业已经商业化的技术）为代表的创新是最为典型的二次创新，其创新在很大程度上受到国外技术范式的制约。

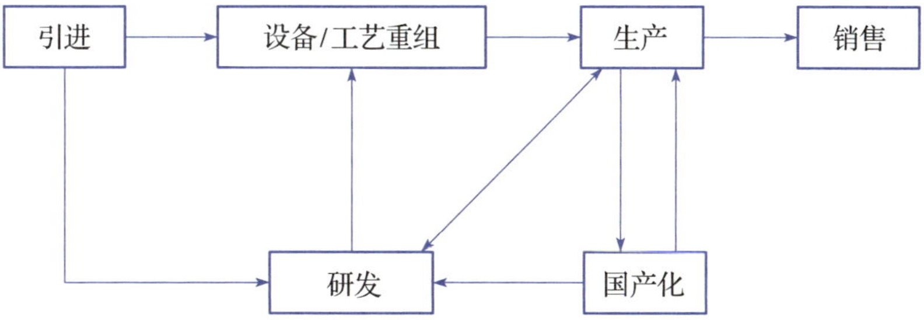

图 6－6　引进技术消化吸收基础上的二次创新

图片来源：吴晓波．二次创新的进化过程．科研管理，1995（2）．

二次创新主要包括基于引进成熟技术（第Ⅰ类技术引进）的模仿创新、创造性模仿和改进型创新，以及基于引进新兴技术和实验室技术（第Ⅱ类技术引进）的二次创新。

后发企业在发展初期，由于自身技术能力薄弱，适合第Ⅰ类技术引进，并通过二次创新来推动技术能力的提升。当经过多轮二次创新周期，企业积累足够的知识和经验后，可以升级到第Ⅱ类技术引进，通过二次创新（Ⅳ），最终在技术能力上赶超领先企业。因此在后发企业技术能力追赶的情境下，二次创新遵循这样一个动态升级过程：引进Ⅰ→二次创新→技术能力提升→引进Ⅱ→二次创新→技术能力赶超。

（二）用户驱动的创新方法

经济学家冯·希佩尔教授在20世纪70年代提出了"用户是创新者"的革命性观点，根据创新者与创新之间的联系将创新分为用户创新、制造商创新和供应商创新。用户创新是指用户对其所使用的产品或工艺的创新，包括为自己的使用目的而提出的新创意、新设想和实施首创的设备、工具、材料、工艺等，以及对制造商提出的产品或工艺的改进建议。

用户创新可能是由于部分需求未能得到满足，也可能是由于需求信息"黏滞"和知识的意会性导致形成黏着信息。当用户对某种产品有需求而又难以直接从市场上获取时，他们愿意为之付出一定的努力。用户创新是一个巨大的创新源，但长期以来在理论上和实践上都没有得到足够的重视。

在用户创新中，可将用户区分为普通用户和领先用户。领先用户面临市场上即将扩大的新产品或服务需求，但是他们比其他用户更早意识到这种需求；他们不愿等到新产品或服务慢慢在市场出现，经常提前开发新产品或服务，通过寻找满足他们需求的方案而受益匪浅。领先用户为寻找新产品开发机会提供了强有力的工具，可能为企业提供对创新十分重要的新产品概念和设计信息。领先用户在突破性创新中发挥着重要作用。企业通过与领先用户密切合作，能获取突破性的新产品概念，从而生产出突破性创新产品；从领先用户那里选择最有市场前景的突破性产品原型，能减少新产品开发时间和开发成本，提高创新效率；能获取新的技术能力，了解相关技术的发展趋势，扩展技术联系网络，与领先的技术研究机构建立密切的联系。

用户创新工具箱为企业提供了一个价值创造的新途径。创新的主体不再是企业，而是产品的消费者。设计、构建产品原型、测试反馈等传统产品开发步骤都在用户端进行。企业和用户的界面发生变化，企业给用户的是进行产品开发所必需的工具，而且企业对用户开发的产品很少有甚至完全没有控制权（见图6-7）。

（三）反向创新

反向创新最早由美国学者戈文达拉扬（Govindarajan）和通用电气总裁杰夫·伊梅尔特（Jeffrey Immelt）提出，指跨国公司在新兴市场开发低端产品，并通过产品升级改造，反过来推向全球市场的过程。在这种方式下，创新模式沿着低端市场推广到高端市场。反向创新隐含了两层含义：一是低端需求可能引发全球性创新动力；二是创新源头需要从高端市场转向低端市场。传统上，由发达国家担任创新输出方，即在发达国家完成创新后，对创新进行适应性改进，"顺向"推广到发展中国家。便携式成像仪的创新路径显然与传统路径不同，许多学者开始把主要利用发展中国家的创新资源，并且率先在发展中国家完成，进一步输出到其他发展中国家乃至发达国家的创新称为"反向创新"。

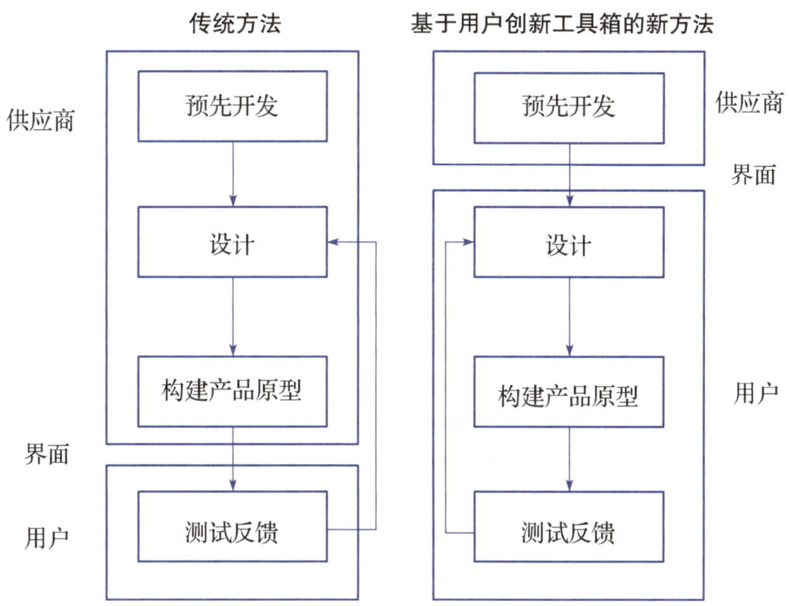

图 6-7 传统方法和基于用户创新工具箱的新方法比较

图片来源：Thomke S，Von Hippel E. Customers as innovators：A new way to create value. Harvard Business Review，2002，80（4）：74-84.

以电视机产业为例，在起步阶段，我国基本上是自力更生进行研究开发，早在1958年就开发出黑白电视机，其过程大体可以归结为正向创新。由于技术落后于国际水平、产品质量不过关，未能形成真正的产业。改革开放后，获得引进技术的机会，我国电视机产业开始快速发展。其发展过程不是从引进、消化吸收设计技术开始，即不是从创新链起点开始，而是先引进生产线和整套产品图纸，进行产品生产。在此过程中，企业通过消化吸收，逐渐培养了生产环节的创新能力，如长虹在消化吸收生产线后，模仿、开发出十几条生产线。随着生产能力的不断提高，我国发展成世界最大的电视机生产国。后来，企业逐渐向创新链上游环节进军，实现了自主开发设计。可见，电视机产业的创新是从创新链的中间环节——生产环节起步，再逆向冲击创新链上游环节。

参考案例

海思的自主创新之路

2004年10月，华为在ASIC设计中心的基础上，成立了深圳市海思半导体有限公司，至此开启系统性芯片研发之路。海思在成立之初由于人才队伍较弱，芯片研发遭遇重创。于是，公司于2007年引进意法半导体集团人才，并与德州仪器合作。一方面利用先进企业的人才补充自己的研发团队人才，另一方面借此来弥补自己最薄弱的数字环节，为后续的研发节省了大量时间。作为一家全球化公司，海思从世界各地招募人才。从其人员结构上来看，华为公司从事研发的员工占员工总数大半，以知识型员工居多。

海思始终保持一种开放姿态，遇到再大阻力也不会“自我封闭”，这表现为对技术引进的开放态度。海思瞄准了深度学习处理器“寒武纪”对于智能认知的应用重点，与中科院“寒武纪”项目团队共同开发了华为麒麟970芯片。2017年8月，长虹与海思在中国科技城绵阳签订了战略合作协议，二者将在国内就“物联网”领域技术和产品应用展开实质性合作，以期共同推进物联网芯片应用与技术升级。除了和企业在特定领域进行合作外，海思还携手各大高校，致力于使科研项目落地，并实现学术型人才早日向实践型人才转变。

任正非“不在非战略机会点上消耗战略资源”的战略管理理念，背后是“以客户为中心，为客户创造最大的价值”的华为生存哲学。当然这一哲学理念在海思的自主创新之路中得到了最大程度的体现——海思在创新迭代过程中始终坚持战略哲学思考引领技术创新，坚持以客户价值创造为中心，追随市场需求，致力于为用户提供满意和卓越体验。到2020年，海思在全球半导体行业销售中位居第十，这也是首次有中国公司跻身前十。

资料来源：蒋石梅，秦怡雯，冀浩哲，等. 国产“芯”希望：开放创新时代海思的自主创新突围之路. 中国管理案例共享中心案例库，2020.

四、管理创新

组织活动包括具体操作活动和管理活动，上文所述的创新方法主要针对的是具体操作活动，或称为“技术创新”，是实现组织目标的直接创新过程。相比较而言，管理活动往往是通过指导、改变和完善操作活动及提高其效率，间接地完成实现组织目标的任务。因此，对管理活动的创新，即管理创新，旨在通过计划、组织、领导和控制等管理职能和管理手段来提升创新活动效率。

（一）创新计划

所谓“创新计划”，是指对企业（或其他机构）中期望开展创新的领域、目标以及实施措施等进行事先的筹划，以使即将开展的创新能够获得最大成效。

创新的过程和结果均具有高度不确定性，一般都要伴随相应的投入，即使有的创新过程本身并没有要求很大的投入，但由于这个过程占用了创新者时间、精力等，这也意味着创新过程至少伴随着经济学意义上的“机会成本”。

相对于不可缺少的创新成本，创新成果的不确定性则要大得多。确定的投入带来的是不确定的产出，这就是创新风险。为了降低甚至消除创新风险，人们需要将管理学的计划原理应用于创新实践。

和企业等机构中其他运营过程或行为的计划相比，创新计划有其不可忽视的特点：第一，目标难以准确确定。任何一种创新，总是对现有实践的突破或颠覆，正是由于涉及对全新的实践或者做法的探索，创新的目标很难事先确定。在创新之前，人们通常只是想到需要改变以及改变的大致方向、原则等，但这种改变具体要达到什么样的预期状况则很难事先设定。第二，完成创新的时间长短难以确定。创新过程和其他运营行为不同，对其很难设置一个有意义的期限，有时创新可以在较短的时间内完成，但也可能会经历很长时间才能成功。第三，外部环境及其影响难以确定。创新过程总是在特定的外部环境下展开，这个外部环境以及它对创新的影响很难事先完整估计。这些特点决定了创新的推动是一个逐步调整的“实验进程”，该进程由若干阶段组成，不同阶段的创新行为调整建立在动态学习的基础之上。因此，创新计划必须具有相当程度的弹性，也就是包容性。创新计划是一种概要性计划，是对创新方向、进程和所需采取的支持性措施进行的事先的战略思考和原则性安排。

（二）创新组织

所谓“创新组织”，就是管理者针对具体创新进程的特点以及愿景定位状况，选择创新团队人员、进行工作分工、设置沟通模式并营造创新氛围的行动。

一项重要的创新往往需要众多人员的参与和协同行动，其中伴随着大量的思想碰撞、观点交流、经验总结以及下一步行动设计。有效的组织可以提高这种思想与行动协同的效率与质量。反之，如果没有必要的组织措施，创新过程很可能陷入杂乱无章、难以前进的境地。

对创新过程的组织有以下基本原则：

（1）在人员配备上，追求精干和结构合理。创新是一个以特定目的为导向的特殊创造过程，因此参与创新的人员应既有较系统的专业知识与经验，又有较为独特的眼光和开创精神。创新实践的主要实施者，在任何一个企业或其他组织中并不多见，创新团队应以这样的人作为主要配备，否则，任何创新都将难以取得实质进展。所谓“结构合理”，是指构成创新团队的人员应在专业背景、从业经验、能力特长等方面形成一个合理的结构，这样在创新过程中可以发挥不同背景、知识、能力与经验的差异化优势，突破现有的“能力刚性”所可能产生的制约影响。

“能力刚性”是常常存在于各类企业或其他组织中制约甚至阻碍各种创新的一个重要因素。管理学家在大量观察的基础上发现，在许多企业尤其是存在时间较长、有一定市场地位或综合能力的企业中会出现这样的情况：企业的持续运营会产生一定的特殊能力或专长，伴随对这种特殊能力或专长的持续应用，企业将积淀相应的集体认知、组织惯例和决策准则。当企业过于依赖和迷信其特殊能力或专长时，一些集体认知、组织惯例等将形成“变革排斥”因素，能力陷阱（competency traps）由此产生，其突出后果就是导致各种所谓“非此创造”（not invented here，NIH）综合征。克服这一综合征的组织手段，就是构建合理的人员配备结构，发挥不同专业背景、知识经验的优势尤其是交叉协同优势，突破思维和能力瓶颈，取得创新突破。微软公司 Windows 操作系统的创新性推出就是一个典型例子。当初在微软的 DOS 操作系统销售极佳时，一部分不同背景的人员就注意到了 DOS 系统使用较为复杂、应用难以大幅扩张的局限性，于是一些市场销售人员、行政管理人员和技术人员组成一个复合型团队，倡导并具体实施了后来的 Windows 操作系统的开发并取得极大成功，为微软成为世界级企业做出了巨大贡献。而如果由单纯的技术人员组成创新团队，就很难保证取得这样的创新成就。

（2）在组织形式上，尽可能采取“增量团队”形式。所谓“增量团队”，是指在现有的组织架构之外设立的专业团队，该团队承担与现有业务没有关联甚至是有冲突的探索行动。由于创新是对现有业务或专项解决方案的突破，因此创新过程是和有关“存量”业务运营并存的。为了避免创新过程对现有的业务或专项解决方案的实施产生影响，通常需要在现有业务与组织之外设立创新团队，采取双线运作的组织方式，避免彼此干扰。

（3）在文化营造上，强化“开放、包容”的价值理念。毫无疑问，任何一种创新进程的健康推进都需要积极健康的创新文化作为基础。创新文化的最核心理念，就是开放、包容。只有将这一理念贯彻到底，才有可能突破各种思维与行为方面的障碍，激活创造性解决方案，实现创新愿景。

（三）创新领导

所谓“创新领导”，是指在创新过程中，管理者在动态化的方向指引和人员激励方面所付诸实施的各类行动。和创新计划与创新组织有所不同，创新领导是一种面对面的管理行动。通过这种面对面的领导行动，管理者根据各种不断变化的情况调校创新方向，并确保创新团队始终保持高昂斗志和充满激情。为了完成这个特定任务，创新领导需要有效地扮演好有关的领导角色。

创新领导是通过成功地扮演有关角色来实现的，总体来讲，创新领导需要扮演好以下四类角色：

（1）眺望者。眺望者角色是指创新领导必须始终站在可俯视环境的高度，以便完成高质量的眺望。眺望可以帮助创新领导大致识别可行道路与险滩所在。眺望所需的高度来自创新领导的知识储量、经验以及敏锐性。后者又要求创新领导具有高度的求知欲望和学习能力。

（2）传道者。所谓“传道”，就是对创新团队成员的宣传鼓动。由于创新过程巨大的不确定性和风险性，创新成员通常都会面临巨大的压力，当创新过程遭遇挫折时更是如此。在这种情况下，持续不断而富有激情的鼓动往往是创新突破困局、取得进展的重要促进因素。传道者这一角色要求创新领导不仅有极强的耐压能力，更有超常的语言感染力和沟通能力。

（3）协调者。协调是创新领导的重要内容。这里所说的协调，就是在创新团队不同成员之间，进行知识、信息、思想、观点等方面的互通有无，并且及时将创新解决方案的各个组成部分进展情况进行通报，协调进度，组织有关成员集中攻关，突破阶段瓶颈等。

（4）发布者。任何一个创新成果都需要适当发布推广以取得未来将消费这个创新成果的顾客的认可与关注，否则，创新成果的价值有可能被低估，或者其价值主张的实现有可能延迟。而在存在竞争的情况下，这种延迟有可能导致创新成果价值的丧失。为此，创新领导还需在创新取得一定成果时，开展发布行动，为创新成果的应用造势铺路。

（四）创新控制

所谓“创新控制”，是指对企业中创新工作的成效进行衡量和评价，并采取相应的纠正措施的行动。

创新，特别是破坏性创新，面临着失败的风险。由于外部环境的不确定性、创新项目本身的难度与复杂性、创新者自身能力与实力的有限性等各种因素的影响，企业创新活动的实际结果可能背离预期的状态和水平，从而导致利益损失。因此，企业需要对创新活动进行必要的控制，以实现预期的创新目标。

创新活动虽然需要自由和灵活性，但并不是放任自流，而是在一定约束下拥有自由。为了确保具有风险性的创新活动处于受控制的状态，需要对创新过程中各环节的行为及其结果给予必要的调整，以使这些行为与企业目标期望值相一致。然而，过度的行为控制会带来僵化问题，而这种僵化与创新活动所需的灵活性之间将产生冲突，需要管理者加以调和。

与业务经营系统的控制倾向于以追求效率性为导向实施刚性、明确的控制不同，以追求创新性为导向的控制具有柔性、模糊性的特征。前者主要是通过事先确立清晰和可衡量的目标以及阶段性成果等，以之作为明确的衡量标准来对企业的各种活动进行严密的控制。后者则着眼于对企业科技领先性、产品新颖性、市场开发潜力和发展态势等设立大致的轮廓性要求，并实施相对宽松的控制。虽然对所期望的结果也确立了衡量标准，但它只是一个相对模糊的要求，如企业某种状况的改变与突破、与同行业最先进的某方面或多方面实践进行比较以及打造竞争优势等。这些要求常与企业的发展战略有机关联，关注点是企业的发展方向及其实现过程中的里程碑事件。

例如，将生产制造部门严密控制的举措，强行推广应用于研究开发部门，往往并不适切。不实施刚性、明确的控制，并不等于缺乏控制。创新控制的方式应该多样性、柔性化。

参考案例

吃力不讨好的马莎

哥伦比亚纺织公司是一家大型纺织品和地毯制造商。马莎很为自己成为这家公司中第一个从基层得到不断提升的女性感到骄傲。她习惯于使用篇幅较长的预算和统计报告，每周对几乎每一项生产活动进行一次计量和评价。当她升任公司执行副总裁时，她想要做的第一件事就是让公司的研究开发部处于“控制状态”。她发现这一部门管理松散，工作人员可以按照自己喜欢的方式做事，甚至只要愿意，可以在晚上而不是在规定的上班时间工作。

马莎采取的第一项措施是制定一个详尽的预算制度。她要求每一个科研项目都设立预算，即使是细小的开支也要列入预算。她要求研究开发部主任将每一项开支保持在预算标准内。所有非财务项目，如员工的工作时间安排、每个项目的生产率水平等，都要使用统计报告实时予以反映。这样，计算机使用情况、员工出差情况、设备使用情况等都得到全面的衡量和监控。

随着这些措施的采用，研究开发部门的员工满意度和生产率都开始下降。她与研究开发部主任之间每周至少发生一次争吵，要么是因为实际支出超出了预算，要么是因为他们对工作报告和记录有不同的理解。一年之后，研究开发部主任辞职了。紧接着，几位主要的科研人员也辞职了。

董事会请来一位管理咨询专家考察研究开发部的问题。这位专家认为，现行的控制方法不适合该公司面对频繁的变化、不确定的环境及要有长期视野的研究开发部门。准确、详尽的报告制度虽然适用于稳定的制造部门，但不能反映研发活动所特有的不确定性本质。对于研究开发工作来说，与预算略有出入是常态，而不是需要加以控制的例外事项。较为粗放的控制系统，即只对未来的研究项目做出规划并使研究成果与公司的目标保持吻合，是更为有效的。

调研数日后，管理咨询专家发现，这家公司的研发人员已经在职业规范和惯例的社会化力量作用下形成并共享着相当强的本部门文化。大多数研发人员为了按时完成项目加班加点工作，因为他们对本部门的目标有着高度的认同感，也喜欢有机会与同事们一起以非正式方式谈论他们正在探索的课题的一些想法。基于此，专家建议，应该让具有共享价值观和工作投入感的科研人员以自律的方式约束自己的行为。

小结

1. 管理思想对管理实践的进行和提高起着指导、推动的作用。管理者要进行有效的管理，就必须了解人类管理思想的发展过程。

2. 西方国家是在19世纪末20世纪初开始形成系统化的管理思想的。20世纪20年代以前的主要管理思想包括泰勒的科学管理理论、法约尔的一般管理理论和韦伯的行政组织理论。这三种理论力图打破传统的经验管理办法，实现对作业与组织的科学的、理性的管理，但这些思想都忽视了人的因素和环境的影响，因而被称为古典管理思想。

3. 20世纪20年代中期开始在霍桑工厂中进行的实验宣告了另一种管理思想的诞生。梅奥在总结霍桑实验结果后提出的人际关系学说弥补了前期管理理论的不足，使人们看到了“人”的因素的重要性与特殊性，从而促进了行为管理思想的蓬勃发展。

4. 在第二次世界大战中产生和发展起来的定量管理思想实际上是数量方法在管理中的应用，它通过将运筹学、统计学和计算机等科学的知识和方法用于研究和解决复杂的管理问题，帮助管理者更好地为组织确定正确的目标和合理的行动方案。这种管理思想有时也被称作“管理科学”。

5. 把组织看作一个与环境保持密切联系的开放系统，就产生了系统管理和权变管理思想。这是两种主要的现代管理思想，冲破了以往着重于组织的内部并倾向于寻找普遍适用的最佳管理模式的做法，使人们对组织与管理问题的思考和行动发生了巨大变化。

6. 无论是管理实践还是管理理论，都是随着社会的发展而发展的，一定的管理理论反映了一定社会的管理要求。在现代的管理实践中，我们需要注意根据管理实际灵活地运用各种管理理论。

7. 个人或企业在追求利润的同时，必须遵守一定的伦理道德并承担必要的社会责任。企业社会责任是企业追求有利于社会长远目标实现的一种义务，它超越了法律与经济对企业所要求的义务。

8. 处于变化时代的管理者应该是革命性变革的推动者。与事务型管理旨在保证企业系统的正常运行和日常生产经营工作的顺利开展不同，变革型管理的使命是推动企业系统的变革、革新或创新，使企业能以新的方式做以前没有做过的事情。

9. 学习型组织使组织内部的员工以及外部的顾客、供应商及合作伙伴等，都有机会参与有关问题的识别和解决，这样组织就能够持续不断地探索、改进和提高能力，以取得可持续竞争优势。

10. 创新活动是相对于维持活动的另一类管理活动，它是在探究人类创新活动规律的基础上，改变管理活动的过程，是一种产生新的管理思想和新的管理行为的过程。

思维导图

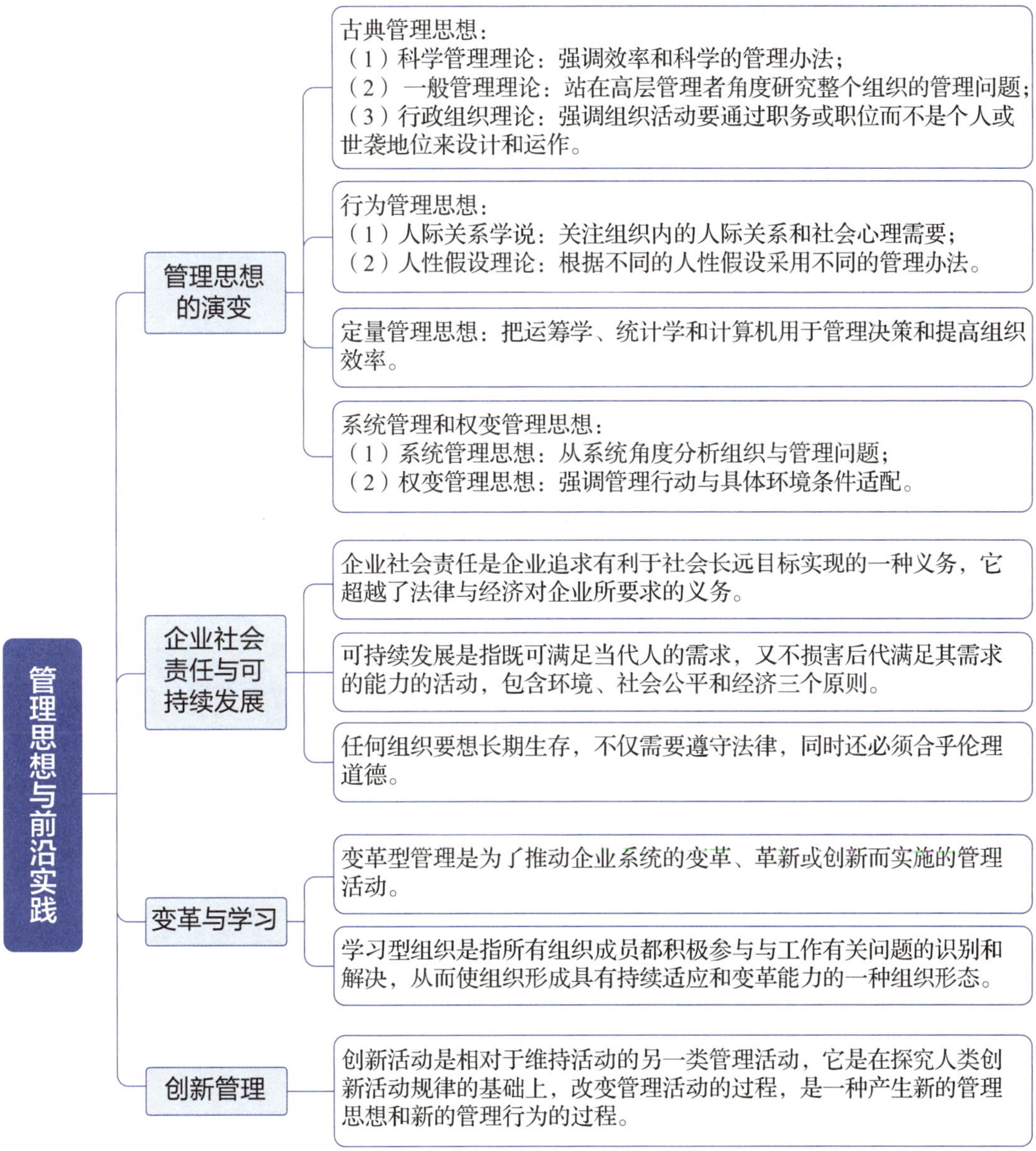

课后习题

一、单项选择题

1. 管理学家彼得·德鲁克指出：如果一位知识工作者能够凭借其职位和知识，对该组织负有做出贡献的责任，而且这些贡献对组织的经营和成果有重大影响，那么他就是一位管理者。他还说，在现代组织里，知识的权威与职位的权威一样具有合法性。试问以下哪种说法符合德鲁克的上述思想？（　　）

   A. 基于知识的权威所做的决策，与管理层所做的决策具有相同的性质

   B. 拥有源自知识的权威的人，在现代组织里，一定会被提升到重要的管理职位上。因为这样，专家权力就会与传统依附于职位的合理合法权力合为一体

   C. 不具备专家权力的管理者，在现代组织里会消失。胜任的领导者，必须首先是一位知识工作者

   D. 在管理者与知识工作者合二为一的现代组织里，合理合法的制度权力已经为专家权力所取代

2. 管理思想在发展过程中提出了重视管理中人的因素的是（　　）。

   A. 铁锹实验　　B. 切削金属实验

   C. 霍桑实验　　D. 搬运生铁实验

3. 管理工作必然会涉及人，使得管理者在许多问题的处理上都会自觉不自觉地受到主观因素的影响。在管理制度建设上，有人提出应该“对事不对人”，以减少主观因素对决策的影响；但也有人提出应该“既对事也对人”，因为实际上人与事是很难完全分离的。对于以下关于管理制度建设的看法，你最赞同哪一种？（　　）

   A. 制度建设只要做到客观公正，在执行中就能回避主观因素的影响

   B. 已建立的制度在执行过程中可以随时视情况加以修正

   C. 只要制度是经过正式程序制定出来的，在执行中就必须不折不扣地遵守

   D. 制度建设必须考虑人性因素，在执行过程中应体现例外原则

4. 某公司制定了严格的上下班制度并一直要求员工遵守执行。一天深夜突降大雪，给交通带来极大不便，次日早晨便有许多员工上班迟到了。公司总经理决定对这天的迟到者免于惩罚。对此，公司内部员工议论纷纷。在下列议论中，你认为哪种说法最有道理？（　　）

   A. 总经理滥用职权

   B. 总经理执行管理制度应征询大部分员工的意见

   C. 管理制度又不是总经理一人制定的，总经理无权随意变动

   D. 管理制度应有一定的灵活性，特殊情况可以特殊处理

5. 行政组织理论的核心是组织活动要通过（　　）来设计和运作。

   A. 个人魅力　　B. 世袭地位

   C. 自觉协作　　D. 职务或职位

6. 下列哪项不属于权变管理思想的内容？（　　）

   A. 为何而来　　B. 以何来变　　C. 因何而变　　D. 如何匹配

7. 我国传统文化中的“和合思想”十分关注中庸之道与人情世故，正确运用这一思想会对现代管理产生许多积极影响。请问，最主要的积极影响是什么？(　　)
   A. 在管理决策中不容易得罪人，更能处理好人际关系
   B. 充分照顾人的面子，有助于调动下属的工作积极性
   C. 在管理决策中能够较全面综合地考虑各方面的利益
   D. 有助于实现最大的管理效率

二、简答题

1. 你认为产生于20世纪早期的古典管理思想在现代社会中还具有实践的价值吗？具体体现在哪些方面？
2. 法约尔提出的管理五大职能与本书中对管理职能的介绍有什么主要的不同？
3. 在前面介绍的各种组织形式中，你认为哪些组织形式与韦伯的行政组织理论所倡导的行政组织设计最相似？
4. 有人认为：“泰勒和法约尔给我们指出了一些明确的管理原则，而权变观点却说一切取决于具体的情境，这使我们倒退了半个多世纪，从一套明确的原则退回到一套不明确和模糊的指导方针上去了。”你是否同意这种说法？为什么？
5. 学习西方管理思想史，你得到的最大启示或收获是什么？
6. 中华民族是一个历史悠久的有灿烂文化的民族，无论是在古代、近代还是现代，我国实践了许多优秀的管理思想。你能列举一些我国在各个历史发展时期突出的管理思想或实践吗？

三、案例思考题

案例1　节拍加快后的“冲击波”

某公司中央空调事业部有一条生产线的节拍三年来一直没有变化。最近制冷与空调专业本科毕业，来公司工作了一年半的秦昌升被提升为这条生产线的新线长。他上任后不久就发现，这条生产线有一个测试工位，节拍长达10分钟，而其他工位的节拍只需3分钟，因此整条生产线一直被这个“瓶颈”工位所限制。秦昌升利用所学的专业知识，提出了一个增效方案，结果把节拍效率提升到原来的3倍。

生产线的效率取得突破性提高后，员工都很高兴，因为干得快，挣的钱也多了。但是，紧接着产生了一系列的“冲击波”：在员工小陈的工位上，由于空调设计中潜在的质量问题，经常出现空调外壳闪缝的现象。他曾经向负责产品设计的型号经理刘鑫反映过，但一直没能得以完全解决。所以，小陈在每次发现外壳闪缝时，都需用锤子敲一敲。这个动作需要2分钟的时间。原来因为生产线节拍缓慢，小陈有足够的时间去处理闪缝问题，因此没有逼产品开发部的型号经理去根治设计上的缺陷。现在生产线的节拍缩短，小陈就没有多余的时间去敲闪缝，因此向型号经理刘鑫提出了设计质量缺陷抗议。

另一个冲击来自物料供应方面。效率提升前，有一种管组厂家的供货能力比事业部的生产能力高出30%，符合资质要求。但效率提升到原来的3倍后，这个厂家就无法满足生产需要了，不仅供货的数量不够，还因为忙乱频频出现质量问题。负责供应商优化

工作的采购增值部每次在排查中发现存在物料短缺时，就以催促供应商“哪怕加班，也要满足订单要求”的方式来力图兑现物料按时供货到工位的“JIT”承诺。然而，从事态发展看，“赶工”“加班”这种办法，不过是缓解问题的权宜之计，并不能从根本上解决该供应商产能不足的问题。

思考题

1. 秦昌升上任后，通过抓“瓶颈”工位使生产线的效率得到大幅提升。这一功效，可以从什么方面的管理原理上加以解释？

2. 生产线效率提高，导致产品设计上的缺陷以及供应商产能不足等问题陆续暴露了出来。有人评价说，对秦线长的贡献应特别加以表彰，并促成暴露出问题的有关部门的责任人检讨工作中的缺失，并解决问题。有人则持相反意见，认为新上任的秦线长热情有余，但缺乏全局平衡思想，要帮助他学会在企业生产经营整个体系的框架范围内当好这个线长，摒弃只顾提升自己生产效率的本位主义思想。请你站在企业高层管理者的角度，阐述应该采纳哪一方的观点。

3. 要使案例中暴露出的问题得到彻底解决，你认为应该从哪些方面着手，依靠什么样的管理机制或手段？对于本科学制冷与空调专业的秦昌升来说，他除了要灵活应用所学的专业知识外，还需要注意培养哪些方面的能力？请说明理由。

案例 2　海尔“小小神童”洗衣机

20 世纪 90 年代中期，洗衣机行业中的各个企业均在寻找新的市场机遇。海尔建立了市场反馈渠道“每日信息网”，一位上海女顾客通过该渠道抱怨洗衣机容量过大，存在耗水、耗时、耗电且占用空间较大的缺点。受该信息的启发，海尔决定根据国内居民的使用习惯、生活方式、住房面积等开发适合本土市场的新产品。海尔在后续的市场调研过程中发现，夏季本来是洗衣频率高的季节，但是洗衣机销售量并不高，原因是市场上的洗衣机容量都是 2.0 千克以上，洗涤小的物件不方便而且浪费水电，造成许多家庭在夏季对小物件不得不手洗。此外，按照国内生活习惯，洗衣机常被放置在空间狭小的卫生间内，许多客户希望洗衣机的体积进一步缩减。经过大量调研，综合考虑用户需求及企业自身技术能力的可能性，海尔将拟研发的容量 2.0 千克以下洗衣机的特色定位为小容量、快速洗涤、方便搬运，满足那些城市生活三口之家以及夏天手动清洗衣物的人的需求。海尔投入几千万元开发费用。首先，在整机设计上，力求在最小空间内将组件合理分装，使洗衣机体积减小。其次，研发人员自主设计了 200 多种零件，同时解决了因为体积缩小而导致的位移、减震以及甩干问题等。由于研发流程高效，研发团队仅用 4 个月的时间就成功开发了“小小神童”洗衣机。

资料来源：徐雨森，徐娜娜．后发企业“逆向创新”成功因素研究：以海尔“小小神童”系列产品创新为例．管理案例研究与评论，2013（2）．

思考题

1. 用户创新中如何识别领先用户？

2. 企业如何让低收入群体参与到用户创新中？

主要参考书目

[1] 爱迪思 . 把握变革 . 北京：华夏出版社，1998.

[2] 比特 .36 小时管理学教程 . 上海：上海人民出版社，1994.

[3] 陈劲，郑刚 . 创新管理：赢得持续竞争优势 .3 版 . 北京：北京大学出版社，2016.

[4] 德鲁克 . 卓有成效的管理者 . 北京：机械工业出版社，2005.

[5] 德鲁克 . 管理：任务、责任、实践 . 北京：中国社会科学出版社，1987.

[6] 饭野春树 . 巴纳德组织理论研究 . 北京：三联书店，2004.

[7] 孔茨，韦里克 . 管理学：国际化与领导力的视角 . 精要版 9 版 . 北京：中国人民大学出版社，2014.

[8] 王凤彬，焦叔斌 .MBA 工商管理硕士入学考试辅导：管理分册 . 北京：中国人民大学出版社，1997.

[9] 王凤彬，焦叔斌，张秀萍，等 .MBA 联考常考知识点：管理分册 . 北京：中国人民大学出版社，2002.

[10] 王凤彬，刘松博，朱克强 .MBA 管理学教学案例精选 . 修订版 . 上海：复旦大学出版社，2009.

[11] 王凤彬，张玉利 . 中国人民大学工商管理 /MBA 案例：管理学卷 . 北京：中国人民大学出版社，1999.

[12] 克雷纳 . 管理百年：20 世纪管理思想与实践的批判性回顾 . 海口：海南出版社，2003.

[13] 科特 . 变革的力量：领导与管理的差异 . 北京：华夏出版社，1998.

[14] 罗宾斯，库尔特 . 管理学 .15 版 . 北京：中国人民大学出版社，2022.

[15] 李维刚，白瑷峥 . 管理学原理 . 北京：清华大学出版社，2007.

[16] 明茨伯格 . 经理工作的性质 . 北京：中国社会科学出版社，1986.

[17] 王利平 . 管理学原理 .4 版 . 北京：中国人民大学出版社，2017.

[18] 杨文士，焦叔斌，张雁，等 . 管理学原理 .2 版 . 北京：中国人民大学出版社，2004.

[19] 曾旗，何继新 . 管理学 . 北京：北京大学出版社，中国农业大学出版社，2008.

[20] 秦志华 . 管理学 . 大连：东北财经大学出版社，2011.

[21] 西蒙 . 管理行为 . 北京：机械工业出版社，2014.